일론 머스크,
대담한 선택

ELON MUSK

일론 머스크,
대담한 선택

RISKING IT ALL

마이클 블리스마스 지음

박선령 옮김

RHK
알에이치코리아

"가끔 질문이 복잡해도 그 답은 간단할 때가 있다."

– 닥터 수스 Dr Seuss
(테어도르 수스 가이젤 Theodor Seuss Geisel)

"언제나 질문이 대답보다 중요하다."

– 어니스트 섀클턴 Ernest Shackleton

차 례

들어가며   9

1장

이상한 아이   17
개척자 가족   26
겁먹지 마라   42
부서진 가정   49
일론의 교육   75
부러진 뼈   96

2장

캐나다 이주   115
아메리칸 드림   132

3장

Zip2   147
페이팔   168

4장

결별   191

5장

난관을 극복하라   209

스푸트니크와 우주 개발 경쟁   214

스페이스X   236

팰컨 1   240

머스크의 크리스마스 기적   259

테슬라   273

우주 대부호   303

머스크가 땅을 판다고?   319

6장

일론 머스크 추종   335

별들 사이에서 그의 미래   353

감사의 글   359

주석   361

들어가며

지구상에서 가장 부유한 사람인 일론 머스크는 지구를 떠나기 위해 자기가 할 수 있는 모든 일을 다 하고 있다.

프리토리아Pretorie 출신 소년에서 억만장자 기업가로 성장한 그의 여정은 본인의 표현대로 '저기 별들 사이에서' 끝날 운명인 것처럼 보인다. 우주야말로 머스크의 마지막 한계인 듯하지만, 그 광활한 공간도 인류를 다행성 종족으로 만들겠다고 결심한 위대한 천재를 다 담기에는 충분하지 않은 것 같다.

이건 머스크가 다섯 살 때부터 꿈꿔온 미래다. 그는 이미 그 나이에 모든 사람의 머릿속에 항상 100만 개의 놀랍고도 새로운 아이디어가 번득이는 게 아니라는 사실을 깨달았다. 또 사람들이 자기를 이상한 아이라고 생각하고 그것 때문에 방에 갇힐 수 있다는 것도 알았다.

공상과학 소설과 만화를 읽으면서 자란 그 소년은 자기가 책에서 읽은 내용을 상당 부분 현실화하는 사람이 됐다. 그는 전기 자동차와 우주 로켓을 만들었다. 머스크는 "공상과학 소설이 영원히 공상과학 소설로만 남아선 안 된다"라고 말했다.

남아프리카공화국에서 태어난 그는, 자신의 비전을 통해 인류의 초점을 완전히 바꿔놓았다. 또 우주 다른 곳에는 존재하지 않는 듯한 가장 희귀하고 소중한 것, 즉 의식을 보존하기 위해 인간을 다행성 종족으로 만드는 걸 인생의 사명으로 삼았다.

일론 머스크의 전기를 쓰는 데 있어 가장 어려운 부분은 그가 가만히 앉아 있지 않는다는 것이다. 그는 움직이는 표적이다. 아이디어, 이론, 주장, 반론이 들끓는 혼란스러운 존재다. 그의 인생은 그가 우주로 날려 보내는 로켓처럼 힘든 여정을 거쳤다. 일론 머스크를 한 권의 책으로 압축하려는 건, 마치 남아프리카에서 가장 높은 드라켄즈버그Drakensberg 산맥의 전경을 카메라폰에 담으려고 하는 것과 비슷하다.

그래서 일론 머스크라는 사람에 대해 자세히 알고 싶어 하는 독자들을 위한 출발점으로, 머스크의 생애에 관한 이야기와 그의 생애를 관통하는 특별한 맥락을 알려주려고 한다.

허가받지 않은 전기를 쓸 때 꼭 필요한 요건은 아니지만, 그래도 머스크의 생각을 들어보려고 연락을 취했다. 그는 응답하지 않았다. 그의 어머니 메이에게도 연락했는데 메이는 자료 제공을 정중하게 거절했다. 일론의 아버지 에롤에게 처음 연락을 취한 건 2021년 5월이었는데, 2022년 2월이 되어서야 겨우 답변을 받았다. 그의 반응은 대중들이 일반적으로 알고 있는 그의 성격만큼이나 당혹스러웠다. "안녕하세요. 일론에 대해 모르는 사람이 어떻게 그의 전기를 쓰겠다는 건지 잘 모르겠군요. 일론은 유년기와 청소년기 내내 나와 함께 지냈어요. 그 애가 태어난 날부터 지금까지 벌어진 일을 전부 알고 있죠. 조나단 볼Jonathan Ball 출판사는 내가 쓴 '일론 키우기'라는 연재 기사에 관심을 보이지 않았으면서 이런 식으로 일을 진행하다니 매우 당황스럽군요. 내 의견 없이는 어떤 전기도 무의미해요. 월터 아이작슨Walter Isaacson(스티브 잡스Steve Jobs와 여러 다양한 인물의 전기를 쓴 저자)도 요새 일론에 대한 완벽한 전기를 쓰느라 바쁩니다. 아이작슨은 매일 내게 일론의 삶에 대해 물어보죠. 내가 없으면 아이작슨도 어찌할 바를 모를걸요."

그건 여러 면에서 당황스러운 반응이었다.

첫째, 에롤 머스크는 자신이 언론과 전처 메이의 책에서 잘못 표현되고 있다고 반복적으로 말했다. 그런데 자신의 성격에 대한 이런 잘못된 인식을 바로잡을 기회가 생겼는데 그걸 이용하지 않는 것이다. 나는 에롤에게 보낸 답장에서 그에게 연락한 이유가 바로 그것 때문이라고, 그의 관점에서 이야기를 듣고 싶다고 했다.

난 월터 아이작슨이 쓴다는 전기에 대해 아무것도 몰랐고, 조나단 볼 출판사는 에롤이 제공한 '일론 키우기' 기사를 책 형태로 출판하는 게 불가능하다고 생각했다. 나는 죽은 지 오래된 위인들의 전기와 마찬가지로, 그 사람과의 개인적인 관계는 전기 집필이나 해당 주제에 대한 적절한 조사에 필요한 전제 조건이 아니라고 설명했다. 에롤에게서는 응답이 없었다.

자료 조사를 위해 머스크가 사는 세계, 즉 디지털 공간으로 향했다. 허구에서 사실만 걸러내는 건 소모적인 과정이었다. 머스크에 대한 글은 대부분 현재의 서술에 기반해서 계속 반복 생산되는 뉴스를 통해 영구화된 것뿐이었다.

애슐리 반스Ashlee Vance가 2015년에 쓴《일론 머스크, 미래의 설계자Elon Musk: Tesla, SpaceX, and the Quest for a Fantastic Future》를 읽지 않은 것도 이런 이유 때문이다(물론 다른 이유도 있지만).

나는 머스크에 대한 선입견 없이 그를 조사해서 나만의 의견을 형성하겠다고 결심했다. 필요한 경우에는 그의 주변 사람들, 특히 프리토리아에 살던 시절에 그와 그의 가족을 알던 이들과 이야기를 나누었다.

　일론 머스크의 세계를 다 둘러보려면 상당히 먼 거리를 거쳐야 한다. 그리고 그 여정은 아이디어로 가득한 어린 소년이 공상 과학 만화책을 처음 펼쳐들고 인류의 미래를 봤던 프리토리아에서 시작된다.

1장

+

이상한 아이

밝고 푸른 남아프리카의 하늘 아래, 다섯 살이 된 일론 머스크가 여동생 토스카, 남동생 킴벌과 함께 갈색 슬레이트로 만든 베란다에 서 있다. 가지런히 자른 옅은 갈색 머리카락 아래로 환한 미소를 짓고 있어서 볼이 볼록하게 올라가고 눈은 거의 감겨 있다. 그건 자기가 가장 좋아하는 일을 하고 있는 어린 소년의 미소처럼 보인다. 어린 소년이 입은 노란색 셔츠는 잔뜩 더러워져 있는데, 오른손에 쥔 플라스틱 권총을 보아하니 아마 카우보이와 인디언 또는 경찰과 도둑 놀이를 하느라 그렇게 된 모양이다.

1976년에 남아프리카공화국에 살던 대부분의 백인 아이들은 가로등에 불이 켜지면 집에 들어와야 한다는 부모님의 지시를 받으면서도 여전히 밖에서 뛰어놀면서 마음껏 상상의 나래를 펼쳤다. 그 무렵 남아공에 막 텔레비전이 보급되기 시작했고, 그해 1월에는 이 새로운 기술 제품을 구입할 여유가 있는 사람들을 위해 남아프리카방송공사가 공식적으로 전국 텔레비전 방송을 시작했다. 아이들을 위한 몇 개 안 되는 프로그램 중 매주 아프리칸스어로 방송하는 〈하스 다스 세 뉴스카스Haas Das se Nuuskas〉라는 프로그램이 있었는데, 토끼 하스를 비롯한 여러 꼭두각시 동물들이 디에레란드Diereland, 동물나라에 대한 뉴스를 읽는 프로그램이다. 하스 목소리를 맡은 리안 크루이와겐Riaan Cruywagen은 수십 년 동안 이 나라에서 가장 신뢰받는 텔레비전 뉴스 진행자로 아무나 흉내 낼 수 없는 인물이다.

일론 머스크 같은 아이에게 그곳은 근심 걱정 없는 세상이었다. 조용한 교외에 있는 큰 정원, 텔레비전에 나와서 뉴스를 읽는 토끼. 하지만 토끼는 진짜 뉴스는 읽지 않았다.

머스크와 그의 동생들이 장난감 총을 들고 자기 집 정원을 뛰어다니는 동안 흑인 아이들은 1976년 6월에 발생한 소웨토Soweto 학생 봉기에서 진짜 총을 맞고 있었다. 정부가 제공하는 2류 교육과 아프리칸스어로 배워야 한다는 사실에 분노한 흑인 학생들의 좌절감이 끓어 넘쳤고, 그들은 그 겨울의 수요일 아침에 교실을 벗어나 소웨토의 먼지투성이 거리로 쏟아져 나왔다.

오전 9시가 되자 1만 명에 달하는 학생들이 시위를 벌였고, 경찰은 이들의 행진을 막았다.[1] 약 30분 뒤에 총격이 시작됐다. 10대 소년 2명(그중 한 명은 열두 살인 헥터 피터슨Hector Pieterson)이 가장 먼저 사망했다. 저녁이 되어도 충돌은 계속됐다. 사망자 대부분은 23세 미만이었다. 〈랜드 데일리 메일Rand Daily Mail〉은 54명이 죽고 거의 200명이 부상을 당했다고 보도했다. 페트루스 굴레Petrus Gule(15세)는 머리에 총을 맞았다. 사무엘 음랑가Samuel Mhlanga(17세)는 두개골 골절로 사망했다. 마틴 차발랄라Martin Tshabalala(17세)는 복부 관통상을 당했다. 로버트 타이키Robert Tyiki(15세)는 심장에 총을 맞았다.[2] 폭동이 다른 지역으로 확산되면서 다섯 살 된 어린아이까지 목숨을 잃었다.

소웨토에서 약 60킬로미터 떨어진 프리토리아에서는 백인 아이들이 토끼가 뉴스를 읽는 걸 보기 위해 텔레비전 앞에 앉아 있었다. 하지만 토끼는 소웨토의 아이들에 대해서는 아무 얘기도 하지 않았다.

일론 머스크는 다섯 살 때 이미 자기가 남들과 다르다는 걸 알았다. 물론 그는 자기가 태어난 나라의 흑인 아이들 대부분과 확실히 달랐다. 하지만 1976년에 남아공을 뒤흔든 총성과 최루탄 속에서 머스크는 또 다른 방식으로 자신의 남다름을 느끼게 해주는 다른 종류의 폭발을 겪고 있었다.

그의 어린 머릿속에서는 언어와 신체 조정 능력, 사회적 의사

소통 능력의 정상적인 발달 이상의 뭔가가 진행되고 있었다. 뭔가 다른 아이디어가 있었다. 끊임없이 폭발하는 아이디어. 그리고 질문. 이런 남다름 때문에 머스크는 겁을 먹었고, 결국 '남다르다'는 건 실제로 자기가 약간 미쳤다는 뜻일지도 모른다고 생각하게 되었다.

"모든 이들의 머릿속에 항상 아이디어가 넘쳐나는 건 아닌 것이 분명했기 때문에 나는 내가 미쳤다고 생각했다." 그는 나중에 이렇게 회상했다. "내가 미친 애 같다는 생각이 들었다. 난 세상이 정말 궁금했다. 우리는 어떻게 여기에 존재하게 되었는지, 삶의 의미는 무엇인지 등 온갖 것들이 다 말이다. 나는 항상 사물을 이해하고 배우고 싶은 강한 욕망을 품고 있었다."[3]

머스크는 자신을 '이상한 아이'라고 불렀다. 열정적이고 호기심이 많고 자기만의 세계에서 외로운 아이. 하지만 항상 얼굴에 밝은 미소를 머금고 있었다. 그의 어린 시절 사진 속에도 오늘날 로켓이 우주로 발사되는 모습을 지켜볼 때와 같은 강한 탐구심이 드러나 있다.

이 이상한 아이는 1971년 6월 28일 월요일에 남아프리카공화국의 수도이자 머스크의 어린 시절 고향인 프리토리아에 중심부를 둔 '이상한 사회'에서 태어났다.

미국 언론인 앨런 드루리Allen Drury는 그날 아기 머스크를 환영해준 프리토리아를 '매우 이상한 사회'라고 설명했다.[4] 그리고 프리토리아는 머스크의 가족에게 신기한 매력을 발휘했다.

캐나다 출신인 머스크의 할아버지는 자카란다 나무가 늘어선 이 도시의 아름다운 거리에 매혹되어 가족을 모두 데리고 캐나다에서 프리토리아로 이주했다.

유명한 자유사상가(그의 손자가 이걸 완전히 새로운 수준으로 끌어올렸다)였던 그로서는 이상한 결정이었다. 하지만 동시에 완벽하게 이해할 수 있는 결정이기도 하다. 프리토리아는 언제나 남아공의 역사와 기묘하고 복잡한 관계를 맺어왔기 때문이다. 프리토리아는 처음부터 새로운 국가의 자유와 해방, 모험의 이상을 대표하는 곳이었는데, 이는 머스크의 할아버지 같은 사람들에게 호소력을 발휘했다. 하지만 머스크가 성장할 무렵에는 고립과 보수주의의 정점을 대표하는 곳이 되어 있었다.

프리토리아는 보어Boer 장군 마르티누스 베셀 프레토리우스 Marthinus Wessel Pretorius가 후어트렉커Voortrekker(19세기 중반 남아공을 개척한 네덜란드계 백인들-옮긴이) 무리와 함께 말을 타고 찾아와 아피스Apies 강가에서 야영을 하게 되면서부터 반란군 중심부로 자리 잡게 되었다. 새로 온 자들은 원주민들과 전투를 벌인 뒤 이곳을 자신들의 새로운 보금자리로 선언했다. 1855년 프리토리아가 공식적으로 남아공의 새로운 수도가 되면서 원래 수도였던 포체프스트룸Potchefstroom의 자리를 이어받았다. 그 이름은 마르티누스의 아버지인 위대한 보어 장군 안드리에스 프레토리우스Andries Pretorius의 이름에서 따온 것이다. 마르티누스 프레토리우스는 맹렬하게 독립을 쟁취한 아대륙 땅의 첫 번째 대통령이 되었고 이곳에서는 곧 토지와 광물, 권력을 놓고 엄청난 쟁탈전이 벌어지게 된다.

이 무리들의 그레이트 트렉Great Trek(영국인의 지배에서 벗어나기 위해 케이프Cape를 떠난 네덜란드계 아프리카너들의 이주)이 마침내 끝났다. 그리고 그 정신은 일론 머스크가 어릴 때 갖고 놀던 프리토리아의 토양에 영원히 뿌리박혀 있다. 하지만 머스크는 아프리카너가 아니었다. 그 보수적인 문화와 자신을 동일시하지도 않았다. 그는 1976년에 소웨토의 전환점에 도달한 아파르트헤이트apartheid 정책에 깜짝 놀랐다.

하지만 여러분도 1970년대에 프리토리아에서 자랐다면 그 일이 지울 수 없는 흔적을 남겼을 것이다. 그리고 스스로 알아차리지 못하는 방식으로 영향을 미쳐서 여러분이라는 한 인간을 만들어냈을 것이다. 머스크가 아프리카너 문화와 자신을 직접적으로 동일시하지는 않았을 수도 있지만, '개척자'나 '선구자'로 불리는 후어트렉커들의 정신과 그들이 세운 도시는 스스로 개척적인 탐구에 나선 머스크에게 분명히 반향을 일으켰을 것이다(어쩌면 지금도 여전히 그럴지도 모르고).

프리토리아는 시인이자 작가인 외진 마라이스Eugène Marais, 작가 겸 예술가, 활동가인 에스키아 음파렐레Es'kia Mphahlele, 조각가 겸 화가인 안톤 반 바우브Anton van Wouw의 고향이기도 하다. 이들은 이곳에 살았던 탐구심 많은 인물들 중 일부에 불과하다. 그리고 이곳은 1971년 6월 28일 월요일에 일론 머스크의 고향이 되었다.

1971년 남아프리카공화국은 1948년부터 존재한 인종 분리 정책인 아파르트헤이트가 절정에 달해 있었다. 여당인 국민당 정부는 11년 전 아프리카 민족회의ANC와 다른 해방 단체들을 금지시켰다. 그리고 머스크가 태어나기 10년 전에 공화국이 되어 영연방에서 탈퇴했다. 머스크가 태어나기 7년 전인 1964년에는 올림픽 출전이 금지되었다. 넬슨 만델라Nelson Mandela와 다른 반아파르트헤이트 운동가들은 로벤Robben섬에서 종신형을 선고받았다.

1971년의 남아공은 인종 정책 때문에 고립된 서구 세계의 섬이었다. 그래도 그 나라의 백인 전용 병원들에게는 중요한 한 해였다. 특히 스포츠계 인물들이 태어나기에 매우 좋은 해로, 1971년에 태어난 미래의 스포츠 스타로는 랜스 클루세너Lance Klusener(크리켓), 요스트 반 데르 베스튀젠Joost van der Westhuizen, 제니 드 비어Jannie de Beer, 피테르 로스아우Pieter Rossouw(이상 럭비), 아만다 코처Amanda Coetzer, 웨인 페레이라Wayne Ferreira(이상 테니스) 등이 있다. 클루세너는 남아공이 국제 크리켓 대회에 다시 출전할 수 있게 된 지 5년 만에 테스트 데뷔를 했고, 줄루어에 능통한 백인 스포츠맨으로서 남아공의 백인 사회와 흑인 사회를 연결하는 다리를 놓기 시작한 덕에 '줄루'라는 별명을 얻었다. 남아공 럭비 국가 대표팀에서 활약한 반 데르 베스튀젠은 요하네스버그에서 열린 1995년 럭비 월드컵에서 우승하고 남아공 최초의 흑인 대통령인 넬슨 만델라의 비전 아래 나라를 하나로 묶은 상징적인 팀의 일원이었다. 그해에 태어난 스포츠 스타들은 남아공이 새로운 무지개 국가에 활력을 불어넣기 위해 스포츠 기량을 활용하고 동시에 국제 무대로 복귀하기 위해 힘을 쏟던 기간에 중요한 역할을 했다. 그들은 두 세계를 잇는 다리였다.

그러나 1971년 6월에 매우 성공한 기계 엔지니어인 에롤 머스크와 아름다운 모델 겸 영양사인 메이 머스크 사이에서 태어난 남자아이가 세계에서 가장 위대한 기업가, 엔지니어, 발명가, 혁신가가 될 거라는 기미는 전혀 없었다. 그가 언젠가 자신의 환상적인 상상의 세계를 현실과 연결시키게 될 거라든가, 프리토리아가 훗날 지구상에서 가장 부유한 사람의 탄생지로서 권리를 주장하게 될 거라는 기미도 없었다.

그는 혼자 힘으로 대중이 다시 우주 탐사에 관심을 갖게 하고 우리 행성뿐만 아니라 이곳의 지배종인 인간의 보존까지 생각하게 하는 사람이다. 또 수많은 고난 속에서도 지켜낸 어머니의 직업 윤리와 아버지의 거침없는 추진력과 결단력을 물려받아 자기가 착수한 모든 일을 통해 사회에 가치를 부여하려는 사람이다. 하지만 한편으로는 양극단의 평을 받으면서 논쟁과 비판에 둘러

싸여 있는 사람이기도 하다. 예를 들어, 2022년에 있었던 그의 대담한 트위터Twitter 인수 시도를 어떤 이들은 기뻐하며 반기고 어떤 이들은 두려움과 혐오의 시선으로 지켜봤다.

그의 어머니는 아들에게 "성공을 다른 사람들과 공유하면 모두의 기분이 좋아진다"고 말했고, 이 말은 그가 성공에 대한 비전과 관점을 형성하는 데 도움이 되었다.

머스크는 나중에 이걸 "더 좋은 미래를 만들기 위해 할 수 있는 일은 무엇인가? 아침에 일어나는 걸 즐거운 마음으로 고대하게 하는 뭔가가 있어야 한다. 아침에 일어나서 그날 하루가 기대되면 (…) 미래도 기대하게 된다"[5]고 정의했다.

1971년, 프리토리아에서는 미래가 불확실했다.

이상한 아이

개척자 가족

━━━

머스크가 태어난 월요일, 요하너스 포르스터John Vorster 총리는 프리토리아 동쪽 교외에 있는 프리토리아 대학 아울라 극장에서 아프리칸스 학생회의 공식 개막 연설을 했다. 그는 연설 말미에 학생들에게 "오늘 찾을 수 없는 해결책을 찾아내야만 한다"[1]는 과제를 남겼다. 인종 문제와 남아공의 여러 대학에서 고조되고 있는 정치적 긴장, 그리고 이 나라의 백인 청년들이 현 상황에서 해야 하는 역할에 대해 말한 것이다.

바다 건너 미국에서는 항공우주국NASA이 다른 행성에 생명체가 존재하느냐는 질문에 대한 답을 찾기 시작했다. 이 질문은 당시 남아공 사회를 지배하던 인종 문제보다 훨씬 더 머스크의 마음을 사로잡을 것이다.

나사는 머스크가 태어나기 정확히 한 달 전에 매리너 9호Mari-ner 9 우주선을 발사했다. 그건 화성으로 향하는 우주선이었다. 머스크가 생후 5개월쯤 됐을 때 매리너 9호는 경쟁자인 소련의 마스 2호Mars 2를 제치고 다른 행성 궤도를 돈 최초의 우주선이 되었고, 화성 표면의 전체적인 지도와 이 붉은 행성의 귀중한 이미지를 전송하면서 새로운 역사를 썼다.

모든 면에서 볼 때 머스크는 인류의 가장 오래된 질문 중 하나인 '우리는 혼자인가?'에 대한 답을 찾으려고 애쓰던 시기에 태어났다. 그리고 그는 '우리는 어떻게 함께 살아갈 것인가?'라는 또 다른 질문을 던지는 남아공 사회에서 태어났다.

이 질문들처럼 머스크의 탄생 과정도 결코 쉽지 않았다.

그의 어머니는 《메이 머스크: 여자는 계획을 세운다A Woman Makes a Plan》라는 제목의 회고록에서 "출산은 3일간의 가진통으로 시작되었다. 낮에는 진통이 계속되다가 밤만 되면 멈추는 것이다"2라고 회상했다. "일론은 머리가 크고 체중이 4킬로그램이나 나가는 우량아였기 때문에 출산 과정이 힘들었다. 나는 진통제를 쓰지 않는 자연 분만을 원했다. (…) 아이가 태어나는 순간 모든 고통을 잊었다. 정말 행복했다. 예쁘고 작은 천사 같았다. 세상에 그토록 아름다운 것이 존재한다는 사실을 믿을 수가 없었다. 아이를 옆에 눕히고 계속 쳐다봤다. 그건 지금까지 일어난 일 가운데 가장 멋진 일이었다."[3]

메이는 곧 자신의 첫째 아이가 남들과 다르다는 사실을 깨달았다. "세 살 때부터 나를 상대로 뛰어난 설득력을 발휘했고 사물을 이해하는 능력이 매우 뛰어났다. 아이에게 더 많은 자극이 필요하다고 생각해서 학교에도 일찍 진학시켰다."[4]

머스크는 다섯 살 때 자신의 세계가 다른 다섯 살 아이들의 세계와 다르다는 사실을 깨달았다. 그가 '내 철학의 본질'이라고 부르는 것이 열한 살 때 벌써 머릿속에 형성하기 시작했다고 한다.

"난 열한 살 때 일종의 실존적 위기를 겪으면서 존재의 의미가 무엇인지 알아내려고 애썼다. 하지만 결국 우리는 그 답을 알아내지 못할 거라는 결론에 도달했다. 하지만 문명의 범위와 규모를 늘린다면 삶의 의미와 우리가 이곳에 존재하는 이유, 그리고 무엇이 옳은 질문인지 알아낼 수 있는 훨씬 좋은 기회를 갖게 될 것이다. 그러므로 우주라는 답이 나오는 질문을 잘 이해할 수 있도록 의식의 범위와 규모를 확장하기 위해 노력해야 한다."[5]

머스크는 자기를 둘러싼 세계와 관련된 철학을 표현하기 시작했다. 당시 남아공의 지배적인 정치적 맥락에서는 인종과 자유에 대한 문제가 우세했을 것이다. 그러나 머스크의 마음은 그보다 더 먼 곳을 떠나고 있었다. 그리고 그에게는 던져야 할 적절한 질문을 찾는 게 무엇보다 중요했다.

소년 시절 그의 머릿속에는 질문들이 가득했다. 그는 이런 질

일론 머스크, 대담한 선택

문의 답을 찾기 위해 먼저 공상과학 만화와 소설로 눈을 돌렸다. 그다음에는 아버지가 갖고 있던 브리태니커 백과사전 전집으로 손을 뻗어서 가족들이 '백과사전'이라는 별명을 붙여줄 정도로 열심히 탐독했다. 그리고 무엇보다 중요한 건 컴퓨터 화면에서 깜박이는 녹색 커서 앞에 처음으로 앉게 된 일이다. 그의 어린 뇌에는 아이디어와 질문이 넘쳐났다.

"내 결론은 내가 이상하다는 것이었다." 머스크는 이렇게 말했다. 하지만 그의 별난 가족을 생각하면, 그는 전혀 이상하지 않았다.

1950년에 붉은색 벨란카Bellanca 항공기가 프리토리아 상공을 날았다. 조종석에는 일론 머스크가 이름을 물려받은 존 일론 홀드먼John Elon Haldeman의 아들이자 캐나다에서 가장 존경받는 카이로프랙터chiropractor 중 한 명인 조슈아 노먼 홀드먼Joshua Norman Haldeman 박사가 앉아 있었다. 뛰어난 비행사이자 열렬한 탐험가이기도 한 그는 먼 곳으로 날아가 잃어버린 세계를 찾는 걸 좋아했으며, 그의 이런 자질이 손자에게 전해져 훗날 똑같은 일을 하게 된 것이 분명하다.

홀드먼은 탐험에 대한 열정 때문에 프리토리아로 갔고, 아프리카에 가족의 뿌리를 내렸다.

머스크의 외할아버지는 1902년에 미네소타주 대초원의 초라

한 통나무집에서 태어났다. 혹독하고 추운 겨울철 날씨만 제외하면 1900년대 초 프리토리아 주변의 초원과 크게 다르지 않은 곳이었다. 1800년대 후반에 미네소타주 대초원에 살던 농부들은 파괴적인 우박 폭풍과 메뚜기떼의 습격을 견뎌냈다.[6] 저널리스트 유진 버질 스몰리Eugene Virgil Smalley는 1893년에 쓴 글에서 대초원에서의 삶을 다음과 같이 묘사했다. "건물에 난 모든 틈새와 구멍을 찾아내 가루처럼 건조한 눈을 구멍 사이사이로 집어넣는 잔인한 바람이 불어올 때를 제외하면 광활한 풍경 전체에 죽음 같은 침묵이 내려앉아 있다."[7]

이런 가혹한 환경에서는 아이들이 일찍 죽는 게 너무나 흔한 일이었다. 그러나 어린 조슈아 홀드먼의 집에서 죽음의 부름을 받은 건 그의 아버지 존이었다. 조슈아가 두 살 때 그의 아버지는 당뇨병 진단을 받았고 남은 시간이 6개월밖에 안 된다는 말을 들었다.[8] 간호사 겸 교사였던 그의 어머니 알메다 제인 홀드먼Almeda Jane Haldeman은 인생의 고난을 체념하고 받아들이는 사람이 아니었다. 그녀는 고난에 정면으로 맞섰다. 예정일보다 일찍 태어난 그녀는 한동안 따뜻한 오븐을 인큐베이터 삼아 지내야 했다.[9] 그녀의 아버지는 여자는 공부할 필요가 없다며 딸을 학교에 보내는 걸 거부했지만 알메다 제인은 탐구심이 강한 사람이었다. 그녀는 대공황을 이겨냈고 정부 공여 농지에 이주한 농민으로서 타협하지 않는 삶을 살았다. 그래서 남편이 당시의 전통적인 의학적 방법으로는 당뇨병을 치료할 희망이 없자, 그 무렵 막 생겨난 카이로프랙틱chiropractic(미국에서 시작된 대체의학. 척추교정 술을 통해 신체가 정상적인 기능을 하도록 치료하는데 근골격계 이상뿐만 아니라 대사증후군과 호르몬 불균형을 치료하기도 한다-옮긴이) 치료라 는 의학 분야를 조사해 보기로 했다. 남편과 함께 미니애폴리스 로 가서 카이로프랙터를 만난 그녀는 남편의 치료에 도움이 되기 를 바라는 마음에서 자기가 직접 이 새로운 분야에서 일하기로 결심했다. 알메다 제인은 이런 간단한 행동을 통해서도 본인이 개척자이자 용기 있는 여성이라는 걸 보여줬다. 카이로프랙틱 초 창기에는 의사들이 의사 면허가 없는 이 새로운 시술자들을 방해 했기 때문에 카이로프랙틱 시술을 하다가 투옥되는 경우가 많았 기 때문이다. 1932년 미국에서는 카이로프랙터가 투옥된 사례가 450건이나 있었고 종종 같은 카이로프랙터가 여러 번 투옥되기 도 했다.[10]

알메다 제인의 치료법 덕분에 남편의 상태가 호전되고 기대 수 명도 몇 년 연장되었다. 그녀는 1905년 미니애폴리스에 있는 EW 린치EW Lynch의 카이로프랙틱 스쿨 앤 큐어Chiropractic School and Cure에서 학위를 받은 뒤 남편을 춥고 건조한 지방으로 데려가라 는 조언을 듣고 가족과 함께 캐나다 서스캐처원주로 이사했다. 그리고 그곳에서 공식적으로 일한 최초의 카이로프랙터이자 세 계 최초의 여성 카이로프랙터 중 한 명이 되었다.

개척자 가족

존 일론 홀드먼은 결국 1909년에 세상을 떠났다. 알메다 제인은 1915년에 재혼했고 후진을 양성하는 데 집중했다. 카이로프랙틱에 대한 그녀의 관심은 이 기술의 기적 같은 건강상 이점을 함께 목격한 아들(이자 일론의 할아버지) 조슈아에게 이어졌다.

조슈아는 학교에서 비공식적인 아이스하키 경기를 하다가 머리를 맞았다. 그 부상 때문에 시력에 문제가 생겼지만 카이로프랙틱 치료를 받은 뒤 시력이 서서히 회복되었다. 그러니 그가 어머니의 발자취를 따라 카이로프랙터가 되기 위한 공부를 하기로 결심한 건 별로 놀라운 일이 아니다. 뻔한 현실 너머를 바라보면서 오래된 문제에 대한 새로운 해결책(대체 의학이든 대체 에너지든)을 찾는 머스크 가족의 특성은 이미 이때부터 분명하게 드러났다.

조슈아는 카이로프랙터로 일하겠다고 마음을 정하기 전까지 농부였다. 그러나 1929년부터 1930년대 말까지 계속된 대공황은 농부들에게도 심한 악영향을 미쳤다. 농작물 가격이 너무 낮아져서 난로에 석탄을 때는 것보다 옥수수를 태우는 편이 더 저렴했다. 미국 농무부의 기록에 따르면 1930년부터 1939년까지 농장 3만 7814개가 파산했다.[11] 다른 자료를 보면 40만 개에 가까운 농장이 압류당했다는 기록도 있다. 조슈아 홀드먼도 이 농장들과 똑같은 운명을 겪었다. 역사상 최악의 경제적 재앙이 그의 땅과 첫 번째 결혼을 앗아갔다. 그로부터 수십 년 뒤인 2008년에는 그의 손자 일론도 비슷한 소용돌이에 휘말렸다. 글로벌 경기 침체와 이혼의 이중고를 겪으면서 새로운 자동차 회사의 시동을 걸려고 애쓴 것이다.

약 1500만 명의 미국인이 대공황 때문에 일자리를 잃고 무일 푼 상태에서 희망마저 빼앗겼다. 조슈아 홀드먼도 캐나다에서 비슷한 처지에 있었다. 그는 매인 데 없는 모험가처럼 전국을 돌아다니면서 건설 노동자, 카우보이, 로데오 공연자 같은 임시직을 전전했다. 조슈아 홀드먼뿐만 아니라 수십만 명의 사람들도 똑같은 상황이었다. 이 시기는 기회를 찾기 위해 기차를 타고 떠돌아다니는 실업자인 호보hoboe의 시대였다. 그리고 잭 런던Jack London, 존 스타인벡John Steinbeck, 잭 케루악Jack Kerouac 같은 많은 작가들이 묘사한 미국 문학의 새로운 장르가 이때 탄생했다.

조슈아는 첫 번째 카이로프랙틱 진료소를 연 뒤에도 호보 시절을 결코 잊지 않았다. 그의 비서인 비비안 도안Vivian Doan은 "그는 가끔 카우보이 부츠를 신고 올가미 밧줄을 가지고 노는 걸 좋아했다. 올가미 밧줄을 빙글빙글 돌리면서 폴짝폴짝 뛰기도 하고 밧줄을 계속 돌리면서 다양한 동작을 수행하곤 했다"[12]고 말했다.

조슈아 홀드먼 박사는 매우 높은 평가를 받는 개업의가 되었다. 그는 1943년에 서스캐처원주의 카이로프랙틱 법 초안을 작성했고, 국제 카이로프랙틱 협회 이사회에서 캐나다 대표로 활동했으며, 제2차 세계대전 때는 카이로프랙터들이 장교로 임관될 수 있도록 캠페인을 벌였다. 그리고 정치 지도자로서 남들과 다른 견해를 표방한 탓에 잠시 투옥되기도 했다. 조슈아는 특정 분야의 전문 지식이나 기술을 바탕으로 공무원을 선출하는 정부 시스템을 만들자고 제안한 정치 운동인 테크노크라시Technocracy 신봉자이자 캐나다 지부 리더였다. 그는 이런 정치적 견해 때문에 지역 당국과 여러 번 충돌을 빚었다.

조슈아는 카이로프랙틱 진료를 하면서 정치경제 분야에까지 관심을 기울이느라 매우 바쁘게 살았다. 너무 바쁜 나머지 제대로 된 집을 살 시간도 없었기 때문에 그 지역 YMCA에서 살았다. 그의 손자 일론도 미국에서 시작한 첫 번째 사업인 Zip2에 집중하는 동안 아파트를 빌리는 것보다 비용이 저렴하다는 이유로 사무실 공간을 임대하고 지역 YMCA에서 샤워를 하는 등 이와 매우 빼닮은 모습을 보였다.

하지만 자기 삶이 일차원적이라고 느낀 조슈아는 기분 전환삼아 댄스 교습을 받기로 했다. 그를 가르친 강사의 이름은 위니프레드 조세핀 플레처Winnifred Josephine Fletcher였는데 '윈Wyn'이라고 불리는 걸 좋아했다. 그리고 조슈아는 춤보다 그녀에게 온통 마음을 빼앗겼다. "6개월 뒤, 마음이 허하던 어느 날 충동적으로 '언제 나와 결혼해 줄래요?'라고 물었다. 그러자 그녀는 전혀 주저하지 않고 '내일'이라고 말했다"[13]고 조슈아는 회상했다. 사랑에 대한 그런 충동성은 일론의 삶 속에서도 뚜렷이 드러난다. 그는 두 번째 아내인 탈룰라 라일리Talulah Riley를 만난 지 불과 열흘

34

일론 머스크, 대담한 선택

만에 그녀에게 청혼했다.

조슈아와 위니프레드는 신혼 시절에 서스캐처원주 레지나Regina의 트레일러에서 살았다. 1943년에 태어난 첫째 아들 스콧은 사과 상자를 침대로 썼다. 1945년에 에디스가 태어났고, 1948년에는 쌍둥이인 메이와 케이, 그리고 1955년에 막내아들 앙코르 리가 태어났다. 조슈아가 진료소 규모를 늘려가는 동안 아이들은 행복한 가정에서 자라면서 서로를 사랑하고 자녀들을 애정하는 부모의 사랑을 느꼈다. 그의 비서 비비안 도안은 조슈아가 윈을 만난 건 행운이라고 말했다.

그러나 조슈아는 모험심을 오랫동안 억제할 수 없었는데, 다행히 그에게는 비슷한 탐험가 성향을 지닌 아내가 있었다.

조슈아는 1947년에 처음으로 비행 수업을 받았다. 이건 홀드먼의 모험 정신을 보여주는 확실한 증거다. 하지만 한편으로는 실용적인 동기도 있었다. 그는 직업 때문에 정기적으로 전국 곳곳을 돌아다녀야 했으므로 비행술을 배우는 게 도움이 됐다. 그가 처음으로 비행 수업을 받은 날은 1947년 7월 16일이다. 그로부터 70년 뒤, 로스앤젤레스의 심각한 교통 상황 때문에 차가 끝없이 밀리는 데 격분한 그의 손자는 주요 도시 지하에 터널을 파서 도로 혼잡을 완화한다는 비전을 가진 터널 회사를 설립해서 전 세계 교통 문제를 해결하겠다는 계획을 발표했다. 이 문제는 나중에 좀 더 자세히 설명하겠다.

개척자 가족

하지만 조슈아의 경우 편리함을 위해 시작한 일에 곧 열정을 품게 되었다. 1948년, 그는 45세의 나이에 조종사 자격증을 땄다. 그리고 마음에 쏙 드는 빨간색 벨란카 항공기를 구입했다. 이렇게 새로운 생활이 시작되면서 이들 가족은 곧 '하늘을 나는 홀드먼 가족'이라는 명성을 얻었고 케이와 메이에게는 '하늘을 나는 쌍둥이'라는 애정 어린 별명이 붙었다. 조슈아는 자신의 비행 위업을 다룬 책《하늘을 나는 홀드먼 가족The Flying Haldemans: Pity the Poor Private Pilot》(원과 공동 집필)에서 다음과 같이 회상했다. "에드먼턴(캐나다 앨버타주) 신문과 아이오와주 데번포트 신문에 '하늘을 나는 쌍둥이'의 사진이 실렸다. (…) 이제 막 한 살이 된 '하늘을 나는 쌍둥이'는 확실히 귀여워서 많은 관심을 끌었다. 그들은 데번포트의 WHO-WOC 방송국을 통해 첫 라디오 출연도 했다."[14]

조슈아가 남아프리카공화국으로 시선을 돌리게 된 것은 비행과 모험에 대한 사랑, 그리고 캐나다 정치 체제에 대한 환멸 때문이었다. 그는 케이프타운에서 일하는 존 블랙번John Blackbourn이라는 뉴질랜드 출신 카이로프랙터와 서신을 주고받았다. 블랙번은 아이오와주 데번포트에 있는 팔머 카이로프랙틱 칼리지(조슈아가 1926년에 졸업한 학교)를 졸업한 미국인 헨리 오터홀트Henry Otterholt에게서 애덜리 스트리트Adderley Street에 있는 남아공 최초의 카이로프랙틱 진료소를 사들였다. 조슈아는 또 선교사로 일하는 친구들에게 연락해서 남아공을 어떻게 생각하는지 물어봤는데, 그들은 그 나라에서 얻을 수 있는 기회를 높이 평가했다.

조슈아 홀드먼은 1950년에 가족과 비행기를 챙겨서 케이프타운으로 향하는 배에 올랐다. 쌍둥이는 당시 두 살이었다.

케이프타운 항구에 도착한 조슈아 홀드먼은 벨란카 항공기의 포장을 풀고 다시 조립했다. 그리고 자신의 본능에 따를 수 있다는 사실에 기뻐하면서 남아공에서의 첫 번째 비행에 올랐다. 그의 비서 비비안 도안은 "홀드먼 박사에게는 불가능한 것도, 불합리한 것도 없었다"는 예리한 의견을 제시했다.[15] 그리고 이렇듯 말은 줄이고 실천을 많이 하려는 열망은 일론에게도 고스란히 이어졌다.

조슈아는 원래 가족과 함께 요하네스버그에 정착하려고 했다. 하지만 프리토리아 상공을 비행한 그는 꽃이 활짝 핀 자카란다 나무의 아름다움에 매료되어 그곳에 정착하기로 결심했다.

1950년 11월 21일, 리튼데일 교외의 수트판스베르그 거리에 있는 가족의 새 집에서 홀드먼 카이로프랙틱 클리닉이 문을 열었다. 집 앞에는 프리토리아 동물원과 유니언 빌딩이 있었고 당시 이 도시의 주요 상업 지구와도 매우 가까웠다. 프리토리아에서 가장 최근에 조성된 교외 지역에 위치한 그 웅장한 집에는 아름다운 정원과 대추야자 나무가 있었다. 네덜란드계 백인들이 주로 사는 그 도시에서 홀드먼 가족은 확실히 새롭고 흥미로우면서도 기이한 존재였다. 특히 주민들 대부분이 카이로프랙틱이 뭔지 잘 모르는 도시에 새로운 의료 기술을 들여왔다는 점에서 더욱 그렇다. 조슈아는 1951년 3월 6일에 국제 카이로프랙틱 협회에 보낸 편지에서 가족들이 살게 된 새로운 집과 카이로프랙틱 의사를 위한 기회에 대해 설명했다.

여기 프리토리아의 새 집에 정착하느라 바빴습니다. 남아공에서는 카이로프랙틱 광고를 하지 않기 때문에 사람들 대부분이 카이로프랙틱에 대해 들어본 적이 없지만, 실력 좋은 카이로프랙터들에게는 매우 많은 기회가 있는 곳입니다. 시내에 사무실을 구할 수가 없어서 상업 지역에서 4킬로미터쯤 떨어진 곳에 집을 샀습니다. 12월 1일에 이사를 했고 그날부터 바로 업무를 시작했죠. 처음 만난 환자들의 치료 성과가 좋았던 덕에 신문 공고나 광고를 하지 않고도 개인적인 연줄과 소책자만으로 1월 15일까지 25명, 2월 5일까지 37명이나 되는 환자를 확보했습니다. 우리는 문기둥에 작은 간판을 2개 내걸었는데 하나는 영어, 다른 하나는 아프리칸스어입니다. 아프리칸스-영어 사전에 카이로프랙틱 항목이 없어서 정부 기관에서 공식 번역을 담당하는 보스만Bosman 박사를 찾아가 카이로프랙틱과 카이로프랙터라는 말을 아프리칸스어로 번역해 달라고 부탁했습니다. 다음 판 사전에는 이 단어들이 실리게 될 겁니다. 물론

외딴 지역에 사는 일부 사람들을 제외하고는 다들 영어를 할 줄 압니다. 하지만 아프리칸스어는 흥미롭고 또 유일한 현대 언어이기 때문에 우리 가족은 그걸 배우고 있습니다. 규모가 꽤 큰 도시에도 카이로프랙터가 없는 경우가 많습니다. 인구가 27만 명인 프리토리아에는 저 말고 2명이 더 있는데 카버 졸업생과 로스엔젤레스 졸업생입니다. 남아공은 살기에 더없이 쾌적하고 흥미로운 곳입니다. 더운 기간에 온도가 가장 높이 올라간 날도 섭씨 30도 정도였습니다. 프리토리아에는 눈이 내린 적이 없고 추운 날에는 가끔 가벼운 서리만 내립니다. 차나 비행기를 타고 갈 수 있는 거리에 들러볼 만한 흥미로운 장소가 많습니다. (…) 여기는 정말 즐겁고 흥미로운 곳입니다.[16]

메이는 프리토리아에 있는 새 집 앞의 잔디밭에서 자기 부모님이 지켜보는 가운데 사람들이 이리저리 걸어 다니는 모습을 본 기억이 있다. 어린 그녀는 그게 걷기 시합이라고 생각했는데 사실은 조슈아가 '좋은 자세 대회'라고 부르던 행사였다. 그녀의 별난 부모는 정원에서 다과회를 열고 이 대회에 참가할 사람들을 초대해서, 최대 180명에 이르는 참가자들이 집에 찾아오곤 했다.

가족들끼리는 사이가 좋았고 조슈아는 심지어 아이들을 자기 사업에 참여시키기도 했다. 메이와 그녀의 쌍둥이 여동생은 아버지가 매달 고객들에게 보내는 카이로프랙틱 회보 발송을 도왔고

방과 후에는 진료소 접수 담당자로 일했다.

조슈아 홀드먼 박사는 프리토리아와 남아공 전역에서 카이로프랙틱이 성장하는 데 지울 수 없는 흔적을 남겼다. 그는 남아공 카이로프랙틱 협회의 회장을 지냈고 나중에는 협회의 명예 종신 회원으로 선출되었다. 또 남아공 항공기 소유자 및 조종사 협회 공동 설립자, 민간 항공 자문 위원회와 남아공 항공 운항 규제 위원회 대표, 프리토리아 권총 클럽 공동 설립자 및 남아공 권총 협회 초대 회장으로 활약하면서 깊은 족적을 남겼다.

아기 때부터 담요에 감싸여 조종석 뒤쪽 선반에 놓인 채로 조슈아의 비행 여행을 따라다니던 스콧 홀드먼은 자기 아버지가 개척 정신과 탐구심, 삶에 대한 충만한 욕망, 그리고 약간 반항적인 성격을 가진 사람이었다고 회상한다.

아버지의 사생활과 가정생활에는 정치적 신념과 카이로프랙틱 철학이 반영되어 있었다. 아버지는 자연적인 환경에서 카이로프랙틱을 활용하면 우리 몸이 스스로를 치유하는 선천적인 능력을 발휘하게 된다고 믿었다. 그는 담배 피우는 걸 허락하지 않았고 규칙적인 운동을 강조했으며 아이들에게 통밀가루와 정제하지 않은 설탕, 천연 식품만 먹였다. 또 가족들이 한때 코카인이 첨가물로 함유되어 있었던 코카콜라를 마시지 못하게 했다. 아버지는 집에서 욕을 하지 않았고 다른 가족들이 욕하는 것도 허락하지 않았으며 항상 삶을 즐겨야 한다고 했다. 홀드먼 가족은 두통이나 다른 증상을 앓아서는 안 되고 불행하거나 비관적이거나 부정직한 것도 용납하지 않았다. 가족에게 어떤 증상이 생길 경우, 그리고 최소 한 달에 한 번 이상은 카이로프랙틱 시술을 해주셨다.[17]

하지만 그가 미친 가장 큰 영향은 가족을 프리토리아로 이주시킨 것이고, 이로 인해 훗날 일론 머스크가 태어나게 되었다.

운명의 장난 덕분에 작은 빨간 비행기 조종석에서 내려다본 프리토리아는 할아버지의 개척 정신을 가장 높은 수준까지 끌어올릴 사람의 출생지가 될 예정이었다.

겁먹지 마라

—

일론 머스크의 집에는 '겁먹지 마'라는 황금률이 있다. 그건 머스크가 개인적으로 좋아하는 더글러스 애덤스Douglas Adams의 인기 소설 《은하수를 여행하는 히치하이커를 위한 안내서The Hitchhiker's Guide to the Galaxy》에 나오는 말이며, 머스크의 사업 규칙이기도 하다.

2018년 2월 6일, 머스크의 우주 탐사 회사인 스페이스XSpaceX가 팰컨 헤비Falcon Heavy 로켓을 발사할 때 테슬라Tesla에서 만든 전기차 로드스터Tesla Roadster를 로켓에 실어서 함께 우주로 날려보냈는데, 차 운전석에는 '스타맨Starman'이라는 이름의 마네킹도 타고 있었다. 자동차 계기판에는 '겁먹지 마'라는 글귀가 표시되어 있었고, 차 회로판에는 '지구에서 인간이 만듦'이라고 인쇄되어 있었다.

메이 머스크가 이걸 봤다면 모험심 가득한 가족을 연결하는 황금빛 실의 존재를 깨닫고 미소 지었을 것이다. 그녀 가족의 좌우명은 '위험하게, 그리고 신중하게 살아라'였다. 메이의 아버지 조슈아는 충실한 삶을 살면서 미지의 것을 탐험하고 남들과 다르게 살아가려는 자신의 욕망에 충실했다. 그의 이런 모험심은 프리토리아에서도 여전했다. 메이는 회고록에서 "나는 비행기를 소유하고 있는 탐험에 매료된 가정에서 자랐다. (…) 우리 아버지는 다른 이들이 하는 일을 그대로 따라하는 사람이 절대 아니었다. (…) 아버지는 항상 '홀드먼가 사람이 못 할 일은 아무것도 없다'고 말씀하셨다"[1]라고 썼다.

홀드먼가 아이들은 별난 부모와 함께 하는 모험에 빠지지 않고 참여했다. 자가용 비행기로 중앙아프리카 상공을 날고, 말을 타고 레소토를 횡단하고, 또 조슈아가 전설 속의 잃어버린 도시 칼라하리Kalahari를 찾기 시작한 뒤로는 거의 10년 동안 해마다 가족이 다 함께 이 여행길에 올랐다.

조슈아는 캐나다의 기예르모 파리니Guillermo Farini(본명 윌리엄 레너드 헌트William Leonard Hunt)가 사막의 아틀란티스를 발견했다고 주장한 1885년도의 책 덕분에 세계적으로 인기를 끌게 된 잃어버린 도시의 전설에 매료되었다. 홀드먼 일가가 프리토리아에 정착할 무렵, 그 장소를 찾고자 하는 대중의 관심이 되살아났다. 수많은 원정대가 도보로 출발하거나 마차와 트럭, 심지어 연합방위군에게 빌린 항공기까지 이용했지만 그중에서도 대의에 가장 헌신적인 건 조슈아였다고 한다. 이런 움직임은 런던 왕립지리학회의 관심을 끌었고, 《울어라, 사랑하는 조국이여Cry, The Beloved Country》로 유명한 작가 앨런 패튼Alan Paton도 1956년 탐험대에 합류해서 그 모험에 관한 책을 썼다.

홀드먼은 1953년에 첫 탐험 여행을 한 뒤, 비록 찾지는 못했지만 그 존재를 끝까지 믿었던 잃어버린 도시를 찾기 위해 자그마치 12번이나 여행길에 올랐다. 이 전설적인 장소에 관한 책 두 권을 읽은 조슈아는 그와 관련된 얘기를 자주 했다. 이 도시의 존재는 오늘날에도 논쟁 주제로 남아 있으며 아마추어 탐험가들은 잃어버린 도시가 실제 폐허라기보다는 특이하게 형성된 암반층일 가능성이 더 높다는 걸 인정하면서도 여전히 탐험에 나서는 걸 즐긴다. 심지어 호텔업계 거물인 솔 커즈너Sol Kerzner의 상상 속에도 이 개념이 파고들어, 그는 신화에 나오는 여러 아프리카 도시들을 이용해 선 시티Sun City에 호화로운 '잃어버린 도시 궁전'을 개발하겠다는 영감을 얻었다.

피에르 빌존Pierre Viljoen은 이런 탐험이 어떻게 남아공 사람들의 상상력을 사로잡았는지 잘 기억한다. 존경받는 프리토리아 주민이자 광고와 출판업계에서 성공적인 사업을 일궈 훗날 머스크의 아버지 에롤과 친구가 된 빌존은 "당시에는 그게 큰 뉴스거리였다"고 회상한다. 그는 또 홀드먼 가문의 명성도 익히 들어 알고 있었다. 프리토리아는 항상 긴밀한 공동체였고 성공적인 가족은 널리 알려지고 기억된다. 빌존과 홀드먼 가족 및 머스크 가족의 인연은 그게 다가 아니다. 빌존은 일론과 그의 동생 킴벌이 다닌 프리토리아 남자고등학교의 졸업생이기도 하다. 빌존은 지금도 그 학교 동창회에서 적극적으로 활동하고 있으며 머스크와 교류한 적이 있는 빌 슈뢰더Bill Schroder 전 교장과도 친하다. 프리토리아는 여섯 사람만 거치면 세상 모든 사람들과 연결될 수 있다는 개념이 아주 잘 들어맞는 곳이다.

빌존은 "홀드먼 가족은 당시 프리토리아에서 매우 존경받는 가족이었다"고 말한다. "난 그때 퀸스우드에 살았기 때문에 시내로 나가는 길에 수트판스베르그 거리에 있는 그들 집을 지나가곤 했다. 그들은 왼편에 큰 정원이 딸린 커다란 집에 살았고 홀드먼 씨는 거기서 카이로프랙틱 진료소를 운영했다. 그의 아내도 그 집에서 발레와 무용 학교를 운영했다. 조슈아와 그의 친구 포니드 웨트Ponie de Wet는 잃어버린 도시 칼라하리를 찾는 걸 목표로 삼았다."

포니(피테르 휴고) 드 웨트와 그의 아내 알레타(별명은 레티 또는 리)는 홀드먼 가족과 매우 친했다. 포니도 성공한 사업가였고 조슈아처럼 비행과 모험을 열렬히 사랑했다. 두 가족은 매주 일요일마다 함께 저녁을 먹었다. "포니의 아내는 프리토리아에서 리드 웨트 모델 학교를 운영했는데 아주 유명한 학교였다"고 빌존은 전한다. 메이 홀드먼이 열다섯 살 때 모델 경력을 시작한 것도 바로 이곳에서였다.

메이는 현재 보츠와나 영토인 칼라하리로 가족끼리 여러 번 탐험 여행을 갔던 걸 기억한다. 메이는 이런 캠핑 여행 중 여덟 번을 따라갔는데 때로는 여행이 3주씩 이어지기도 했기 때문에 그녀의 부모는 생존에 필요한 걸 전부 다 챙겨서 길을 나섰다.

"아버지는 미지의 세계를 탐험하고 새로운 문화를 배우고 새로운 영역을 발견하는 걸 그냥 즐기셨던 것 같다. 아버지와 어머니는 배우는 걸 결코 멈추지 않았다. 아버지는 자기가 정한 길을 통해 사막을 건너는 걸 좋아했다"[2]고 메이는 회상한다. 그녀의 아버지는 다른 이들보다 먼저 칼라하리를 찾아내고 싶어 했고 덕분에 가족들은 사자, 하이에나, 표범들 사이에서 진짜 개척자처럼 살았다.

그들은 확실히 모험심 강한 부부였고, 장남 스콧은 어머니가 남아공 권총 사격 대회에 출전해서 우승한 일과 부모님이 케이프부터 알제까지 달리는 격렬한 자동차 경주에 참가해 공동 1위를 차지했던 일 등을 떠올린다. 이들 부부는 1952년에 자가용 비행기를 타고 유럽으로 날아가 스코틀랜드와 노르웨이까지 갔다 왔다.

일론 머스크가 할아버지에게서 모험에 대한 애정을 물려받은 건 확실하다. "할아버지가 남아공으로 이주한 이유는 이곳을 탐험 기지로 삼고 싶어서"[3]라고 일론은 말했다. 그리고 자기 할아버지가 남아공에서 호주까지 비행기를 타고 간 첫 번째 인물이라고 주장하는 등 할아버지의 많은 비행에 대해 매우 자랑스럽게 얘기했다. "할아버지는 전자 장비가 전혀 부착되지 않은 비행기로 이런 위업을 이뤘다. 또 지역에 따라 어떤 곳에서는 디젤을 쓰고 어떤 곳에서는 휘발유를 썼기 때문에 당장 구할 수 있는 연료에 맞춰서 엔진을 다시 개조해야 했다."[4]

사실 캐나다 카이로프랙틱 협회에서 조슈아 홀드먼 박사의 경력을 역사적으로 고찰한 내용 중에는 이 여행에 대한 문서화된 증거도 있다. 그는 1954년에 아프리카 해안선을 따라 북쪽으로 날다가 남아시아 해안을 건너 호주로 간 뒤 호주를 돌아서 다시 남아공으로 돌아오는 총 5만 킬로미터에 달하는 여행을 했다고 한다. 이 기록에 따르면 그는 단일 엔진 비행기를 타고 이런 여행을 한 유일한 민간 조종사로 간주된다고 한다.[5]

메이는 또 자기 아버지가 전통적인 나침반을 이용해 직접 칼라하리 지도를 만든 일에 대해서도 얘기했다. 칼라하리든 다른 세계든 그의 모험심에는 한계가 없었고, 조슈아와 그의 아내는 직접 비행기를 몰고 국제 카이로프랙틱 회의에 참석하곤 했다. "아버지와 어머니는 위니를 타고 세상을 탐험하기 위해 태평양 상공을 건넜다"[6]고 메이는 회상했다.

하지만 비행에 대한 조슈아의 사랑이 결국 그의 목숨을 앗아

겁먹지 마라

갔다. 1974년에 조슈아가 탄 비행기가 송전선과 충돌하는 사고가 발생했다. 그가 사망했을 때 일론은 겨우 세 살이었다. 당시 브리티시컬럼비아 대학에서 공부 중이던 스콧 홀드먼의 말에 따르면, 조슈아와 친구는 연습 착륙을 위해 하강 중이었다고 한다. "송전선이 연결된 전신주가 둘 다 숲속의 나무에 가려서 보이지 않았고, 착륙하려고 그 사이로 내려오던 비행기 바퀴가 송전선에 걸리는 바람에 비행기가 뒤집혀서 둘 다 죽었다. 만약 우리가 죽는 방법을 고를 수 있다면, 그건 아버지가 매우 행복하게 가실 수 있는 방법이었을 것이다."[7]

할아버지가 우리가 사는 이 세계와 잃어버린 세계의 전설 속에서 모험을 추구했던 것처럼, 그의 손자 일론도 인터넷이라는 새로운 세계의 가장 깊숙한 곳부터 우주의 가장 깊은 곳까지 자기만의 세계를 찾아 떠날 것이다.

하지만 일론 머스크는 자기가 사는 세계의 가장 현실적인 문제부터 해결해야 한다. 그의 인생 초반에 급격한 변화를 겪게 될 그 문제는 그에게 지대한 영향을 미칠 것이다. 이 시기는 그의 인생에서 가장 힘든 시기 중 하나다. 자신의 상상력과 머릿속에서 폭발하는 아이디어에 푹 파묻혀서 살던 소년이 가족이 해체되면서 집에서 갈 곳을 잃고, 학교에서도 처음에는 적응하느라 고생하고, 그 다음에는 살아남기 위해 고군분투해야 하는 난관에 부딪쳤다.

부서진 가정

메이 홀드먼의 전 남자친구 에롤이 그녀가 사는 케이프타운의 집을 찾아와 문을 두드렸을 때, 메이는 스물한 살 인생에서 가장 비참한 시기를 보내고 있었다. 메이에게 그는 가능하면 절대 보고 싶지 않은 사람이었고, 그가 내민 약혼반지도 이미 자기 인생에서 밀어낸 남자에게서 받으리라고는 절대 예상하지 못했던 물건이었다.

그런데 지금 자기 삶의 모든 부분에 의문을 품게 된 그녀 앞에 그 남자가 서 있다.

영어를 쓰는 가정에서 자란 메이는 프리토리아 대학에서 아프리칸스어로만 수업을 진행하는 영양학 학위를 받는 데 어려움을 겪고 있었다. 그녀는 에롤 머스크와 사귀기 시작했지만 여러 가지 난관이 많은 관계였기 때문에 결별을 선언했다. 그와 동시에 그녀의 모델 경력이 도약하기 시작했다. 메이는 1969년에 발의 여왕Vaal Queen이라는 미인대회에서 우승했고, 미스 LM 라디오Miss LM Radio에 선발되었으며, 1969년 미스 남아공 미인대회에서도 결승까지 진출했다가 린다 콜렛Linda Collett에게 패했다.

메이는 놀랍도록 아름다운 젊은 여성이었고, 홀드먼 집안의 쌍둥이는 확실히 프리토리아 사회의 화젯거리였다. 하지만 학업 스트레스, 힘든 구직 상황, 그리고 에롤과의 관계 문제 때문에 섭식장애가 생기고 말았다. 마침내 영양학 전문가가 되어 케이프타운에 있는 식품회사에서 첫 직장을 구하고 간호사들에게 유아 수유에 대한 강의를 하게 됐을 때 메이의 몸무게는 93킬로그램이었다. 에롤과의 관계는 적어도 그녀의 마음속에서는 이미 끝난 상태였다.

"케이프타운에서 혼자 지내려니 외로웠다. 난 행복한 상태가 아니었다."[1] 메이는 2020년 8월에 CBS와 인터뷰를 하면서 이렇게 말했다. 그리고 그때 에롤이 찾아와서 문을 두드렸다. "2년 동안이나 그를 보지 못했는데 느닷없이 약혼반지를 들고 케이프타운에 나타난 것이다."[2]

에롤은 갑자기 나타나 청혼을 했다. 메이는 즉시 그의 청혼을 거절했다. 하지만 그녀의 말에 따르면, 에롤은 프리토리아로 돌

일론 머스크, 대담한 선택

아가 메이의 부모를 만나 메이가 결혼을 승낙했다고 말했다고 한다. 메이의 부모는 그와 딸 사이의 파란만장한 관계를 잘 알고 있었기 때문에 놀랐다. 메이에게 축하 전보를 보낸 후, 그들은 오래 사귄 남자친구와의 결혼을 앞두고 있던 쌍둥이 동생 케이와 합동 결혼식을 올리면 어떻겠느냐고 제안했다. 메이가 무슨 일이 일어나고 있는 건지 알아차릴 겨를도 없이, 하객 800명에게 홀드먼가 쌍둥이의 합동 결혼식을 위한 청첩장이 발송되었다.

메이 입장에서는 정말 기묘한 시간이었다. 그녀는 기본적으로 자기가 어떻게 결혼에 이르게 된 건지 이해하기가 어려웠다. 메이의 말에 따르면 이 사건의 많은 부분이 당시의 제한된 통신 체계와 관련이 있었다. 장거리 전화(심지어 프리토리아와 케이프타운처럼 비교적 가까운 도시 사이에서의 통화도)는 비싸고 사치스러운 것으로 여겼기 때문에 일반적으로 전보를 사용했다. 메이가 에롤을 거절하고 그가 메이의 부모에게 전혀 다른 얘기를 한 뒤로, 시간이 지날수록 다가오는 결혼식과 그에 따른 주변인들의 선의의 물결 때문에 초기의 거절은 점점 묻히고 말았다. 메이는 에롤과 결혼하고 싶지 않은 마음과 이미 진행 중인 결혼 계획, 그리고 부모님을 화나게 하지 않으려는 욕구 사이에서 갈등하다가 결국 결혼을 받아들였다. 낮은 자존감에 짓눌리고 체중 증가로 인한 허리와 무릎 통증 때문에 신체적으로도 인생에서 가장 힘든 시기를 겪고 있던 메이는, 그녀를 위해 세워진 계획과 그녀를 대신해서 남들이 정한 미래를 따르는 것 외에 다른 일을 꾀할 에너지가 없었던 것 같다. "그는 확실히 타이밍을 잘 맞췄다. 나는 외로웠고 허리를 다쳐서 통증에 시달리고 있었다. 체중이 늘면서 자신감도 하락했다. 내 외모가 마음에 들지 않았고 이제 아무도 나와 사귀고 싶어 하지 않을 거라고 생각했다."[3] 메이는 현실을 받아들였다. "나는 그에게 끌리지 않았지만 그는 끈질겼다."[4]

메이의 부모는 결혼 준비를 위해 직장을 그만두고 프리토리아로 돌아오라는 전보를 보냈다. 그녀는 1970년대의 젊은 여성이 대부분 그랬던 것처럼 부모님의 소망을 존중했다. 그리고 1970년에 메이는 프리토리아에 살던 전기기계 기술자인 에롤 머스크와 결혼했다. "그때 난 '이보다 나쁜 게 뭐가 있겠어? 결혼이 그렇게 끔찍할 리는 없겠지'라고 생각했다."[5] 메이는 나중에 이렇게 회상했다.

"그리고 내 인생이 지옥 같아진 시절이 시작되었다. 너무 고통스러웠던 시기라 얘기도 하고 싶지 않다. 생각만 해도 화가 나고 억울해진다. 다시는 그런 상태가 되고 싶지 않다. 그때 얘기를 하고 나면 밤새 뒤척이게 된다. 잠이 안 온다."[6]

그 시기는 머스크 가문의 역사에서 아직까지도 논란과 갈등에 휩싸여 있는 힘든 시기다. 여러 사건에 대해 에롤과 메이의 얘기가 다르다. 그리고 일론은 자기 아버지를 '사이코패스'라고 부를 정도로 그에 대한 감정이 격하다. 메이는 그 시기를 9년간의 지옥

일론 머스크, 대담한 선택

이라고 말하곤 하지만, 그래도 그 결과 지금까지 가까운 관계를 유지하고 있는 3명의 멋진 자녀가 태어났다.

메이의 말대로 에롤과의 결혼은 시작부터 지옥이었다. 그는 사소한 일에도 화를 냈다. 메이의 말에 따르면, 결혼식 날 에롤은 언니와 언니 남편의 행복한 모습에 자기들의 결혼이 가려지고 그들보다 못한 취급을 받는다며 불같이 화를 냈다고 한다. 그리고 메이는 신혼여행을 위한 유럽행 비행기 표를 사기 위해 자기가 저축한 돈을 써야 했고 에롤이 소파에 앉아 〈플레이보이〉 잡지를 읽는 동안 혼자 여행 가방을 풀었다.

메이의 말을 들어보면, 에롤은 매우 불안정한 사람이었다. 그는 메이가 멍청하고 못생겼다는 말을 자주 했다. 저녁 식사에 초대한 손님들 앞에서 그녀를 모욕했고, 그들이 다시는 초대에 응하지 않으면 그녀의 형편없는 요리 솜씨 탓으로 돌렸다.

"그는 이해가 안 될 정도로 잔인했다."[7] 메이는 2020년 8월에 한 CBS 인터뷰에서 이렇게 말했다. "결혼 생활을 하는 동안 지루하고 멍청하고 못생겼다는 말을 하루에 세 번씩은 들었다."[8]

아마 그 둘의 유일한 공통점은 비행기였을 것이다. 에롤도 조슈아 홀드먼처럼 자가용 비행기를 샀다. 하지만 이마저도 고통스러운 기억을 가져왔다. 메이는 일론을 임신한 상태에서 비행기 페인트칠을 도왔던 일을 떠올렸다. 하지만 에롤은 메이가 부푼 배 때문에 일손이 느려질 때마다 불평을 늘어놓았다. 그는 "당신은 게으르고 나약해"⁹라며 퍼부었다고 한다.

심지어 그는 메이가 출산하는 동안에도 병원 간호사에게 본인의 불편함에 대해서만 호소했다고 한다. 아내가 출산하는 동안 고통을 덜어주기 위해 등을 문질러 주라고 하자, 에롤은 "무슨 소리야? 자기 등은 자기가 문질러야지"¹⁰라고 소리쳤다.

그리고 메이의 아버지가 비행기 사고로 사망하자 에롤은 유산을 얼마나 받을 수 있는지에만 관심을 보였다. 그리고 모든 재산이 어머니에게 돌아가자 격분해서 2년 동안 메이가 가족들을 만나지 못하게 했다. 메이의 어머니가 비밀리에 전화를 걸면 그녀가 자기 몰래 다른 남자와 통화한다고 비난하곤 했다.

그 결혼은 9년간 지속되었다.

머스크는 자기 아버지에 대해 더 공개적으로 말했지만 메이가 얘기하는 학대 혐의의 실제 규모에 대해서는 자세히 얘기하지 않았다. 그는 자기 아버지를 '순수악'이라고 불렀다. 머스크는 CBS의 〈60분60 Minutes〉과의 인터뷰에서 "내 어린 시절은 행복하지 않았다. 우리 아버지에게는 심각한 문제가 있다"¹¹고 했다.

머스크는 2017년에 〈롤링 스톤Rolling Stone〉지와 광범위한 주제로 인터뷰를 하면서 이 문제를 좀 더 자세히 설명했다. "그는 정말 끔찍한 인간이다. (…) 당신은 짐작도 못 할 것이다. 우리 아버지는 용의주도하게 사악한 계획을 세운다. 악행을 계획한단 말이다. (…) 믿을 수 없을 정도로 끔찍하다. 내 경험상 할 수 있는 일이 아무것도 없다. 아무것도. 전혀. 기도하는 것 말고는. 난 모든 방법을 다 써봤다. 위협, 보상, 지적 논쟁, 감정적 논쟁, 아버지를 더 좋은 방향으로 변화시키기 위해 모든 걸 시도했지만, 그는 (…) 방법이 없다. 오히려 더 나빠지기만 했다."[12]

에롤은 요하네스버그 론힐에서 자기 땅에 침입한 사람 3명에게 총을 쏴서 죽인 적이 있다고 널리 보도되었다. 남아공의 슬픈 현실은 이걸 범죄가 아니라 자기방어로 여긴다는 것이다. 에롤도 나중에 이것 때문에 자기가 모든 혐의에 대해 무죄를 선고받았다고 말했다.

에롤은 개인 페이스북에 올린 여러 개의 글을 통해 이 이야기가 사실임을 확증했다. 에롤은 한동안 페이스북에 놀라울 만큼 활발하게 글을 올리면서 자기 삶의 여러 가지 요소들을 꽤 자유롭게 회상하는 것 같았다. 그리고 그의 피드를 샅샅이 뒤져보면 9·11 테러부터 피라미드를 건설하고 코로나19 백신을 만드는 외계인에 이르기까지 온갖 음모론을 지지하는 게시물을 확인할 수 있다. 가장 쓸만한 건 그의 페이스북 게시물에 달린 댓글이다. 오랫동안 보지 못한 그의 친구들이 꾸준히 연락을 취하면서 가장 좋았던 추억을 회상하기 때문이다. 에롤이 어릴 때 친구인 바비 스노드그래스Bobby Snodgras와 주고받은 댓글에 다음과 같은 내용이 있다.

에롤의 글: "자네[바비]는 항상 내 곁에 있어 줬지. 특히 빌리에리아Villieria[아프리칸스인들이 모여 사는 프리토리아의 교외]에 처음 갔을 때 우리는 악랄한 네덜란드인[아프리칸스를 가리키는 남아공 속어]들과 맞서 싸워야 했잖아. 그때 자네가 싸우는 방법을 알려줬지. 난 매우 순수했고 전혀 준비가 되어 있지 않았거든. (…) 거기서 배운 것들이 무장 강도 6명이 침입했을 때 나와 내 딸을 지키는 데 도움이 됐어. (…) 그들은 나한테 총탄 52발(경찰이 탄피 개수를 셌어)을 쐈고 난 2발을 쐈어. 그리고 3명이 죽었지. 그게 바로 스노드그래스 방식 아니겠나!"[13]

에롤의 생활 방식에는 공통된 요소가 하나 있는데 그를 아는 사람이라면 누구나 동의한다. "에롤이 7학년 소녀들의 매력에 굴복하기 시작하는 바람에 동네 개울가로 가는 소풍과 클릴라트kleilat(갈대 막대기와 진흙 공을 가지고 하는 게임) 싸움이 갑자기 중단됐다." 스노드그래스는 나와 개인적으로 주고받은 편지에서 이렇게 말했다. 그와 에롤은 어릴 때부터 친구였다.

"우리는 프리토리아 교외의 같은 동네에서 몇 집 떨어진 곳에 살았다. 나는 메이와도 친했다. 초등학교 때 우리는 온갖 장난을 다 치고 다녔다. 우리 집 근처에 사는 소녀들 가운데 에롤의 눈길을 끈 소녀가 3명 있었다. 그는 한 번은 동네에도 여자친구가 한 명 있고, 학교에도 다른 동네에 사는 여자친구가 한 명 있었으면 좋겠다고 말했다."

에롤은 영국의 〈메일 온 선데이Mail on Sunday〉와의 인터뷰에서 자신의 실수를 인정했다. "내게는 정말 예쁜 아내가 있었지만, 주변에는 항상 더 예쁘고 어린 소녀들이 있었다. 메이를 정말 사랑했지만 내가 일을 엉망으로 만들었다."[14]

결국 이것 때문에 그와 일론 사이에 균열이 생긴 듯하다. 그리고 나중에 에롤이 의붓딸인 야나 베주이덴하우트Jana Bezuidenhout와의 사이에서 아이를 낳자 온 가족이 그와 인연을 끊은 듯하다.

스노드그래스는 에롤과 의붓딸과의 관계에 대해 정면으로 맞섰다고 한다. "'근친상간'의 선을 넘은 문제에 대해 그를 책망하는 메시지를 꽤 많이 주고받았지만, 그는 그게 용납 가능한 문제라고 나를 설득했다."

이에 대한 스노드그래스의 페이스북 메시지에 대해 에롤은 다음과 같이 답했다. "내가 그녀의 엄마와 결혼 생활을 유지한 건 1992년부터 1994년까지 2년 동안이야. 그녀의 엄마는 여러 번 재혼했으니 의붓아버지도 여러 명 있겠지. 나는 2015년에 약 10년 만에 처음으로 야나를 만났네. (⋯) 당시 야나와 그녀의 남자친구가 '절박한' 상황에서 최악의 경우까지 생각하고 있다면서 내게 연락해 도움을 청했거든. 그때부터 야나를 도왔지만 먼 곳에 살았기 때문에 얼굴은 거의 못 봤어. 그러다가 야나의 남자친구가 자기 셋방에서 그녀를 내쫓고 짐까지 다 내버렸다길래 여기로 오라고 했지. 야나는 남자친구가 다시 돌아오라고 애원할 때까지

나흘 정도 여기 머물렀어. 진부한 말처럼 들리겠지만 손바닥도 마주쳐야 소리가 나는 법 아니겠나."[15]

에롤 머스크의 이야기는 논쟁과 음모, 그리고 누구와 이야기 하느냐에 따라 상당량의 근거 없는 믿음으로 가득 차 있다. 일론 머스크가 〈롤링 스톤〉지와의 인터뷰에서 자기 아버지에 대해 폭로한 뒤 기자가 에롤에게 의견을 말해달라고 요청하자 그는 이메일로 다음과 같은 답변을 보냈다. "나는 게이, 여성 혐오자, 소아 성애자, 배반자, 쥐새끼, 더러운 놈(상당히 자주), 개자식(내가 관심을 보이지 않은 많은 여성에게서)이라는 비난을 받고 있다. 아주 멋진 분인 우리 어머니조차 내가 '무자비하다'면서 더 '인간적인' 사람이 되는 법을 배워야 한다고 말씀하셨다. 하지만 난 내 아이들을 사랑하고 그들을 위해 무슨 일이든 기꺼이 할 것이다."[16]

하지만 메이는 에롤의 어머니에 대해 다른 기억을 가지고 있다. 에롤의 어머니가 남에게 상처를 주는 아들의 본성을 적극적으로 부추겼다는 것이다.

젊은 시절의 에롤을 알았던 이들은 그가 매우 지적이고 성공했지만 명백한 결점이 있는 사람이었다고 얘기한다. 하지만 에롤은 아들 일론처럼 모든 면에서 독특한 사람이다. 스노드그래스는 나와 주고받은 다른 서신에서 "에롤의 부모 조크와 코라는 담배를 많이 피웠다. 또 조크는 술고래였다. 사회 활동이 가능한 알코올 중독자였다"고 회상했다. "그의 어머니는 영리한 사람이었다.

에롤보다 다섯 살 어린 남동생 마이클은 술이나 담배에 전혀 손을 대지 않았다. 나는 지금도 마이클에게 피부과 진료를 받는다. 매년 한 번씩 점을 빼면서 과거에 쳤던 장난과 경박한 언행을 회상하는데, 그때마다 항상 에롤의 엄청나게 높은 IQ와 고갈된 EQ에 대해 똑같은 결론에 도달한다."

에롤이 똑똑하다는 데는 의심의 여지가 없었고, 그는 이 비상한 머리를 사업과 정치 분야에서 활용했다. 에롤은 아파르트헤이트 반대파이자 오늘날의 민주연합당 전신인 진보연방당PFP 당원으로서 프리토리아 지역사회에서 활발한 정치 활동을 벌였다. 그는 스물다섯 살 때 서니사이드Sunnyside 시의회 최연소 의원으로 선출되었다. "24년 만에 처음으로 영어를 구사하는 진보적인 프리토리아 시의회 의원으로 당선되었고, 당시 아파르트헤이트 정책을 쓰던 국민당 정부를 상대로 선거 운동을 성공적으로 진행해서 승리한 최초의 인물이 되었다."[17] 에롤이 자기 페이스북에 직접 쓴 얘기다.

그는 요하너스 포르스터(일론이 태어나던 날 프리토리아 대학에서 아프리칸스 학생들에게 인종 문제 해결을 위해 노력해 달라고 호소했던 사람)는 자기를 '보에Boet'(형제)라고 부르고 피터르 빌럼 보타PW Botha 전 대통령은 '친애하는 머스크 씨Geagte mnr. Musk'라고 불렀다고 회상한다.

"난 국민당과 그들의 인종 차별 정책을 반대하는 데 적극적이었다. 절대 도망가지 않았다. 최대한 변화를 이루려고 노력하고 시도했다. 현 상태를 바꾸기 위해 정치판에 발을 들였을 뿐 아니라 다른 여러 직책에 출마해서 당선에 성공하기도 했다. 하지만 안타깝게도 당시에는 언제나 다윗과 골리앗 같은 상황이었다. 그래도 내 견해와 남아공을 변화시키고자 하는 열망만큼은 분명히 증명했다. 그 무렵에 아파르트헤이트 정권에 반대하려면 나와 가족에게 미칠 상당한 위험을 무릅써야 했다는 걸 알아주기 바란다.”[18]

피에르 빌존이 에롤 머스크와 처음 인연을 맺은 것도 그가 활발하게 정치 활동을 하던 무렵이다. “70년대 중반의 일이다. 난 프리토리아에서 유명한 스테인스 개러지Steyn's Garage 주인인 한시 스테인Hansie Steyn과 친했다. 그의 집안은 프리토리아에서 매우 저명한 사업가 집안이기도 하다. 한시는 월로우스에 있는 자기 집에서 에롤을 위한 저녁 식사 모임을 열었다. 그리고 에롤이 이제 막 최연소 시의원이 되었다면서 함께 저녁을 먹자고 날 초대했다. 난 거기서 에롤을 처음 만났다.”

빌존의 말에 따르면, 그가 만난 남자에게 눈에 띄게 별난 점은 없었다고 한다. “그는 밝은 사람이었고 자기 일에 성공했다. 그는 홀드먼 가문으로 장가를 갔다. 에롤은 자기가 너무 열심히 일만 하기 때문에 사교적으로 아는 사람이 거의 없다고 말했다. 난 에롤을 우리 집에서 열리는 사교 모임에 초대했고 그와 친하게 지냈지만 그건 단지 사교적인 차원에서일 뿐이었다.

그와 사업적인 거래는 전혀 하지 않았다. 나중에 그에 대한 얘기를 다 듣고 원래 사람들은 사교적인 상황에서는 최선을 다한다고 생각했지만, 그래도 그가 꽤 즐겁고 사교적인 사람이라고 생각했다. 그는 파티를 좋아했다. (…) 그는 자기 결혼이 파탄 난 이유에 대해 얘기한 적이 없다. 하지만 그는 여자를 좋아했다. 에롤은 생기가 넘쳤다. 그는 강압적인 성격이었고 성공하려고 단단히 작정한 사람 같다는 느낌이 들었다. 그는 자신의 성공에 대해 얘기하는 걸 쑥스러워하지 않았다. 그는 다양한 사업에 관심이 많았다."

에롤이 사업에 성공한 시기는 프리토리아, 그리고 남아공의 '황금기'와 일치했다. 황금기는 말 그대로 이 나라의 광산에서 생산된 금을 통해 이루어졌다. 1970년대에 남아공은 세계 최고의 금 생산국이었고 그것이 국가 GDP의 21퍼센트 이상을 차지했다.

"제2차 세계대전이 끝난 뒤 1960년대와 1970년대는 남아공의 황금기였다. 물론 당신이 특권층 백인 가족에 속해 있을 때의 얘기다. 전쟁은 끝났고 경제는 호황이고 금값은 높고 농업도 잘 되고 모든 게 발전하고 있었다." 빌존의 말이다. 낙관주의와 성공의 물결이 일었고 프리토리아의 사교계는 떠들썩했다. 에롤 머스크처럼 정치적 야망이 있는 성공한 젊은 사업가에게는 상황을 살피면서 자신을 드러낼 수 있는 완벽한 환경이었다.

부서진 가정

스노드그래스는 에롤을 엄청난 성공을 거둔 재능 있는 사람으로 기억한다. 그는 에롤의 페이스북에 그런 취지의 메시지를 여러 개 올렸다. "에롤이 큰 성공을 거둔 건 뛰어난 엔지니어였기 때문이다. 일론은 운 좋게도 에롤의 재능 있는 유전자를 물려받아서 훨씬 더 큰 성공을 이루었다. 모든 사람을 위해 세상을 더 나은 곳으로 만든 가족이 있다면 바로 머스크 일가일 것이다. (…) 일론은 그의 아버지처럼 뛰어난 상상력을 가지고 있다. 어릴 때 에롤과 함께 시간을 보내면 마치 다른 별나라에 있는 기분이었다. 어렸던 우리는 에롤이 하는 말에서 사실과 허구를 구분할 수 있을 만큼 똑똑하지 않았다. 일론은 분명히 자기 아버지를 닮았다. 그렇긴 해도 그의 비현실적인 상상력이 없었다면 그가 지금까지 이루어낸 일을 과연 이룰 수 있었을지 매우 의심스럽다. 나는 우리가 죽기 전에 일론이 인류를 화성에 보낼 것이라고 확신한다. (…) 에롤과 함께 보냈던 어린 시절에 그가 우리와 함께 축구나 크리켓 경기를 하기보다는 외계인과 우주선에 대한 얘기만 늘어놓아서 매우 짜증이 났다. (…) 에롤은 현명한 아버지다. 그는 유전적으로, 그리고 직접 본보기를 보임으로써 일론의 DNA에 상상력을 불어넣었다. 일론이 이룬 모든 것에는 에롤의 유전자와 영향력이 일부 담겨 있다."[19]

에롤과 메이 머스크의 자녀들이 당시 프리토리아에서 특권층

들만이 누릴 수 있는 어린 시절을 보냈다는 데는 의심의 여지가 없지만, 에롤은 이것 때문에 일론이 성공했다고 주장하는 걸 주저한다.

에롤은 2021년 2월 28일에 〈비즈니스 인사이더Business Insider〉 웹 사이트에 게시된 기사가 사실과 다르다면서 이런 글을 썼다. "[남아프리카공화국을 떠나기로 한 일론의 결정은] 이 나라의 정치적 탄압을 지지하지 않겠다는 그의 의지를 분명히 보여주는 것이라고 생각한다. 열일곱 살의 젊은이가 이런 결정을 내리는 게 쉽고 간단해 보일 수도 있지만 사실은 그렇지 않다. 일론은 자신의 입장을 고수했다. 분명히 말할 수 있는 건 두 아들 모두 남아공의 법제화된 병역 의무를 거부했다는 것이다. 우리 모두 그것이 부적절하다고 생각했기 때문이다."[20]

에롤을 둘러싼 많은 이야기 중 하나는 그가 잠비아에 에메랄드 광산을 소유하고 있으며, 그것이 일론의 성공에 기여했다는 것이다. 에롤은 한동안 잠비아의 에메랄드 광산 지분을 소유한 적이 있다고 인정한다. 그러나 그 기간은 약 5년 정도였다고 한다. "처음에는 사업 성과가 꽤 괜찮았지만 러시아가 완벽한 실험실 에메랄드를 10분의 1 가격으로 생산하기 시작한 1989년에 사업이 붕괴됐다. 그 결과 여기서 얻는 수입이 갑자기 사라졌다."[21]

"[에메랄드 광산은] 1999년에 미국에서 시작된 일론의 성공에 도움이 되지 않았다. (…) 아파르트헤이트의 잘못되고 억압적인 성격을 인정하고 그것이 많은 남아공 국민에게 야기한 고통과 괴로움을 인식해야 하지만, 일론이 열일곱 살 때 남아공을 떠난 이후 열심히 노력해서 이룬 성공과 그걸 연관시키는 건 공평하지 않다고 생각한다."[22]

하지만 그 시기 남아공에서는 백인이라는 것과 부유하다는 사실 자체만으로도 특권이었음은 분명하다.

일론은 어떤 식으로든 성공으로 향하는 빠른 길을 제공받았다는 사실 때문에 마음이 편치 않았다. 에메랄드 광산 이야기와 그것이 그와 관련된 거의 모든 자료에서 등장한다는 사실에 특히 좌절감을 느꼈다. 이 이야기는 2018년 〈비즈니스 인사이더〉 기사에 처음 등장했다. 일론은 그 문제, 특히 광산이 '아파르트헤이트 거래'였고 그가 거기에서 이득을 얻었다는 암시에 대해 공개적으로 반박하기도 했다.

다시 한번 말하지만, 애초에 그런 광산이 존재했다는 사실도 에롤의 얘기를 통해서 드러난 것이다. 하지만 에롤이 〈비즈니스 인사이더〉에 보낸 답장 내용은 프리토리아에서 그와 함께 컨설팅 엔지니어링 사업을 한 파트너 피터르 반 니커크Pieter van Niekerk에 의해 입증되었다. 반 니커크는 에롤의 페이스북에 "그가 이 기사에서 말한 내용은 전부 정확하다"고 썼다.[23]

이 논쟁에 흥미를 느낀 미국 언론인 제레미 아놀드Jeremy Arnold는 해당 사건을 추적했다. 아놀드는 자기만의 성전聖戰을 진행 중인데 그게 묘하게도 일론 머스크의 세계와 자꾸 교차되곤 한다. 머스크는 예전부터 언론인들에 대해 부정적인 인식을 품고 있었다. 언론이 제대로 된 조사와 사실 확인을 하지 않는다는 생각 때문에 그런 인식이 더 강해졌다. 언론과 안 좋은 경험을 한 머스크는 심지어 언론 책임성을 확립하고 싶다는 말까지 했다. 놀랍게도 머스크가 운영하는 회사 가운데 일부에는 홍보 부서가 아예 없다. 전통적인 CEO들의 세계에서 머스크는 대부분의 언론을 직접 상대하는 매우 드문 인물이다. 그는 내러티브를 통제한다. 말해야 할 때와 말하지 말아야 때를 스스로 결정한다. 그리고 대부분의 경우 보도 자료나 언론 발표가 아닌 트위터를 통해 중요한 사실을 알린다. 인터뷰를 하기 위해 그와 연락을 취하는 것도 거의 불가능하다.

언론인인 아놀드도 역사상 그 어느 때보다 많은 사람들이 정보에 접근할 수 있는 이 새로운 세상에서 저널리즘과 언론인이 하는 역할에 대해 비슷한 우려를 품고 있다. 그리고 사람들이 접하는 정보의 질도 문제다. 아놀드는 수년간 언론의 '잘못된 설명' 사례를 소개했는데 BBC부터 〈뉴욕 타임스The New York Times〉에 이르기까지 사람들이 무조건적으로 신뢰하는 주류 언론에 집중했다. 아놀드는 이를 바로잡는 것을 개인적인 사명으로 삼았다. 그가 규모가 가장 큰 언론사를 택한 이유는 그들이 가장 대중적이기 때문이며, 그들의 보도 내용에 드러난 오류나 불일치를 증

부서진 가정

명할 수 있다면 상황을 개선하기 위한 조치가 취해질 가능성이 크다고 생각한다.

그래서 영국의 〈인디펜던트The Independent〉지나 〈포브스Forbes〉, 기타 여러 매체들이 〈비즈니스 인사이더〉에 처음 등장한 에메랄드 광산 이야기를 계속 이어나가자, 아놀드는 그 이야기의 출처인 에롤을 직접 찾아갔다. 그 결과 해당 이야기의 몇몇 부정확한 부분을 수정한 장문의 기사[24]가 나왔고, 일론이 기사 링크를 직접 트윗했다. 그는 자기가 아파르트헤이트와 아프리카의 광업권을 바탕으로 부를 쌓았다는 말을 듣는 데 신물이 났다.

나는 아놀드에게 직접 연락했고, 그는 자신의 조사 내용을 이 책에 싣는 걸 기꺼이 허락해줬다. "에롤의 말에 따르면 그는 매우 제한적으로 개입했다고 한다. 어떤 파나마 사람과 구두 계약을 맺으면서 에메랄드 110개를 선불로 받고, 이후 몇 년 동안 비정기적으로 원석을 조금씩 받았다고 했다. 공식적인 소유권을 가진 적은 없었다."[25] 하지만 아놀드는 조사 과정에서 이런 주장을 입증할 서류는 확보하지 못했다. "에롤은 그 남자가 2019년에 죽었다고 말했다."[26]

일론은 아놀드의 조사 내용이 전부 정확하다고 말했다. 아놀드는 일론 머스크의 성공이 부유한 가족 배경의 산물이고 그가 이를 발판 삼아 정상에 올랐다는 주장이 진실인지 알아내기 위해 일론의 대학 시절 룸메이트였던 아데오 레시Adeo Ressi에게까지 연락을 취했다. 아놀드는 "내가 확보한 만장일치의 증언(공식 기록과도 일치하는)은 일론이 극도로 검소했고 화려하지 않은 힘든 일을 하려는 의지가 높았다는 것이다. 그런 성향이 가족의 부에 의지하는 이들의 공통적인 자질처럼 보이지는 않는다"[27]고 말했다.

하지만 에롤이 거둔 성공과 그것이 아들 일론에게 제공할 수 있는 발판은 언제나 손쉬운 공격 목표가 될 것이다. 에롤은 자기가 한때 부유한 프리토리아 교외 지역인 워터클루프 리지Waterkloof Ridge의 빅토리아 스트리트부터 줄리어스 제페 사이에 집을 여섯 채나 보유하고 있었다고 말한다. 이 지역은 예전부터 가장 부유하고 선대에게 물려받은 돈이 있는 이들의 안식처였다. 그 교외 지역에는 높은 벽과 넓은 정원이 있는 저택들이 즐비했다. 거리에는 영국 왕족과 현대의 프리토리아를 설립하고 발전시킨 부유한 개척자들의 이름이 붙어 있고 외교관, 사업가, 지역 유명인사를 대거 배출했다. 프리토리아에서 가장 비싼 부동산 중 일부가 이곳에 있으며, 한때 이곳에 여러 채의 집을 소유했다는 에롤의 주장은 그가 지녔던 부를 나타내는 지표가 된다.

"그 집들이 모두 '대사관 거리'에 있었기 때문에 대사관에 세를 놓았다. 나는 워터클루프에 집을 총 여섯 채 가지고 있었다. 메이와 내가 살면서 일론과 다른 아이들을 키운 집은 현재 남반구 국제연합 본부(빅토리아 스트리트에 있다)로 사용되고 있다."[28]

에롤의 세 자녀는 모두 큰 성공을 거뒀다. 막내 토스카는 영화

제작자로 일하면서 로맨스 영화를 전문으로 하는 스트리밍 플랫폼 겸 제작사인 패션플릭스Passionflix를 공동 설립했다. 토스카보다 두 살 많은 킴벌은 요리사 겸 식당 운영자로, '진짜 음식'에 대한 접근성을 높이고 미국 전역의 학교에 러닝 가든Learning Garden 교실을 만들어 미국인들의 식습관 변화를 주도하고 있다. 그리고 첫째인 일론이 있다. 지구상에서 가장 부유한 사람. 그리고 이제 인간을 행성간 종으로 만드는 일에 전념하고 있는 사람.

그가 이룬 모든 성공에도 불구하고 일론은 자기 아버지의 재산 덕분에 큰 이익을 얻었다는 주장에 시달려왔지만, 이 주장을 뒷받침하는 실질적인 증거는 존재하지 않는다. 그는 남아공을 떠날 때 아버지에게 재정적인 지원을 전혀 받지 못했다고 주장한다. 그러나 에롤은 일론의 첫 번째 회사인 Zip2에 초기 자본을 제공했다고 주장했다.

일론은 실제로 돈과 복잡한 관계를 맺고 있다. 자기가 지금 누리는 엄청난 부와 성공은 본인의 노력과 결단력 덕이라면서 종종 짜증을 내고 분노를 터뜨리는 것도 아마 이 때문일 것이다. 그는 돈은 결코 자신에게 동기를 부여하지 못하며 자기는 상당히 단순한 삶을 살고 있고 개인적으로 도를 넘는 행위에 탐닉하지 않는다고 주장한다. 그는 재산 대부분을 다른 회사와 프로젝트에 투자한다. 그가 입는 옷은 대부분 단순한 검은색 티셔츠와 검은색 데님, 또는 평범한 검은색 양복이다. 가끔 비싼 차를 구입하는 경우도 있지만 제임스 본드 영화 〈나를 사랑한 스파이The Spy Who Loved Me〉에 나온 로터스 에스프리Lotus Esprit를 경매에서 샀던 것처럼, 단순히 시중에서 가장 좋은 차를 사는 것보다는 차량의 독특함에 더 마음이 끌리는 듯하다.

2021년 10월 미국의 복잡한 법인세 체계와 자기 같은 억만장자들이 미실현 이익을 통해 부당한 이익을 얻고 있으며 이를 세금 회피 수단으로 사용한다는 암시에 격노한 머스크는 그가 가장 잘하는 일을 했다. 자신의 테슬라 주식 일부를 팔아야 하는지 여부를 묻는 트위터 여론 조사를 시작한 것이다. '팔아야 한다'는 의견이 많이 나오자 그는 주식의 10퍼센트를 팔았는데, 이는 입법자들에게 본인의 주장이 정당함을 보여주기 위한 것이었다. 그는 "미실현 이익이 세금 회피 수단이 되고 있다"는 문제를 놓고 많은 논의가 오갔다는 트윗을 올렸다.

그러나 프리토리아에서 어린 시절을 보내는 동안 그의 아버지는 재산을 없앨 방법을 찾기보다는 늘리는 데 더 집중했다. 기계공학자였던 에롤은 자녀 양육에 있어서도 비슷하게 실용적인 접근법을 취했다. 그는 프로젝트 관리라는 렌즈를 통해 토스카와 킴벌, 일론을 바라봤다. 에롤은 자기 페이스북 페이지를 통해 이렇게 회상했다. "어떤 면에서는 내 아이들도 일종의 프로젝트였고 내가 할 일은 가능한 최선의 방법으로 프로젝트를 완료하는 것이었다. 하지만 아이들에 대한 내 접근법에는 한 가지 중요한 문제가 있었다. 형제자매는 우리 인생에서 가장 가까운 사람이기 때문에 절대로 서로 멀어지게 해서는 안 된다. 차라리 오른팔을 자르는 게 낫다. 하지만 실제로 그렇게 하지 못한 탓에 끔찍한 결과를 얻은 가족을 많이 봤다."[29]

에롤은 자기 주장을 뒷받침하는 예를 하나 들었지만 일론은 나중에 이를 부인했다. "Zip2에 투자할 돈을 보내면서 일론에게 어떤 사업에든 킴벌을 포함시켜야 한다고 주장했다. 일론은 이 사업을 위해 1년을 포기했지만 나중에 기회를 현명하게 활용해서 유펜[펜실베이니아 주립대학교]으로 학사 편입을 했다. 그리고 아주 훌륭한 성과를 거뒀다."[30]

일론의 말에 따르면, "그는 내 일과 무관하다. 그는 대학 학비를 한 푼도 대주지 않았다. 동생과 나는 장학금, 대출, 그리고 두 가지 일을 병행하면서 대학 학비를 마련했다. 우리가 첫 번째 회사를 위해 모금한 자금은 실리콘밸리에서 활동하는 소규모 엔젤 투자자 그룹을 통해 구한 것이다. (…) 그는 싸움을 거는 듯한 태도로 내가 3개월 안에 돌아올 것이고 결코 성공하지 못할 것이며 내 손으로는 아무것도 이뤄내지 못할 것이라고 말했다. 그는 항상 나를 바보라고 불렀다. 그건 빙산의 일각이다."[31]

하지만 그의 아버지가 한 말 중에도 핵심을 찌르는 부분이 있긴 하다. 킴벌은 일론이 운영하는 가장 큰 회사 두 곳인 테슬라와 스페이스X의 이사다. 그리고 아버지와 아들 사이의 그 모든 갈등에도 불구하고, 에롤은 아마 일론과 가장 많은 시간을 보냈을 것이다.

메이는 이혼한 뒤 처음에는 세 아이들을 데리고 더반Durban에 있는 별장으로 거처를 옮겼다. 에롤은 론힐Lonehill에 있는 소규모 농지로 이사했다. 나중에 메이는 가족과 블룸폰테인Bloemfontein으로 이사한 뒤 그 지역 병원에서 영양사 인턴 과정을 밟았다.

그러나 이 시점에서 일론이 기이한 결정을 내렸다. 아버지에 대한 연민에 자극을 받은 그는, 요하네스버그에 가서 에롤과 함께 살기로 결심했다. 메이의 말에 따르면, 일론이 아버지와 함께 살기 위해 떠날 때 그들 가족은 블룸폰테인에 있는 원룸 아파트에 살았다고 한다. "킴벌과 토스카는 침실에서 잤고 나는 거실 겸 주방에서 잤다. 그곳은 의사들이 쓰는 숙소였다. 나는 병원에서 일하면서 학업을 마칠 때까지 그곳에 머물렀다."[32]

2020년에 CBS와의 인터뷰에서 일론이 왜 떠났느냐는 질문을 받은 메이는 이렇게 말했다. "일론이 열 살 때 자기 아버지와 함께 살기로 한 건 에롤에게 백과사전 두 질이 있었기 때문이다. 그리고 컴퓨터도 얻었다. 나로서는 도저히 사줄 수 없는 것들이었다. 그리고 킴벌도 열세 살이 되자 형을 그리워해서 그들과 함께 살게 됐다. 나는 주말마다 아이들을 만났다. 금요일 오후에 아이들을 데려왔다가 일요일 밤에 다시 돌려보냈다. 토스카는 자기

아버지와 함께 살고 싶어 하지 않았다. 주말 동안 토스카를 에롤 집에서 지내게 하려고 했지만 아이가 울면서 전화를 했기 때문에 할 수 없이 데리러 갔다."[33]

훗날 일론은 아버지와 함께 살기로 한 결정을 후회한다고 말했다.

에롤에 대한 다양하고 때로는 모순되는 많은 관점에 근거해서 판단하자면 그는 어떤 대가를 치르더라도 성공을 추구하는 매우 지적인 사람이자 자기보다 열등하다고 생각되는 이들을 업신여기는 사람, 그리고 끊임없는 바람둥이처럼 보인다.

바비 스노드그래스는 내게 보낸 편지에서 이렇게 말했다. "에롤에게는 심리적인 결함이 많다. 나는 경제학과 경영학 교육을 받았는데 우리 교과 과정에는 인간 행동에 관한 내용도 있다. 그리고 내 아내는 임상 심리학자다. 에롤은 프리토리아 대학에서 전기공학을 공부하라고 학비를 보조해 준 에스콤Eskom에서 계약직으로 일하던 무렵에 우리 집을 자주 찾아왔다. 내 아내는 그가 오는 걸 몹시 싫어했다. 에롤은 IQ가 140이고 자연과학에 매우 정통했다. 그는 끊임없이 우리가 얼마나 멍청한지 일깨워줬다. 그는 동생 마이클을 종종 바보라고 불렀다. 7학년 때 수학 시험 점수를 서로 비교한 적이 있는데, 그는 항상 90점대 점수를 받았고 나는 운 좋게 간신히 50점대였다. 그는 내가 거의 낙제할 뻔했다고 말하면서 그렇게 멍청하면 기분이 어떠냐고 물었다. 어릴 때라서 그 말에 기분이 상했지만, 그에게는 매우 매력적인 이면도 있었기 때문에 우리는 계속 친구로 지냈다. 나는 경제학과를 졸업하고 나중에 명문 리버풀 대학교에서 우등으로 석사 학위를 받았다. 그러니까 내가 그렇게 멍청하지는 않았다는 얘기다.

어릴 때 난 에롤보다 신체적으로 더 강하고 운동도 잘했다. 그는 뚱뚱한 수준까지는 아니었지만 꽤 통통했고 트랙 경기 출발대에서부터 속도가 느렸다. 그래도 내 레프트 잽을 맞을 짓을 하지 않을 정도로 똑똑했다."

에롤과 일론의 관계가 어떻게 깨지게 된 건지 추측하던 스노드그래스는 이렇게 말했다. "일론은 어릴 때 감성적이면서 밝은 소년이었고 네 살부터 상당히 독립적인 모습을 보였다. 메이가 떠나고 두 아들이 에롤과 함께 사는 동안 그의 부정적인 영향 때문에 아이들이 타격을 입었다. 일론이 자기 아버지는 자기가 하는 일을 다 못마땅해했다고 하던데, 난 그 말을 믿는다."

금전적으로는 안정된 유년기를 보냈을지 모르지만 머스크는 "난 즐거운 어린 시절을 보내지 못했다. 행복하지 않았다"고 단호하게 말한다.

아버지에게 진정한 사랑과 애정을 받지 못한 그는 백과사전과 공상과학 소설이라는 자신만의 세계로 빠져들었다. 경계 없는 비전과 상상력을 품은 그의 내면은 놀랍도록 성장하고 있었다. 하

지만 겉으로 보기에는 태도가 어색하고 외톨이인 '이상한 아이'
였다.

어릴 때 그는 "결코 혼자가 되고 싶지 않다"는 혼잣말을 자주
했다. 하지만 학교 친구들은 대부분 그가 외톨이였다고 말한다.

하지만 일론 머스크에게 처음으로 진정한 친구가 생긴 건 새
로운 학교에서 외롭게 혼자 있는 모습 덕분이었다.

일론의 교육

프리토리아에 있는 해트필드Hatfield 초등학교에 다니는 대니 워닉Danny Warnick은 쉬는 시간에 계단에 앉아서 학교에서 최근 유행 중인 루빅스 큐브Rubik's Cube를 맞추려고 애쓰고 있었다. 그때 새로 전학 온 아이가 지나갔다. 그 아이는 좀 이상해 보였다. 그리고 외로워 보였다.

"그래서 그와 친구가 되기로 결심했다"고 워닉은 말한다. 며칠 뒤, 새로운 친구 일론은 그가 루빅스 큐브 맞추는 걸 도와줬다. 그리고 그곳에서 대니 워닉과 일론 머스크는 가장 친한 친구가 되었다.

워닉과 일론 머스크와의 어린 시절 인연은 학교 사진을 통해 드러났다. 워닉은 페이스북을 통해 1983년에 찍은 해트필드 초등학교 7학년 급우들 사진을 공유했다. 그는 이 게시물을 올리면서 "두 번째 줄 왼쪽에 있는 소년의 얼굴과 일론 머스크라는 이름에 주목하라"고 썼다. 평범한 회색 반바지에 흰색 깃이 달린 반소매 셔츠를 입고 양팔을 옆구리에 딱 붙인 채 어색한 표정으로 카메라를 응시하는 소년이 보인다. 머스크는 이때도 주변의 웃음 띤 친구들 사이에서 혼자 동떨어진 모습을 보였다. 천재성 때문에 남들보다 1년 일찍 학교에 들어갔지만 그 장소에 도무지 어울리지 않는 어색하고 내성적인 아이였다.

나는 그 학급 사진을 통해 워닉을 찾아냈다. 일론 머스크나 그의 가족을 안다고 주장하는 이들과 많이 접촉해 봤는데, 워닉은 이 문제에 대해 얘기하는 데 동의한 몇 안 되는 사람이었다. 아마 그가 학교에서 머스크의 가장 친한 친구였다는 이야기가 사실이었기 때문일 것이다. 페이스북 게시물이나 그룹을 통해 자기가 머스크를 안다고 대담하게 선언한 다른 많은 이들은 내가 직접 연락하자 갑자기 조용해지거나 더 이상 말을 하지 않으려고 했다. 그리고 종종 "글쎄, 그냥 간접적으로 아는 사이 정도라서…"로 끝나곤 했다.

워닉과 통화했을 때 그는 "우리 두 사람이 같은 관심사를 가지고 있었다는 게 도움이 된 듯하다"고 말했다. "나도 수줍음 많은 내성적인 아이였고 일론 역시 그랬다. 그는 혼자 있는 걸 좋아했다. 그는 외모도 꽤 희한했고 커다란 치아 교정기까지 끼고 있었다. 내 눈에 그는 TV 드라마 〈빅뱅 이론Big Bang Theory〉에 나오는 쉘든Sheldon과 비슷해 보였다.

하지만 일단 친해지고 보니 일론은 매우 유쾌한 사람이었다. 그는 나이에 비해 매우 성숙했고 감정에 휘둘리는 성격이 아니었다. 그는 매우 사실적이었고 자기주장을 정확하게 밝혔다. 우리가 쌓은 우정은 그 나이대의 아이들에게서 전형적으로 볼 수 있는 우정이 아니었다고 말하고 싶다. 하지만 우리는 즐거운 시간을 보냈다."

워닉의 눈에 띈 건 그것뿐만이 아니었다.

"처음 만난 순간부터 그가 지능 면에서 자기 학년을 훨씬 능가한다는 걸 알 수 있었다. 특히 수학 실력이 매우 뛰어났다. 우리는 누가 수학 시험에서 가장 좋은 점수를 받을 것인가를 놓고 시합을 했다. 우리 학교 교장인 헨리 알먼Henry Alleman은 수학 박사 학위가 있는 사람이었기 때문에 일론과 나는 그의 수업을 정말 고대했다. 다른 아이들은 싫어했지만 말이다. 일론은 항상 수학 성적이 나보다 좋았다. 그는 수학과 과학에 매우 뛰어났다. 하지만 일론에게 해트필드에서 처치 스퀘어까지 가는 버스를 타라고 한다면 하지 못했을 것이다. 사회성이 부족해서 그런 상황을 매우 어색해했기 때문이다. 그의 여동생 토스카도 똑같은 말을 했던 걸로 기억한다."

실제로 토스카는 그런 말을 한 적이 있다. 가족이나 워닉 같은 친구가 보기에 머스크는 자신의 세계 안에서는 편안하게 잘 지내지만, 바깥세상과는 어울리지 못하는 듯했다.

머스크는 4학년 중반에 해트필드 초등학교로 전학했다. 원래는 돈과 지위가 모든 것을 결정하는 프리토리아 브루클린의 사립 남학교 워터클루프 하우스 사립 초등학교를 다녔었는데 에롤이 전학시킨 것이다. 에롤은 자기 아이가 현실 세계와 '보통 사람들'을 많이 접할 수 있는 공립 학교에 더 적합할 것이라고 판단했다. 프리토리아 교외의 해트필드에 있는 일론의 새 학교는 확실히 그런 기회를 제공했다.

해트필드는 도시 중심부의 가장자리에 위치해 있기 때문에 이 도시의 다른 교외 지역보다 훨씬 오래 유지된 독특한 매력을 지니고 있다. 1930년대에는 번화한 교외 주거 지역이었고 몇몇 랜드마크는 프리토리아의 상징이 되었다. 1935년에 건설된 힐크레스트 공공 수영장은 프리토리아에 처음 생긴 공공 수영장이자 오랫동안 유일한 올림픽 규격 수영장이었다. 무더운 여름날이면 가족들끼리 이곳에 와서 잔디밭에서 휴식을 취하기도 하고 경쟁이

치열한 학교 대항 경기가 열리기도 한다.

던컨 거리와 슈만 거리 모퉁이에 위치한 해트필드 초등학교는 1916년에 문을 열었다. 놀랍게도 머스크가 다닌 이 초등학교는 그의 어머니가 어릴 때 살았던 수트판스베르그 거리에서 차로 불과 몇 분 거리에 있다. 해트필드 초등학교와 고등학교를 거치면서 발전된 활기찬 젊은이들의 문화는 근처에 있는 프리토리아 대학 학생들에게까지 스며들었다.[1]

숀 슐츠는 머스크와 같은 시기에 해트필드 초등학교를 다녔고 그 시절을 잘 기억하고 있다. 워닉이 올린 사진에 자극받은 그는 머스크를 똑똑하고 흥미로운 소년으로 기억했다. 슐츠는 후속 인터뷰에서 자신의 주장을 관철할 수 있는 드문 인물이기도 했다. "일론에 대해 좋은 기억들이 꽤 있다. 그는 흥미로운 친구였다. 그와의 대화는 학교에서 다른 아이들보다 나누던 대화보다 좀 더 지적이고 의미 있었다. 그와 언제나 즐거운 대화를 나눴던 걸로 기억한다. 또 일론과 체스 두는 것도 좋아했다. 그는 아이작 아시모프Isaac Asimov의 공상과학 소설에 매우 관심이 많았다."

그러나 다른 사람들은 미래의 억만장자에게 거의 주목하지 않았기 때문에 자기들이 예전에 일론 머스크와 함께 학교에 다녔다는 사실을 깨닫고는 놀랐다. 이는 사람들에게 거의 주목받지 못한 채 학교 복도를 돌아다니던 머스크의 학창 시절 내내 되풀이되던 주제다.

일론의 교육

하지만 워닉은 그에게 주목했고 그와 머스크가 맺은 우정은 두 사람이 함께 한 짧은 시간 동안 매우 긴밀하게 유지되었다. "나는 5학년부터 7학년까지 그의 가장 친한 친구였다. 요즘 아이들이 베프라고 부르는 그런 관계였다. 당시의 해트필드는 오늘날과 같은 상업지구가 되기 전이라서 매우 조용한 교외 지역이었고, 일론의 아버지는 학교 가까운 곳에 집 한 채를 소유하고 있었는데 그 집은 지금 주유소가 있는 던컨 거리와 버넷 거리 모퉁이에 있었다. 그는 그곳을 사무실로 사용했다. 일론과 나는 방과 후 그곳에 가서 함께 숙제를 하곤 했다.

그들이 사는 집은 론힐에 있었기 때문에 매일 차를 타고 다녔다. 나는 많은 주말을 론힐에서 일론과 함께 보냈다."

일론은 머리 좋은 괴짜 타입에 딱 들어맞는 아이였지만, 워닉은 그에게 분명히 다른 면도 있었다고 말한다. "일론은 확실히 스포츠 타입은 아니었다. 그는 초등학교 때 스포츠 활동을 한 적이 없다. 공을 다룰 때도 동작이 매우 어색했다. 하지만 그렇다고 매일 집에서 비디오 게임만 하는 타입도 아니었다. 물론 그는 슈퍼히어로 만화에 푹 빠져 있었고 나도 마찬가지였다. 하지만 론힐에 있을 때는 다양한 야외 활동을 했다. 그 집에는 말도 두 마리 있었고 그의 아버지 에롤은 내가 아는 한 부유한 사람이었다. 일론은 자기가 원하는 건 뭐든지 갖고 있었다.

나는 매우 평범한 중산층 가정에서 태어났는데 일론의 아버지는 우리 기준으로 볼 때 상당히 부유했다. 그의 아버지는 스포츠카와 고가의 차를 좋아했기 때문에 롤스로이스나 포르쉐, 마세라티를 타고 그의 집까지 놀러가는 게 나한테는 항상 큰 즐거움이었다.

일론의 집에는 남자아이가 원할 만한 장난감이 모두 있었다. 우리는 작은 오토바이를 타고 돌아다녔고 BB총을 쏘거나 남자아이들이 즐겨 하는 온갖 종류의 장난을 쳤다. 우리 두 사람은 또 항공기와 무선 조종 비행기에도 관심이 있었다. 그리고 저녁에는 체스를 두거나 비디오 게임을 하거나 만화책을 읽곤 했다."

이들 두 사람이 BB총을 들고 집 주변의 넓은 부지에서 서로를 쫓아다니다가 머스크가 실수로 워닉을 쏜 적이 있다.

"일론이 내 이마를 쐈고 난 너무 화가 나서 그를 뒤쫓아갔다. 일론은 도망가서 마구간에 숨었다. 그를 발견하고는 나도 그에게 총을 쐈다. 그는 살해된 고양이처럼 소리를 지르기 시작했다."

이 사건만 제외하면 워닉은 그 시기를 매우 행복한 시간으로 기억한다. 그리고 그는 일론이 행복한 어린 시절을 보냈다고 회상한다. "그는 자기 아버지와 정말 잘 지냈다. 그때 그의 아버지는 이혼한 상태였다. 그의 동생들은 남아공의 다른 지역에 살고 있었다. 하지만 일론은 항상 행복한 모습이었기 때문에 그때가 그의 인생에서 불편하거나 힘든 시기처럼 느껴지지 않았다. 그는 더할 나위 없이 행복해 보였다. 나는 그의 아버지만 만나봤다. 동생들이나 어머니를 만난 적은 없다. 내가 잘못 알고 있는 게 아니라면 그의 동생 킴벌은 당시 블룸폰테인에서 학교에 다녔다. 그레이 칼리지였던 것도 같은데 확실하지는 않다. 일론의 여동생 토스카에 대해서는 아무것도 모른다. 그와 친하게 지내는 동안 토스카 얘기는 거의 하지 않았다. 일론의 조부모님도 몇 번 만났다.

나중에 일론이 캐나다, 그리고 미국으로 이주했을 때 그와 아버지 사이에 서서히 균열이 생기기 시작한 것 같다. 이유는 잘 모르겠다. 그의 아버지도 여러 차례 운명이 엇갈렸고 자기 나름의 부침을 겪었다.”

워닉은 에롤이 일론에게 꽤 다양한 경험을 하게 해준 것으로 기억한다. “내 어릴 적 기억으로, 그의 아버지는 항상 우리를 데리고 여행을 다녔다. 발Vaal강으로 수상 스키를 타러 간 적도 있다. 에롤과 일론 둘 다 수상 스키 실력이 뛰어났기 때문에 그들이 날 가르쳤다. 나는 그들 덕에 우리 지방의 수상 스키 선수가 되었다. 일론의 아버지가 호스프루잇Hoedspruit 지역에 사냥용 숙소를 사서 그곳에도 한두 번 갔었다.”

그는 에롤이 수학과 과학에 대한 일론의 적성과 세상에 대한 전반적인 호기심을 적극적으로 북돋아줬던 걸 기억한다. “그의 아버지는 차를 타고 갈 때 항상 수학이나 과학과 관련된 게임을 하곤 했다. 그러니까 저기 보이는 언덕이 몇 킬로미터쯤 될 것 같으냐 등의 질문을 하는 것이다. 그는 비행기와 항공에 대한 얘기도 자주 했는데, 일반적으로 어른들이 아이에게 해주는 것보다 더 높은 수준의 이야기를 했다. 그는 항상 일론에게 질문을 던지라고 독려했고, 우리와 함께 하는 모든 일에 수학과 과학을 포함시켰다. 그의 아버지는 언제 어디서나 학구적인 분위기를 조성했다."

머스크가 아버지에게 받은 진정한 애정에서 부족한 것은 그의 생각을 자극하는 환경과 스펀지처럼 정보를 흡수하려는 두뇌의 경향이 균형을 이루는 것이다. 일론 머스크는 확실히 어머니 가족의 별난 성격과 모험심 강하고 절대 굽히지 않는 태도("홀드먼 가 사람이 못 할 일은 아무것도 없다"), 그리고 아버지의 논리적인 성향과 공학적 천재성이 매우 강력하게 혼합된 인물인 듯하다.

에롤도 분명히 이 사실을 알고 있었다. 그는 2015년에 〈포브스〉지와의 인터뷰에서 이렇게 말했다. "일론은 항상 내성적이고 생각이 많았다. 그래서 사람들이 멋진 파티에 가서 즐거운 시간을 보내고 술을 마시면서 럭비나 스포츠 같은 화제로 이야기꽃을 피울 때, 그 집 서재로 가서 거기 꽂힌 책을 뒤적이고 있을 것이다. 일론은 그런 일에서 재미를 찾는 사람이고, 당연히 파티를 여는 일도 거의 없다."[2]

일론이 2018년 9월 '조 로건 익스피리언스Joe Rogan Experience'라는 팟캐스트에 출연해 카메라 앞에서 마리화나를 피웠을 때도 에롤은 세상 사람들과 다르게 별로 우려하지 않았다. 그 사건은 헤드라인을 장식했고 일론의 회사들에 주식 변동까지 생겼다. 그러나 에롤은 흔들리지 않았다. "일론은 마리화나에 취할 가능성이 누구보다 낮은 사람이다. 그 애는 술을 싫어하고 다른 걸 마시느니 차라리 밀크셰이크를 마실 것이다."[3] 여기에서도 일론의 할아버지인 조슈아의 삶의 방식이 똑같이 재현된다. 조슈아 홀드먼도 술을 별로 좋아하지 않았다.

라디오 702에서 방송하는 브루스 위트필드Bruce Whitfield의 〈머니 쇼Money Show〉[4]에 출연했을 때 에롤은 이런 말도 했다. "일론은 처음부터 번득이는 아이디어를 가지고 있었다. 걔는 항상 매우 깊이 생각하는 사람이었다. 어릴 때 하던 말이나 생각도 늘 놀라웠다. 일례로 일론이 서너 살쯤 됐을 때 "세상은 어디 있어요?"라고 물었다. 이런 질문을 하는 걸 보고 남들과 조금 다르다는 걸 깨달았다."

그리고 메이는 손에 넣을 수 있는 건 모조리 읽어치우던 한 소년을 회상한다. "일론이 어릴 때 뭐든지 다 읽었다. 그리고 자기가 읽은 걸 다 기억했다. 언제나 정보를 빨아들이는 아이였다. 우리는 일론을 백과사전이라고 불렀다. 브리태니커 백과사전과 콜리어스 백과사전을 읽고 전부 다 기억했기 때문이다. 그래서 천재 소년이라고도 불렀다. 뭐든지 물어보면 척척 대답했다."[5]

일론 본인은 이렇게 단언했다. "나를 기른 건 무엇보다 책, 그리고 그 다음이 부모님이다."[6]

일론 머스크, 대담한 선택

하지만 메이는 자기 아들의 천재성과 다른 천재들의 차이에 대해 중요한 주장을 한다. 그녀의 말에 따르면 일론은 본인의 천재성을 머릿속에만 담아두는 게 아니라 그걸 통해 실제로 뭔가를 이룬다는 것이다. 이런 차이를 통렬하게 느끼는 건 메이뿐만이 아니다.

천재성을 연구하는 과학자들도 왜 이런 일이 생기는지, 즉 뛰어난 재능을 지닌 사람들 중 일부는 탁월한 성과를 올리는 데 비해 그렇지 못한 사람도 있는 이유는 무엇인지에 대한 답을 아직 찾지 못했다.

아마 이 질문에 답하기 위한 가장 중요한 시도는 볼티모어의 존스 홉킨스 대학 심리학자인 줄리언 스탠리Julian Stanley가 만든 수학 영재 연구SMPY일 것이다. 일론 머스크가 태어난 해인 1971년에 시작된 이 연구는 영재 청소년을 대상으로 가장 오랫동안 지속된 종단적 연구 중 하나다.

스탠리에게 영감을 준 건 조셉 루이스 베이츠Joseph Louis Bates 라는 아이였다. 아이들을 위한 여름방학 프로그램을 운영하던 지역 컴퓨터 강사가 베이츠의 '고도의 지적 조숙함'을 알아차리고는 스탠리에게 이 사실을 알렸다. 스탠리는 1996년에 발표한 '시작: 수학 영재 연구'[7]라는 논문에서 이렇게 썼다. "처음에는 이 일에 개입하는 걸 망설였고 심지어 꺼리기까지 했다. 다른 긴급한 임무가 너무 많았다. 하지만 결국 연구에 참여했고, 그 결과 내

삶과 경력이 완전히 달라졌다."

스탠리는 열세 살의 베이츠(조)를 대상으로 대학 수준의 다양한 적성 검사를 실시하고 특히 미국의 표준 대학 입학 시험인 SAT를 치르게 했다. "조의 성적은 놀라울 정도로 뛰어났다."

이걸 보니 일론이 열일곱 살 때 프리토리아 대학에서 치렀던 컴퓨터 적성 검사가 떠오른다. 1989년 5월 17일에 대학 총장실에서 정보 관리과로 보낸 편지에는 "결과과 훌륭했다"고 적혀 있다. 머스크는 함께 시험을 치른 다른 학생들보다 한 살 아래임에도 불구하고 컴퓨터 운영과 프로그래밍 과목 모두 A+를 받았다.

조에게 훨씬 어려운 과제를 내준 스탠리도 이와 비슷한 결과를 얻었다. "조는 아주 잘 해냈고 열일곱 살에 컴퓨터 과학 학사 및 석사 학위를 받았다. 그리고 코넬 대학의 박사 과정 학생이 되었다."

이후 20년 동안 스탠리의 SMPY 연구 대상은 450명에서 연간 15만 명으로 증가했다. 일반적으로 이 연구에 참여할 자격이 있는 아이는 1년치의 대수학 강의 분량을 3주 안에 끝낼 수 있는 아이들이었다. SMPY는 훗날 단순히 재능 있는 학생을 식별하고 발전시키는 것에서 벗어나 이 학생들의 진로를 추적하는 방향으로 성장했고, 400개가 넘는 학술 논문과 여러 책의 주제가 되었다.

스탠리가 가르치던 심리학과 학생이었다가 현재 데이비드 루빈스키David Lubinski와 함께 SMPY를 이끌고 있는 카밀라 페르손

벤보우Camilla Persson Benbow는 "재능 있는 아이들에게 필요한 환경을 제공하면 40~50년 뒤에 차이를 확인할 수 있다는 증거를 가지고 있다"[8]고 말한다. 시작된 지 50년이 지난 이 연구는 지금도 여전히 같은 목표를 가지고 있다. 어릴 때의 지적 능력과 성인기에 이룬 업적 사이의 연관성을 보여주는 데이터를 수집하는 것이다. 1600명이 넘는 영재들을 표본 삼아 조사한 결과, 그중 560명이 박사학위를 받은 것으로 나타났다. 이 그룹은 681개의 특허를 등록했고 85권의 책과 7752편의 학술 논문을 쓰기도 했다.[9]

연구원들의 말에 따르면, "이 연구 결과는 어릴 때 상급 수준의 시험을 치르게 하면 성인기에 사회에 큰 기여를 할 수 있는 잠재력이 있는 능력이 뛰어난 이들을 식별하는 데 도움이 된다는 걸 보여준다."[10] 혹은 다르게 표현하자면, "우리 마음에 들든 안 들든, 이 사람들이 실제로 우리 사회를 지배하고 있다."[11] 이 말을 한 사람은 SMPY와 파트너 관계를 맺고 있는 듀크대학교 영재 식별 프로그램TIP의 심리학자 조나단 와이Jonathan Wai다. 데이비드 루빈스키의 말에 따르면, "이들은 지속 가능한 에너지, 이산화탄소 발생, 전기 자동차, 그리고 궁극적으로 화성에 제2의 지구를 건설하는 등 우리 시대의 가장 복잡한 문제 일부를 해결할 가능성이 가장 큰 사람들이다."[12]

머스크는 그런 연구에 참여할 자격이 충분히 되었을 테고 참여했다면 틀림없이 영재로 분류되었을 것이다. 또 에롤의 양육 방식은 뛰어난 성과와 학습을 위한 환경은 조성해 줬지만 매우 강하게 몰아부친 탓에 보다 애정 어린 관계를 맺지는 못했을 것이다.

"나는 일론에게 다음과 같은 노동관을 주입했다. '일각을 소중히 여겨라. 주말에도 쉬지 말고, 학교 졸업 후 한가롭게 지내는 건 꿈도 꾸지 말아라.'"[13] 에롤의 말이다. 일론은 이런 거의 비인간적인 노동관을 계속 유지했다. 메이도 이와 비슷한 생각을 갖고 있지만 그건 이혼한 뒤에 혼자 힘으로 세 아이를 키우는 과정에서 부득이하게 생긴 것이다. 메이는 자녀들이 그녀에게 배운 것에 대해 이렇게 말했다. "아이들은 내가 끊임없이 일하는 모습을 보았다."[14]

머스크는 2018년에 테슬라와 스페이스X 양쪽 업무를 다 처리하느라 일주일에 120시간 이상 일하고 종종 공장 바닥에서 잠을 잤다고 했다. 그 이후에는 업무 시간을 주당 80~90시간으로 줄였다고 한다. 이렇게 빡빡한 업무 일정을 고수하는 건 복합적인 요인 때문인 듯하다. 머스크는 "나는 사물의 진실에 관심이 많아서 사물의 진실을 이해하려고 노력한다. 원래 추진력이 강한 편인데 어릴 때부터 그랬다"[15]고 말한다.

하지만 한편으로는 두려움에 사로잡혀 있었다는 사실도 인정한다. "추진력이 두려움을 압도하긴 하지만 그래도 여전히 두려움을 느낀다. 이건 짜증나는 일이다. 두려움을 덜 느꼈으면 좋겠다. 나는 원하는 것보다 더 강한 두려움을 느낀다."[16]

그건 실패에 대한 두려움일까? 다른 사람들을 실망시키는 것에 대한 두려움? 아니면 시간이 촉박하다는 두려움? "아이디어는 많은데 실행할 시간이 부족하다."[17]

때로는 자기 생각과 끊임없이 폭발하는 아이디어에 대한 두려움일 수도 있다. 조 로건과 대화를 나누면서 머스크는 이런 말을 했다. "당신이 꼭 내가 되고 싶어 할 거라고는 생각하지 않는다. 사람들은 나 같은 상황에 처하는 걸 별로 좋아하지 않을 것이다. 난 신경을 끊는 게 너무 힘들다. 계속 아이디어가 떠오른다고 하니까 근사하게 들릴지도 모르지만, 머릿속에 떠오르는 아이디어를 멈출 수 없다면 어떨 것 같은가? (…) 이건 엔진이 아무 저항도 받지 않고 계속 작동하는 것과 비슷하다."[18]

일론은 어릴 때부터 자기 아버지의 기대에 부응하기 위해 타고난 추진력을 발휘했을지도 모른다. 에롤의 양육 방식 덕에 일론의 천재성이 드러난 것일 수도 있지만, 이로 인해 머스크가 오늘날까지 아버지에 대해 품고 있는 분노의 감정이 생겼을 가능성이 크다.

하지만 에롤은 일론의 탐구 정신과 최고의 지성을 위한 발판이 되는 중요한 요소 하나를 제공했다. 바로 컴퓨터를 처음 사용할 수 있게 해준 것이다. "컴퓨터가 처음 나오자 일론은 컴퓨터에 대해 소개하는 강의를 듣고 싶다고 했다."[19] 에롤은 브루스 위트필드 앞에서 이렇게 회상했다.

"그 강의에 대해 알아봤더니 하이퍼라마Hyperama가 후원하고 영국과 세계 각지의 전문가들이 참석하는 자리라고 했다. 어린아이는 참가할 수 없다고 했다. 하지만 일론은 고집을 부렸다. 걔가 열한 살 때의 일이다. 난 당시 하이퍼라마에서 엔지니어링 일을 하고 있었기 때문에 75랜드를 내고 일론을 위해 공개 강좌 자리를 예약해 줬다. 75랜드면 당시로선 상당히 큰돈이었다. 그 강의는 요하네스버그에 있는 비트바테르스란트 대학University of the Wit-watersrand에서 주최한 것이었다.

일론이 강의를 들으러 갔더니 주최 측에서는 구석 자리에 조용히 앉아 있으라고 했다. 장소에 맞는 적절한 옷차림을 해야 했기 때문에 일론은 재킷과 넥타이를 매고 초등학교 교복인 회색 바지를 입고 갔다. 나는 일론을 거기에 놔두고 킴벌과 함께 햄버거를 먹으러 갔다. 3시간 동안 진행되는 강의였는데 우리가 돌아와 보니 다들 나오는데 일론이 보이지 않았다. 한참 동안 기다리고 또 기다리다가 결국 건물에 들어가 강의실을 찾았다. 일론은 재킷과 넥타이를 벗어놓고 긴 회색 플란넬 셔츠의 소매를 걷어 올린 모습으로 영국에서 온 사람들과 얘기를 나누고 있었다. 내가 다가가자 교수 중 한 명이 자기소개조차 하지 않은 채 대뜸 이 소년에게 컴퓨터가 있어야 한다고 말했다. 그래서 우리는 감사하게도 할인된 가격으로 컴퓨터를 한 대 샀다. 일론은 DOS Disk

Operating System를 이용한 프로그래밍 방법을 독학했다. 그리고 80년대 중반에 일론이 빨간색 불이 켜진 상자를 보여주면서 이렇게 말했던 걸 기억한다. '이건 모뎀이에요. 이걸로 컴퓨터끼리 서로 대화할 수 있죠. 영국에 있는 어떤 컴퓨터가 온라인 상태면 그 컴퓨터와 대화를 나누면서 질문도 할 수 있어요.' 그 애는 항상 스위치가 켜져 있었다."[20] 그 깜빡이는 빨간 불빛을 통해 머스크의 뇌는 컴퓨터가 지닌 잠재력 쪽으로 확실히 전환되었고, 훗날 조 로건에게 인정한 것처럼 그 이후로 한 번도 꺼지지 않았다.

머스크는 컴퓨터를 처음 본 순간을 기억한다. "열 살 때 남아공의 한 상점에 들어가서 코모도어 VIC-20 Commodore VIC-20을 봤다. 내가 지금껏 본 물건들 중에서 가장 멋지다고 생각했다. 컴퓨터 프로그램을 작성하고 게임도 만들 수 있었다. 여섯 살 때부터 아타리 Atari 게임과 다른 여러 가지 게임을 했기 때문에 내가 직접 게임을 만들 수 있다는 생각에 정말 흥분됐다. 그게 내 첫 번째 컴퓨터였다. 메모리가 8KB였던 걸로 기억한다."[21]

일론 머스크는 이 컴퓨터를 이용해서 블라스터 Blastar라는 그의 첫 번째 컴퓨터 게임을 만들었다. 그는 이걸 한 컴퓨터 잡지에 500달러에 팔았다. 당시 머스크는 신문 배달을 하고 심지어 주식 시장에도 조금씩 손을 대면서 벌써부터 상당히 기업가다운 면모를 보이고 있었다. "다양한 아르바이트를 했다. 또 열여섯 살쯤에는 주식 거래도 좀 했다. 남아공에 상장된 몇몇 주식에 돈을 투자해서 꽤 괜찮은 성과를 올렸다. 하지만 괜찮은 기업 주식을 몇 번 산 게 다였다. 얼마 안 되는 초기 자금을 세 배로 불렸지만 별로 마음에 안 들어서 그만뒀다."[22]

에롤이 아들의 천재성을 격려하기로 결심했던 만큼, 결국 예쁜 여자들을 좋아하는 에롤의 성향 때문에 부자간의 관계가 망가졌을 수도 있다고 대니 워닉은 말한다. "고약하게 굴 생각은 없지만, 에롤에겐 플레이보이 기질이 있었다고 생각한다. 난 2~3년 동안 그들 부자와 함께 주말을 보내곤 했는데 그 집에는 매번 다른 여자가 있었다. 일론이 그런 행동에 찬성했을 것 같지는 않다."

대니 워닉은 초등학교를 졸업한 이후 머스크와 연락이 끊겼다. 그는 프리토리아 동부에 있는 글렌 고등학교에 다녔고, 머스크는 요하네스버그에 있는 브라이언스턴 고등학교에 다녔다. 그들이 마지막으로 만났을 때, 워닉은 머스크가 브라이언스턴 고등학교에 가는 걸 별로 내켜 하지 않았다고 회상한다. "초등학교 졸업 이후에는 그를 한두 번밖에 못 만났다. 그때는 핸드폰이 없지 않는가. 그를 마지막으로 본 건 8학년 때였다. 우리는 론힐의 집에서 주말을 보냈다. 월요일 아침에 그의 아버지가 우리 둘을 차에 태우고 일론을 브라이언스턴 고등학교에 내려준 뒤 날 집까지 데려다줬다. 그때도 일론은 학교에 가고 싶어 하지 않았다. 그는 초등학교에서는 괴롭힘을 당하지 않았지만 고등학교 땐 따돌

림을 당했다. 앞서 말한 것처럼 그는 커다란 교정기를 착용해서 외모가 좀 이상해 보였고 그것 때문에 아이들이 괴롭힌 것이다. 그의 상황을 생각하면 전형적인 샌님 대 운동선수 이야기(똑똑하지만 사회적으로는 어색한 괴짜와 운동 능력은 뛰어나지만 학업 성적은 좋지 않은 운동선수 사이의 갈등을 중심으로 하는 이야기)가 떠오른다."

워닉은 학교를 졸업한 후 자동차 업계에서 일하게 되었고 현재 메르세데스-벤츠 대리점 점장이자 프리토리아에서 자기 소유의 자동차 중개 회사를 운영하고 있다. "일론이 일군 것에 비하면 아무것도 아니다"라고 농담을 하면서 이제 머스크의 놀라운 성공을 지켜볼 수 있어 행복하다고 덧붙였다. "사실 10년쯤 전부터 그의 소식을 듣기 시작했다. 난 누이가 4명이나 되는 대가족 출신인데 다들 일론이 내 친구였다는 걸 알고 있다. 여기저기서 그에 대한 기사를 많이 볼 수 있다. 누이 중 한 명이 일론 머스크가 신문과 언론에 꽤 많이 언급됐다고 얘기해 줬다. 그가 Zip2를 팔았을 즈음의 일이다. 그가 잘될 거라는 생각은 늘 했었지만 이렇게 별을 향해서까지 손을 뻗을 줄이야. 젠장, 그와 계속 연락하면서 지냈어야 하는 건데, 라는 생각을 했다."

워닉은 이제 과거의 친구 머스크와 전혀 접촉하지 않는다. 그는 머스크가 남아공과의 관계를 모두 끊고 자기가 태어난 나라에 대해 전혀 언급한 적도 없는 것에 대해 약간 슬퍼한다. "초등학교 졸업 이후로 그와 접촉한 적이 없다. 그는 남아공에 별로 관심이 없는 듯하다. 여기에 대해서 아무런 얘기도 하지 않는다. 그가 이 나라를 싫어하는 건지 아니면 단순히 그의 레이더에 잡히지 않아서 그런 건지 잘 모르겠다."

그리고 그는 자기처럼 오랫동안 만나지 못한 친구가 머스크의 레이더에 갑자기 등장하는 게 불편하다고 말한다. 하지만 그는 우연찮게 과거와 마주쳤다. "몇 년 전 브루클린 몰에서 그의 아버지 에롤과 마주쳤다. 그는 일론의 개인 이메일 주소를 알려줬다. 그때 이미 일론은 매우 유명해져 있었다. 그에게 이메일을 보냈지만 아무 답장도 받지 못했다. 하지만 그가 유명인사가 된 지금, 갑자기 과거의 우정을 되살리고 싶지는 않다."

해트필드 초등학교의 계단에서 퍼즐(루빅스 큐브)을 풀고자 하는 공통된 열망을 중심으로 시작된 두 사람의 우정.

하지만 워닉이 소중히 여기는 일론 머스크에 대한 특별한 기억이 하나 있다. "해트필드 초등학교를 졸업할 때 내가 그 해의 수학 우등상을 받았다. 그 상 이름이 지금도 기억난다. 바로우만 컵Barrowman Cup이라고 불렸다. 어찌된 일인지 초등학교 마지막 해에 일론을 제칠 수 있었다. 일론은 그 일로 몹시 화가 났다."

워닉이 일론 머스크를 마지막으로 봤던 어느 월요일 아침, 브라이언스턴 고등학교로 향하던 불만스러워 보이던 그의 모습에 대한 기억도 똑같이 절절한 기억으로 남을 것이다.

브라이언스턴 고등학교는 일론 머스크에게 그 어떤 수학 경시 대회보다 훨씬 큰 도전을 안겨줬다.

부러진 뼈

━━━

2013년, 일론 머스크는 '세계에서 가장 영향력 있는 100인' 중한 명으로 〈타임〉지 표지를 장식했다. 2013년 5월 15일, 브라이언스턴 고등학교는 페이스북에 머스크를 축하하는 글을 올렸다. "브라이언스턴에 다녔던 일론 머스크가 2013년 〈타임〉지가 선정한 세계에서 가장 영향력 있는 100인으로 뽑혀 표지에 실린 것을축하합니다."

이 학교는 예전 학생 중 한 명을 자랑스러워하지만 머스크의브라이언스턴 고등학교 시절에 대한 기억은 결코 즐겁지 않다.

대니 워닉이 기억하는 1984년 1월 아침은 머스크의 젊은 시절중 가장 고통스러울 뿐 아니라 그를 거의 죽일 뻔한 시기였다. 그날 아침은 머스크가 브라이언스턴 고등학교에서 8학년을 시작하기 위해 차에서 내리는 것으로 시작되었다.

어색하고 수줍음 많고 괴상하게 생긴 그 아이는 이제 일시적인 놀림거리나 약간 특이한 존재가 아니었다. 학교 폭력을 '사내아이들이 다 그렇지 뭐'라면서 외면하거나 성인이 되기 위한 통과의례로 여기는 문화와 환경 속에서 머스크는 다른 아이들의 표적이 됐다. 그는 무자비하고 악랄하게 괴롭힘을 당했다. 다른 동료들보다 어리다는 건 전혀 도움이 되지 않았다. "거의 맞아 죽을 뻔했는데, 사람들은 그걸 그냥 괴롭힘이라고 부른다."[1]

그 무렵 브라이언스턴 고등학교를 다녔던 학생들은 소셜 미디어를 통해 그 학교에 존재했던 통제 불능의 왕따 문화에 대해 얘기했다. 학교 복도를 서성거리던 불량배 무리의 이름을 직접 언급하는 이들도 많았다. 그들 때문에 고통받은 사람들의 육체적인 상처는 일시적일 수 있지만 감정적인 상처는 평생 아물지 않는다.

어떤 사람들은 그걸 견뎌내야 하는 성장 과정의 일부나 숙제, 교사의 고함 소리처럼 학교 시스템을 구성하는 요소 중 하나로 여겼다. 또 어떤 이들은 "아프리카는 나약한 자들을 위한 곳이 아니다"라는 말로 일축했다. 하지만 머스크에게는 말 그대로 생존의 문제였다. 불량배들의 무자비한 표적이 되었기 때문이다.

"나는 오랫동안 반에서 가장 어리고 가장 작은 아이였다. 내 생일은 그 해에 학교에 입학할 수 있는 아이들 가운데 거의 마지막

날짜인 6월 28일이기 때문이다. 그리고 나는 늦깎이였다. 그래서 몇 년 동안 계속 반에서 가장 어리고 작은 아이였다. 학교 불량배들은 말 그대로 나를 사냥감처럼 뒤쫓아다녔다."[2] 일론은 이렇게 말했다.

가장 심하게 맞았을 때는 입원까지 해야 했다. 계단 꼭대기에 앉아 있다가 선배들에게 머리를 걷어차였다. 바닥으로 굴러떨어진 뒤에도 불량배들은 쓰러진 그를 계속 공격했다. 너무 심하게 얻어맞은 탓에 샌튼 메디컬리닉에 데려가야만 했다.

에롤은 남아공 금융 저널리스트인 알렉 호그Alec Hogg에게 보낸 편지에서 이게 사실임을 확인해 줬다. 일론이 겪었던 일을 읽은 호그는 자기 아들 트래비스가 괴롭힘을 당했던 경험에 대한 기사를 썼다. "여러 가지 면에서 학생 시절의 일론 머스크와 비슷한 내 죽은 아들 트래비스도 학교에서 무자비하게 괴롭힘을 당했다. 자신의 안녕만 추구하기에는 지나치게 똑똑했던 트래비스는 종종 재빠른 입과 늦게 발달한 신체 때문에 고통을 겪었다. 그의 어머니는 너무 화가 나서 불량배 중 한 명을 때리기도 했다. 하지만 그마저도 소용이 없었다. 트래비스도 무척 힘든 시간을 보냈지만 브라이언스턴에서 일론 머스크를 괴롭힌 자들은 학교 폭력의 잔혹성을 한 단계 더 끌어올렸다."[3]

에롤은 호그에게 보낸 편지에 다음과 같이 썼다. "일론은 너무 심하게 다쳐서 샌튼 클리닉에 누워 있을 때 얼굴을 알아보지도 못할 정도였다. 일론은 2주 동안 병원에 있었다. 나는 그놈들을 폭행 혐의로 고소했지만 랜드버그 경찰은 그게 단지 "학생들이 너무 신이 나서 한 행동"일 뿐이라며 기소를 거부했다. 학교 측도 입장을 제대로 밝히지 않았다. 그때 일론은 열두 살이었다. 나는 즉시 아이를 그 학교에서 데리고 나와 프리토리아 남자 고등학교로 향했다."[4]

괴롭힘이 그의 감정에 미친 영향은 확실히 오래 지속되었다. 폭력은 미래 억만장자의 신체에도 흔적을 남겼다. 2013년에 에롤은 페이스북에 이렇게 썼다. "일론은 남아공 학교에 다니던 어린 시절에 구타를 당해서 생긴 상처 때문에 최근 코 내부 교정 수술을 받았다. 일론은 항상 받은 만큼 갚아주는 성격이지만 예전 남아공에서는 백인들끼리도 늘 분위기가 거칠었고 공정하게 싸우는 사람이 없었다. 상대편 2명이 움직이지 못하게 몸을 붙잡고 있는 사이에 다른 한 명은 통나무 같은 걸로 얼굴을 때리는 것이다. 신입생들은 새로운 학교에 입학한 첫날부터 학교 불량배들과 싸워야 했다. 증오가 고질적으로 자리 잡고 있었다.

'성인'의 경우에도 술집에 들어갈 때 누군가를 예의 바르게 쳐다보기만 해도('남성 전용' 술집에 들어갈 만큼 멍청하다면 말이지만) 3일 동안 중환자실에 입원하게 될 수도 있다. 이때 쳐다보는 눈빛이 약간이라도 거만하다면 입원 기간이 3개월로 늘어난다. 내

말이 믿기지 않는다고? 그렇다면 여기서 살아보지 않은 게 분명하다."[5]

이 부분에 있어서는 머스크와 에롤에게 공통점이 많은 듯하다. 에롤도 학교에서 괴롭힘을 당한 경험을 얘기했다. "나도 해밀턴[프리토리아에 있는 초등학교]을 졸업한 뒤 리튼데일[프리토리아의 고등학교]에 다녔다. 그 전에 해밀턴에 다니던 6개월도 악몽 같은 시간이었다. 난 그때 막 영국에서 건너온 참이었다. 난 지금도 말콤 와트를 찾고 있다. 혹시 이 글을 보면 연락 주게, 말콤. 자네 때문에 코뼈도 부러지고 이런저런 일도 있었지. 리튼데일은 피쉬바흐, 스톨츠, 라크 무리가 지배하는 최악의 학교 중 하나였다. 난 입학한 첫날부터 존 피쉬바흐와 10라운드 동안 싸워야 했다. 그 결과 죽도록 얻어맞았다. 이봐, 난 샌들을 신었다고. 영국 아이들은 다 그랬다. 그들은 내 가방과 책 때문에 날 때렸다. 다음에 피쉬바흐를 만났을 때 그는 술에 취해서 더반의 시궁창에 누워 있었다. 그는 6펜스만 달라고 부탁했다."[6]

에롤은 이런 상황에서 살아남는 방법을 다음과 같이 요약한다. "눈을 내리깔고, 절대 남들 눈에 띄지 말아라."[7]

한 독자가 그에게 이 페이스북 게시물에 대해 물어보자 그는 이렇게 대답했다. "60년대의 술집에서 있었던 일이다. 친구들과 함께 플라자라는 곳에 있었는데 누군가가 밖에 줄 서 있던 조라는 남자를 계속 발로 차서 죽였다. 당신은 거기에 안 살아봤으니 모른다. 일론은 80년대에 학교를 다녔다. 그리고 브라이언스턴에서 죽기 직전까지 맞아 2주 동안 병원에 있었다. 그게 현실이다."[8]

프리토리아에서의 학창 시절에 대한 에롤의 얘기는 확실한 공감을 얻었다. 그 시절에는 영국과 아프리칸스 아이들 사이에서 장기전이 벌어졌다. 흑인과 백인의 인종 분열로 갈라진 나라에서 백인들도 영국계와 아프리칸스계로 분열되었다. 아프리칸스 지역 교외에서 자란 영국 소년 에롤은 분명 '수티Soutie'나 '루이넥Rooinek'이라고 불리면서 표적이 되었을 것이다. 언제나 아프리칸스가 우세한 위치에 있었던 프리토리아에서도 이런 식의 문화 전쟁이 벌어졌다. 그러나 요하네스버그는 완전히 다른 세계였다. 프리토리아와 요하네스버그 사이의 거리는 국도로 가면 65킬로미터도 안 되지만 언제나 완전히 동떨어진 세계였다. 요하네스버그에는 영국인이 더 많이 살지만, 여기에도 폭력배들이 꽤 많았고 특히 포르투갈, 그리스, 레바논 갱단은 이 도시에서 가장 두려운 존재들이다.

꽤 보수적인 프리토리아 사회에서 요하네스버그로 온 것이 머스크에게는 큰 변화였을 것이다. 에롤의 집이 있던 론힐은 브라이언스턴에서 10킬로미터도 채 떨어지지 않은 거리에 있었기 때문에 일론이 다닐 학교로 브라이언스턴 고등학교를 고려하는 게 타당했다.

그러나 머스크는 피해자이긴 해도 피해의식을 느끼지는 않았다. 머스크는 가라테를 시작하고 자신을 방어하는 법을 배웠다. "그들이 나를 공격하면 그만큼 강하게 받아치기 시작했다. (…) 이를 통해 교훈을 얻었다. 불량배와 맞서 싸우면 그들과 타협할 필요가 없다. (…) 불량배의 코를 세게 때려버리자. 불량배들은 반격하지 않는 목표물을 찾는다. 여러분이 자신을 까다로운 표적으로 만들고 불량배의 코를 쳐버린다면 그 순간에는 상대방에게 늘씬하게 두들겨 맞을지 몰라도 그 이후로 다시는 여러분을 때리지 않을 것이다."[9]

흥미롭게도 일론은 이 경험 때문에 다른 이들을 위해 긍정적인 일을 하겠다는 결심을 굳힌 듯하다. 〈롤링 스톤〉지와의 인터뷰에서 가장 두려운 게 뭐냐고 묻자 그는 인류 문명이 멸종하는 것이라고 말했다.[10] "나는 친인간적이다. 나는 인류를 사랑한다. 그들이 대단하다고 생각한다." 〈조 로건 익스피리언스〉에 출연했을 때도 이렇게 말했다.[11]

머스크가 브라이언스턴 고등학교에서 괴롭힘을 당했다는 뉴스가 나오자 존 스켈튼John Skelton 교장은 성명을 발표했다. "처음에는 그에게 벌어진 일에 대해서 읽고 매우 가슴이 아팠다." 스켈튼은 〈뉴스24News24〉에 이렇게 말했다.[12] "우리 학교는 명예, 존엄, 존중의 문화를 가지고 있다. 모든 인간은 독특하고 특별하다. (…) 당시에는 학교 폭력을 성장 과정의 일부분으로 받아들였지만 이제 우리는 그게 어떤 영향을 미치는지 안다. 1990년대부터 사람들은 학교 폭력이 매우 파괴적인 힘을 발휘한다는 걸 깨닫기 시작했다."[13] 이에 대해 에롤도 〈뉴스24〉와 인터뷰를 했다. "남아공은 활동성을 중시하는 문화권이다. 지적인 인재를 배출할 수는 있지만 지적인 문화는 아니다."[14]

에롤은 일론이 학생들을 더 엄격하게 관리하는 프리토리아 남자 고등학교로 전학하자 괴롭힘이 멈췄다고 회상한다.

머스크가 인생의 이 시기에 남아공과의 관계를 끊게 됐다고 추측하는 이들이 많다. 그래서 프리토리아 남자 고등학교에 대해서도 많이들 오해하게 되었다.

빌 슈뢰더 전 교장이 이 학교에 새로운 건물을 몇 개 짓기 위해 머스크에게 자금을 요청했다는 사실이 널리 보도되었다. 이는 세계 각지의 동창들이 새로운 학교 강당, 도서관, 컴퓨터 센터 건설을 위해 자금을 지원하는 운동의 일환이었다. 머스크는 100만 랜드를 기부하면서 슈뢰더에게 다시는 학교 일로 연락하지 말아 달라고 요청했다는 보도가 나왔다.

그러나 1990년부터 2009년까지 이 학교 교장으로 재직한 슈뢰더는 그게 사실이 아니라고 말한다. 언론에 공개된 성명서에서 슈뢰더는 머스크가 학교에 100만 랜드를 기부한 건 맞다고 확인했다. 그리고 머스크에게 두 번째로 연락했을 때도 그가 다시 학교에 기금을 기부했다고 말했다. 그는 예전 학생에 대한 거짓된 보도 내용을 바로잡았다. "나는 1990년부터 2009년까지 프리토리아 남자 고등학교의 교장이었고 은퇴한 뒤에도 4년 동안 모금 운동을 이끌어 달라는 요청을 받았다. 그러니 1988년에 프리토리아 남자 고등학교를 졸업한 일론 머스크에게서 받은 기부금 기록을 바로잡는 게 중요하다고 생각한다.

일론 머스크가 내 요청을 받고 100만 랜드를 기부한 건 사실이다. 하지만 그가 이 나라나 학교를 너무 싫어해서 다시는 연락하지 말아 달라고 했다는 건 사실이 아니다. 실제로 난 일론에게다시 연락을 했고 그는 내 요청에 따라 두 번째 기부금을 보냈다. 그가 개인 비서를 바꾸면서 한동안 연락이 끊겼지만, 다시 연락이 되면서 기부금 문제를 고려하는 새로운 네트워크가 구축되었다. 그 정도의 부를 지닌 사람에게는 엄청난 양의 기부 요청을 처리하는 팀이 있다는 걸 이해해야 한다. 그때부터는 그에게서 더이상 기부를 받지 못했다.

일론이 요하네스버그의 한 학교에서 괴롭힘을 당하면서 우울한 학교 생활을 하다가 10학년 때 프리토리아 남자 고등학교로전학했다는 사실은 그의 여러 전기에서 잘 기록되어 있다. 프리토리아 남자 고등학교에서 열악한 대우를 받았다는 증거는 없으며, 졸업한 뒤에는 자기 어머니가 살았던 캐나다로 이주했다.

더 속상한 건 그의 기부금 액수가 유출되었다는 점이다. 20년동안 같이 일한 비서의 도움을 받아 혼자 모금 활동을 펼쳤는데이런 모금 활동의 중요한 기반 중 하나는 기부금 액수를 철저하게 비밀에 부친다는 것이다. 주로 학교 동문과 친한 친구들에게만 기부 요청을 했는데 4년 만에 3200만 랜드를 모금하는 데 성공한 건 다 이런 기밀성 덕분이라고 생각한다. 이 기사가 발표되기 전까지 프리토리아 남자 고등학교 관계자들이 아는 건 일론 머스크가 기부를 했다는 사실뿐이었다. 기부 게시판에 그의 이름과 졸업 연도가 게시되어 있었기 때문이다. 원래 이 게시판에서는 100랜드를 기부한 사람이건 100만 랜드를 기부한 사람이건 아무런 차별을 두지 않는다."[15]

어느 모로 보나, 머스크는 프리토리아 남자 고등학교에서 보낸 시간을 즐겼다. 킴벌도 나중에 이 학교에 입학했다. 나도 그 고등학교를 다녔는데 머스크보다 5년 후배다. 남아공의 자산이 될 신사를 배출한다는 이 학교의 기풍은 모든 부분에서 드러난다. 교사들은 가운을 입고, 학생들은 학교에 다니기 시작한 순간부터 어른이 방에 들어오면 자리에서 일어서도록 가르친다. 교사나 학교에 방문한 어른에게 인사할 때는 ~씨Mr/Mrs가 아니라 선생님Ma'am/Sir이라 칭하고, 교복을 입고 사람들이 있는 곳에 갈 때는 양말이 발목까지 흘러내리거나 넥타이를 제대로 매지 않은 상태여선 안 된다. 그리고 전반적으로 1901년에 처음 문을 연 이 학교의 역사와 유산이 지닌 무게에 맞는 행동을 하도록 요구한다. 전통적인 남학교에 다녀본 적이 없는 사람들에게는 완전히 낯선 개념처럼 보일 수 있다. 심지어 학년 제도도 다르다. 당시에는 고등학교에 입학하면 스탠다드 6학년이 되고 요즘에는 8학년이라고 부른다. 그러나 프리토리아 남자 고등학교에서는 예전부터 계속 폼 1Form 1이라고 했다. 학년을 폼이라고 부르는 것이다. 남학교의 규율 잡힌 환경 덕에 머스크가 이 학교에 다닐 때는 괴롭힘을 당하지 않았다. 물론 완벽한 학교는 아니었다. 그런 학교는 어디에도 없다. 하지만 프리토리아 남자 고등학교는 스포츠 스타든, 학문적 천재든, 문화 영재든 가리지 않고 모든 학생의 성과를 언제나 축하해 준다. 이 학교는 학생의 출신 배경에 상관없이 소년의 지금 모습보다 그가 앞으로 보여줄 수 있는 모습에 훨씬 믿음을 품는 그런 학교다.

그리고 이 학교의 울창한 소나무와 요하네스버그의 대법원 건물을 설계한 패트릭 이글Patrick Eagle이 설계한 본관 건물에서 우주에 대한 머스크의 집념과 그의 천재성이 더욱 명확해졌다.

이는 1988년 머스크가 폼 5B일 때 과학 교사였던 다니엘라 앨버스Daniela Albers의 물리 채점표에도 뚜렷이 드러난다. 여기에는 파란색 잉크로 'E. 머스크'가 그해에 평균 80퍼센트를 기록했다고 적혀 있다. 2등인 학생보다 13퍼센트나 높은 뛰어난 학업 성과를 올린 것이다. 앨버스의 말에 따르면 물리 시험에는 '전기 테스트' 또는 전기 회로 문제가 포함되어 있었는데 머스크는 여기서 20명의 경쟁자를 이겼다. 앨버스는 또 미래의 로켓 과학자가 반드시 알아야 하는 운동량, 자유낙하, 관성에 대한 시험도 봤다.

머스크는 운동량에 대한 시험에서는 1등을 놓쳤지만 뉴턴의 3가지 운동 법칙에 대한 시험에서는 공동 1위를 차지했다.

몇 년 뒤, 앨버스는 프리토리아의 한 언덕에 자리한 학교 한 귀퉁이의 교실에서 옛 제자가 주도하는 스페이스X의 첫 번째 발사 광경을 지켜본 수백만 명 중 한 사람이 되었다. 앨버스는 내 과학 선생님이기도 했기 때문에 머스크에 대한 기억을 물어보기 위해 그녀에게 연락했다. "스페이스X 발사를 지켜보면서 정말 자랑스러웠고 '나도 저기에 작은 역할이라도 했기를 바란다'고 생각했다. 하지만 솔직히 말해서 그는 매우 똑똑한 사람이라 나 없이도 얼마든지 해낼 수 있었을 것이다."

그리고 자기 수업을 들었던 그 소년에 대해 이렇게 회상했다. "그는 매우 조용한 소년이었고 교실 맨 뒤에 앉아 자기에게 주어진 일을 잘 해냈다. 분명히 그는 반에서 가장 높은 점수를 받았고 학년 말에는 과학 부문에서 뛰어난 성적을 거뒀다."

그녀는 일론 머스크가 남긴 매우 명확하고 오래 지속되는 기념품을 가지고 있는데, 그건 일론이 졸업한 뒤에도 몇 년 동안 계속 그녀의 교실에 있었다. "그가 프로젝트를 위해 근사한 로켓 모형을 가져온 걸 기억한다." 하지만 머스크는 워낙 말수가 적은 학생이었기 때문에 그게 실제로 그의 로켓이었는지 확실하지는 않다고 인정했다.

머스크는 고등학교 때도 초등학교 때와 마찬가지로 수줍고 내성적인 소년이었다는 징후가 매우 많다. 당시 프리토리아 남자 고등학교에 같이 다녔던 데이비드 존슨David Johnson은 이렇게 말했다. "킴벌은 친근하고 외향적인 아이였다. 일론과는 완전히 다르다." 존슨의 학교 연감에는 킴벌 머스크가 졸업 축하 파티에서 데이트 상대와 함께 웃고 있는 사진이 실려 있다. 1990년에 찍은 학교 사관 생도단의 'K. 머스크 하사' 사진도 있고, 사열식 사진에는 3분대 하사라는 추가적인 언급도 있다. 또 그는 1990년에 거행된 학교의 아카데믹 타이Academic Ties 행사 사진에서도 맨 앞줄 가운데에 앉아 있다.

그의 형은 완전히 반대다. 일론은 졸업하는 해(1988)에 발행된 학교 연감 〈프리토리안The Pretorian〉에서 '1988년 졸업생'으로 4페이지에 실린 사진 외에는 거의 등장하지 않는다. 'E. 머스크'라는 이름은 '폼 5B: 담임 교사 마샬' 학급의 일원으로 기재되어 있다. '디그니 라우드Digni Laude-1988년도 우등생' 명단에서는 그의 이름을 찾아볼 수 없고 특히 수학과 과학 부문에서도 보이지 않는다. 그래도 졸업 학년에 치른 과학과 컴퓨터 과목 시험에서는 우등상을 탔다고 한다. 그는 아카데믹 타이 명단에도 오르지 못했다.

"일론은 남과 잘 어울리지 않고 비교적 조용하고 내성적이라는 인상을 받았다. 그는 학교 컴퓨터 동아리에 참여한 것 같다. 하지만 그 외에는 주류 활동에서 별로 눈에 띄지 않았다." 1988년에 이 학교의 학생 대표였던 개빈 엘러스Gavin Ehlers의 말이다.

브라이언스턴 고등학교에 다녔던 사람들도 머스크에 대해서
잘 기억하지 못한다. 브라이언스턴 고등학교 졸업생들을 위한 페
이스북 그룹에서 머스크에 대한 얘기가 나올 때면 늘 익숙한 주
제가 등장한다. "그는 매우 조용했다.", "난 그가 전혀 기억나지 않
는다.", "그는 조용하고 주제넘게 나서지 않는 사람이었다.", "그와
체스를 뒀던 게 기억난다. 그는 조용하고 늘 혼자 있었다."

이 게시물을 작성한 사람은 사실 머스크와 함께 학교의 체스
'A' 팀 소속이었고, 체스 팀 사진을 보면 머스크와 딱 한 자리 떨
어진 곳에 앉아 있다. 그러나 머스크는 워낙 말수가 없는 학생이
었기 때문에 체스 팀원은 그 이상의 것은 거의 기억하지 못했다.

댓글은 계속 이어졌다. "그와 같은 그룹이었는데도 그가 전혀
기억나지 않는다. 그가 누구와 친구였는지 왜 아무도 그를 도와
주지 않았는지 궁금하다… 슬픈 일이다."

"일론 머스크와 같은 반이었던 사람을 안다. 그는 학교 폭력이
통제 불가능한 수준이었고 일론이 매우 심하게 다쳤다고 했다."

"학교에서 괴롭힘을 당하지 않은 사람이 어디 있나? 그건 우리
삶의 일부였다. 내가 부모님께 괴롭힘을 당하고 있다고 말하자
아버지는 이렇게 말씀하셨다. '그런 일도 받아들일 줄 알아야 한
다. 인생은 원래 고달픈 법이다. 그리고 앞으로 더 힘들어질 거다.
그러니까 받아들여라.'"

부러진 뼈

"나는 그와 같은 학년이었다. 그는 매우 조용한 아이였고 괴롭힘을 많이 당했다."

"그는 윗니 2개가 튀어나와 있었기 때문에 별명이 '토끼'였다. 매우 조용한 학생으로 누구와도 얘기를 나누지 않고 항상 책만 읽었다. 하지만 그는 반에서도 놀림을 당했다."[16]

일론은 브라이언스턴 고등학교 시절에 학교 체스 팀에서 찍은 사진이 한 장 있고, 또 지역 신문에도 사진이 실렸다. 그가 속한 10학년 학생들이 지역 자선 활동을 위해 사각형 담요 720개를 뜨개질한 것을 기념하는 모습을 담은 사진이었다. 머스크의 모습은 사진 오른쪽 위에서 찾을 수 있다. 하지만 그것 외에는 브라이언스턴 고등학교와 프리토리아 남자 고등학교 시절을 비교적 눈에 띄지 않게 보낸 듯하다.

반면 킴벌은 형보다 외향적인 모습을 보였다. 그는 1990년에 프리토리아 남자 고등학교를 졸업했는데 이때 형보다 우등상을 하나 적게 받았다(역사 과목). 그가 아프리칸스어로 쓴 에세이 '전쟁의 역사Die Geskiedenis van Oorlog'는 1990년 〈프리토리안〉에 실렸다. 그리고 그는 학교의 1군 농구팀에서 활약했다.

심지어 빌 슈뢰더도 몇 년 뒤 학교 모금 활동을 돕기 위해 다른 동창들과 함께 접촉했던 이 소년에 대해 많은 걸 기억하지 못한다. 나는 학교에 다닐 때 그리고 졸업 후 학교 일에 관여하면서 '보스'라는 애칭으로 불리는 슈뢰더와 친해졌다. 우리가 머스크에 대해 이야기할 때 그는 이렇게 말했다. "〈타임〉지에서 머스크에 대한 커버 기사를 쓰면서 내 의견을 들으려고 연락했던 게 기억난다. 나는 그를 잘 모르기 때문에 해줄 얘기가 별로 없다고 말했다. 학교에 오래 있었던 교사들 몇 명에게 물어보니 머스크를 어렴풋하게 기억하는 이들도 있긴 했지만 그들도 어떤 평을 할 수 있을 만큼 제대로 알지는 못했다."

하지만 학교를 졸업한 머스크는 자신의 야망을 실현하기 위해 시간을 낭비하지 않았다. 그의 머릿속에는 한창 기술 붐이 일고 있던 미국이 있었다. 그리고 그가 간절히 참여하고 싶어 한 인터넷이라는 새로운 문물이 있었다.

2장

캐나다 이주

일론 머스크는 고등학교를 졸업했지만 자기 앞에 새로운 세계가 열린다는 기분은 들지 않았다. 2년간 남아공 정부에 소속되어 남아프리카공화국 방위군SADF에서 복무해야 하기 때문이다.

머스크가 중고등부 교육을 마칠 무렵에는 의무 징병 분위기가 최고조에 달해 있었다. 17~65세 사이의 백인 남성은 모두 군 복무를 해야만 했다. 일반적으로 고등학교 졸업시험 인증서를 받은 직후에 '1957년에 제정된 국방법 규정에 따라' 군에 소집되었음을 알리는 '병역 의무 부과 통지서'가 든 갈색 봉투를 받았다. 이 통지서에는 복무하게 될 부대, 근무 장소와 기간 등이 자세히 적혀 있었다.

징병 제도는 공산주의(두려운 루이 게바르rooi gevaar, 즉 '적색 위협')와 추방된 ANC 때문에 국내외에서 증가하고 있는 위협에 맞서기 위한 정부의 대응 방안이었다. 남아공에 대한 압박이 효과를 보기 시작하자 정부는 자기들이 가장 잘 아는 방법, 즉 효율적으로 운영되고 있는 경찰과 군대를 동원해서 무력으로 대응했다. 그 결과 1980년대는 남아공 역사상 가장 폭력이 난무하는 시기가 되었다.

1960년에 벌어진 샤프빌Sharpeville 대학살 이후, 정부는 정치적 불안을 엄중하게 단속하면서 ANC나 다른 해방 단체들의 활동을 금지했다. 머스크가 아직 어릴 때인 1976년에 발생한 소웨토 봉기가 또 다른 분수령이 되었다. 정부는 이를 '전면적인 맹공격'으로 간주하고 '총력 전략'으로 맞서기로 했다. 남아공 사회 전체를 동원해서 공산주의와 아프리카 민족주의의 위협에 대응하기로 한 것이다. 그러나 1980년대 중반에 남아공 내의 다양한 반인종격리 단체들이 힘을 합쳐 공격하자 '총력 전략'은 추진력을 잃기 시작했다. 남아공에 대한 국제적인 압박과 제재가 심해지자 피터르 빌럼 보타Pieter Willem Botha 대통령도 외부의 압력을 느끼게 됐다. 집권당인 국민당 내에서도 앞으로 나아갈 방향에 대해 여러 가지 의견이 분분했다.

1988년에 머스크가 중고등부 5학년(미국식 학제로 치면 12학년)을 마칠 때쯤, 경찰과 정치 활동가들이 충돌하고 마을에 방위군이 배치되면서 나라 전체가 불타올랐다. ANC와 이들의 군사 조직인 우므콘토 위 시즈베uMkhonto we Sizwe('국가의 창槍'이라는 뜻)는 소형 지뢰와 폭탄을 사용해서 저항 운동을 확대했다. 남아공의 행정 수도인 프리토리아에서 사람들이 많이 찾는 스털랜드Sterland 영화관과 윔피Wimpy 햄버거 매장 몇 곳이 폭탄 공격을 당했다. 6월에는 루데포르트Roodepoort의 스탠다드 뱅크Standard Bank 바깥에서 폭탄이 터져 4명이 숨지고 18명이 다쳤다. 〈뉴욕 타임스〉는 이를 가리켜 '지난 1년 사이에 남아프리카공화국에서 발생한 최악의 폭탄 사건'이라고 평했다.[1] 남아공 학교에서는 폭탄 테러에 대비한 훈련이 일상화되었다.

남아프리카공화국은 또 국경 전쟁(1966~1990년)에도 휘말렸다. 이 전쟁은 SADF가 당시 남서아프리카(현재의 나미비아)의 남서아프리카 인민기구SWAPO라는 게릴라 세력과 맞붙으면서 벌어진 장기적인 분쟁이다. 1970년대 중반부터는 남아공이 앙골라의 독립 과정과 그 이후의 내전 결과에까지 영향을 미치려고 시도하는 바람에 국경 전쟁의 범위가 더 확대되었다. SADF는 표면상 SWAPO 게릴라를 추격한다는 명분을 내세워 앙골라에 여러 차례 공격을 가했고, 이로 인해 소련과 쿠바의 지원을 받는 앙골라 군대와 충돌하게 됐다. 1988년에는 국경 전쟁이 절정에 이르렀다.

남아공 정부는 도시 한복판의 거리와 국경에서 동시에 전쟁을 벌이고 있었다. 그리고 이런 전쟁을 이어가려면 군인이 많이 필요했다. '소집', 즉 강제 징집에 응한 사람들 중에는 국내외의 위협에 맞서 신과 나라를 지키는 것이 자신의 의무라고 생각하는 이들이 많았을 것이다. 또 고등학교 졸업 직후에 어떤 진로를 택해야 할지 잘 몰라서 SADF에서 보내는 2년을 앞으로 정말 하고 싶은 일을 정하는 시간으로 여긴 젊은이들도 있었다. 어떤 이는 자기가 입은 갈색 군복과 전선에서 집으로 보낸 사진 속에 함께 찍힌 지저분한 얼굴들에 번진 밝은 미소 속에서 공동체 의식을 발견하기도 했다. 그리고 민간인으로서의 일상에 정착하기 전에 자기 능력을 시험하고 더욱 '남자다워질' 수 있는 마지막 모험의 기회에 이끌린 사람도 있었을지 모른다.

그러나 국경 전쟁에서 사망한 1791명의 남아공 출신 군인[2]가운데 상당수는 달리 선택의 여지가 없다고 느꼈다. 징집 영장을 받았으니 어쩔 수 없이 전장으로 향해야만 했다. 역사학자 그래엄 캘리스터Graeme Callister의 말에 따르면, '대부분의 남성에게 있어 징집 명령에 복종하는 것은 의식적인 결정이 아니라 그냥 해야만 하는 일, 학교에 가거나 직장을 구하는 것만큼 자연스럽게 남아공 백인 남성 인생의 일부가 된 남성성을 획득하기 위한 통과 의례였다.'[3] 옵저베이션 포스트The Observation Post라는 웹 사이트를 운영하면서 남아공 군사 역사의 총체성에 대한 설문조사를 실시하기도 했던 피터 디킨스Peter Dickens는 "이건 SADF 복무가 남아공의 사회문화적 체재의 일부였던 시대에 시작된 활동이다.

당시에는 이것이 매우 표준적인 관행이었다"고 말한다.[4] 1984년에 개봉한 인기 영화 〈국경으로 간 동생Boetie Gaan Border Toe〉에서 배우 아놀드 보슬루Arnold Vosloo는 처음에는 징병을 피하려고 하다가 결국 국경에서 만난 동료 부대원들에게 형제애를 느끼게 된 불운한 남아공 태생의 젊은 백인을 연기했다.

하지만 번득이는 아이디어가 머리에 가득 찬 상태로 학교를 졸업한 남아공의 젊은 백인에게 이건 고대하던 자유의 순간이 아니었다.

1983년에 시작된 징병제 종식 운동ECC도 1988년에 금지되었다. 그리고 정부는 소환을 무시한 사람들에게 더욱 가혹한 조치를 취하여 형량을 징역 2년에서 6년으로 늘렸다. 당시 국방부 장관이었던 마그누스 말란Magnus Malan은 "징병제 종식 운동은 SADF의 직접적인 적이다. SADF, 특히 국가의 자존심인 젊은이들이 ECC의 프로파간다, 의혹 제기, 잘못된 정보에 시달려야 한다는 건 수치스러운 일이다."[5] 말란은 ECC를 금지된 ANC에 비유하기도 했다.

머스크가 학교를 졸업할 무렵의 남아공 사회는 이런 분위기였다. 그도 당연히 찰스 베스터Charles Bester에 관한 기사를 읽었을 것이다. 요하네스버그에 있는 세인트 마틴 학교에서 12학년을 마친 베스터는 자신의 기독교 신앙을 이유로 군 복무를 거부했다. 그는 1988년 12월 5일에 6년 형을 선고받고 크론스타트 교도소에 수감되었다.

당시 베스터는 이렇게 말했다. "아파르트헤이트는 분리를 의미하며, 그걸 적용한다는 건 이웃을 자기 자신처럼 사랑하라는 그리스도의 권고를 거부하는 것이다. 남아공에서 SADF가 수행하는 역할은 현 정부의 분열 정책을 뒷받침한다. 내가 하느님과 내 조국, 남아공 동포들에 대한 사랑을 가장 잘 보여줄 수 있는 길을 가려면 화해와 비폭력의 길을 추구해야 한다고 생각한다. 그러므로 나는 SADF에서 복무하는 걸 거부한다."[6]

머스크의 가족력, 특히 정치적으로 적극적인 아버지 에롤을 보면 그는 결코 아파르트헤이트 정부를 위해 싸우지 않으리란 걸 알 수 있다. 머스크는 내전이 임박한 국내 상황과 미국에 가서 점점 커지는 기술 붐에 참여하고 싶다는 열망을 바탕으로 결정을 내렸다. 그는 남아공을 떠나야만 했다. "멋진 신기술이나 근사한 일은 항상 미국에서 일어나는 것 같았다. 그래서 어릴 때 내 목표는 기본적으로 미국에 가는 것이었다"고 머스크는 말했다.[7]

그러나 그는 곧장 미국으로 향할 수 없었다. 그래서 대신 어머니의 출생지인 캐나다로 갈 계획을 세우기 시작했다. 하지만 이것도 쉽지 않았다. 그곳에는 만난 적도 없는 아주 먼 친척을 제외하고는 머스크가 기댈 만한 지인이 없었다. 탈출 계획을 세우려면 더 많은 시간이 필요했지만 SADF가 그의 입대를 간절히 바라고 있었기 때문에 시간이 없었다.

일론 머스크, 대담한 선택

머스크는 시간을 벌기 위해 1989년에 프리토리아 대학에 입학했다. 그가 실제로 등록한 과에 대한 공식적인 기록은 없다. 머스크는 1989년 5월에 이 대학의 정보 관리 책임자인 JLM 위처스JLM Wiechers에게 컴퓨터 적성 검사를 받았다. 나중에 메이 머스크가 트위터에 공개한 바에 따르면 일론은 운영과 프로그래밍 모두 A+를 받았고 위처스는 "결과가 우수하다"고 평했다.

일론 머스크가 프리토리아 대학에서 보낸 시간의 세부적인 사항은 상당히 모호한 탓에 이 대학의 기록 보관소 책임자인 카렌 해리스Karen Harris 교수에게 연락했다. 며칠 동안 파일을 뒤져본 해리스 교수는 머스크가 받은 적성 검사의 유효성을 확인했고, 그가 대학의 재무관리학 학사 과정에 등록했다고 말했다. 정부는 먼저 학업부터 마치고자 하는 사람들에게는 징병 연기를 허가했다.

하지만 머스크는 여전히 캐나다로 이주하는 데 매우 집중하고 있었으므로 그가 여기서 학사 과정을 마칠 생각은 전혀 없었던 게 분명하다. 그는 항공권을 구입하자마자 프리토리아 대학에서의 학업을 중단했다.

아직 열여덟 살도 되지 않은 머스크는 매우 용감한 결정을 내렸다. 그는 가족을 남겨두고 혼자 캐나다로 갈 것이다. 그가 이 문제와 관련해 부모와 어떤 대화를 나눴을지 궁금할 것이다. 오늘날에도 열일곱 살짜리 아이가 집을 떠난다는 건 매우 복잡한 문제인데 1980년대 후반에는 당연히 더했다. 게다가 그는 부모의 뜻을 거스르고 남아공을 떠났으니 일이 한층 더 복잡했을 것이다.

"남아공에서 읽은 기술과 위대한 혁신은 전부 다 미국에서 온 것이었다. 그래서 그곳에 가고 싶었다." 머스크는 2009년에 인기 토크쇼 진행자 찰리 로즈Charlie Rose와의 인터뷰에서 이렇게 말했다.[8] "부모님에게 미국으로 이주하자고 설득했지만 두 분 다 꿈쩍도 하지 않았다. 부모님은 이혼했다. 어머니는 나중에 캐나다로 갔다가 다시 미국으로 오셨다. 그래서 난 열일곱 살 때 캐나다 여권을 발급받자마자 3주 뒤 캐나다로 떠났다."[9]

머스크는 몬트리올에 있는 삼촌 집에 머물 계획이었다. 그러나 몬트리올에 도착한 그는 삼촌이 멀리 미네소타에 있다는 걸 알게 됐다. 머스크에게는 돈 2000달러와 옷과 책이 들어 있는 배낭과 가방뿐이었다. 그는 열일곱 살이었고 오도 가도 못하는 상황이 되었다.

이 도시의 유스호스텔에서 며칠을 보낸 머스크는 서스캐처원 농장에 사는 어머니의 사촌 마크 툴론Mark Teulon에게 연락했다.[10] 그 농장은 머스크 가족이 오랫동안 살던 무스조Moose Jaw 지역에서 서쪽으로 170킬로미터 떨어진 스위프트 커런트Swift Current 인근에 있었다. 머스크는 아주 이상한 방법으로 고향에 돌아온 셈이다. 아마 10대인 머스크는 '인생이 의미 있어지는 곳'이라는 스위프트 커런트 마을의 모토를 마음에 새겼을 것이다.

머스크의 할머니인 위니프레드는 무스조 출신이고 그의 할아버지와 증조할아버지는 서스캐처원에 깊이 뿌리를 두고 있다. 그래서 머스크는 버스표를 사서 몬트리올에서 스위프트 커런트까지 3000킬로미터가 넘는 거리를 이동했다. 거기서 발데크^{Waldeck}까지 18킬로미터를 더 가면 틸론 일가의 곡물 농장이 있다. 머스크는 할아버지 조슈아의 웅대한 전통을 이어받은 모험가다. 그리고 그는 이미 섬 같은 존재였다. 학교에 적응하지 못한 소년, 항상 남들과 어울리지 않고 혼자 지내던 소년, 군중 속에 있을 때보다 자기만의 생각에 잠기는 걸 더 행복해하는 소년이 이제 넓은 세상의 자유를 경험하고 있다. 그는 길 위에서 독립적인 본성을 형성했다.

머스크는 틸론 가족의 농장에서 겨우 6주 정도 머물렀지만, 그 시간 동안 채소를 가꾸고 곡물 저장통에서 삽으로 곡식 퍼내는 걸 도왔기 때문에 농사처럼 힘들고 화려하지 않은 일도 얼마든지 할 수 있다는 걸 스스로 증명했다. 그의 어린 시절 친구 대니 워닉의 말처럼 머스크는 운동선수 타입은 아니지만 그렇다고 컴퓨터만 파고드는 전형적인 괴짜의 틀에 맞는 사람도 아니었다. 곡물 저장통을 비우는 건 특히 힘들고 위험한 작업이다. 통이 거의 비고 바닥에 소량의 곡식만 남으면 거대한 통 속으로 내려가야 하는데, 그곳은 위쪽의 작은 해치에서 들어오는 빛을 제외하면 완전히 암흑이다. 농부들은 곡물 저장통이 어둡고 먼지가 많고 시끄럽고 덥고 위험하다고 말한다. 곡식을 쓸어내는 기계에 부딪쳐서 다치거나 눈사태처럼 쏟아지는 곡식에 파묻혀 질식사할 수도 있는 매우 현실적인 위험이 존재한다.

퍼듀 대학에서 발표한 보고서에 따르면, 미국 옥수수 곡창 지대에서는 매년 24명 이상의 농부가 곡물 통에 갇힌다고 한다. 실제로 광산 지역보다 좁고 사방이 막힌 농업 공간에서 더 많은 사고가 발생한다. 그리고 평균적으로 곡물통에 갇히는 사고 5건 중 1건은 10대 소년들과 관련이 있다.[11] 이 과정을 더 안전하게 하기 위한 로봇이 발명되었는데 농부들은 곡물통 안의 잠재적인 위험 영역을 없애기 위해 로봇을 집어넣는다. 만약 머스크가 그 일을 오래 했다면 그도 틀림없이 비슷한 걸 발명했을 것이다.

그의 사촌은 만난 지 얼마 안 되어 머스크가 평범한 10대가 아니라는 인상을 받았다고 말한다. "그는 상당히 똑똑한 사람이었다. 우리는 그걸 금세 알아차렸다."[12] 머스크는 농장에서 열여덟 번째 생일을 맞이했고, 그날 카우보이모자 위에 야구모자를 쓰고 손에는 망치를 든 모습으로 찍은 사진을 가지고 있다. 농장을 떠난 뒤에는 벌목공으로 일했으며 전기톱 사용을 주저하지 않았다.

그로부터 거의 20년 뒤, 스페이스X를 설립하고 로켓을 제작하기 위해 열심히 일하던 일론 머스크는 토머스(톰) 뮬러Thomas (Tom) Mueller라는 영리한 젊은 로켓 엔지니어를 고용했다. 뮬러는 캐나다 국경에서 불과 2시간 30분 거리에 있는 아이다호주의 세인트 마리스St Maries라는 작은 마을에서 자랐다. 그는 대부분의 시간을 도서관에서 공상과학 소설을 읽으며 보낸 아이였다. 그리고 로켓에 관심이 많았다.

뮬러의 수학 교사인 게리 하인즈Gary Hines는 그의 재능을 알아봤다. 그리고 뮬러가 항공기 정비사가 되고 싶다고 말하자 "넌 비행기 고치는 사람이 되고 싶니, 아니면 비행기를 설계하는 사람이 되고 싶니?"라고 물었다.[13] 이 말을 들은 뮬러는 기계 엔지니어가 되기 위한 공부를 시작했다. 하지만 학비를 대기 위해 모든 마을 사람들이 하던 일을 했다. 자기 아버지가 하던 일, 그리고 미래의 상사인 일론 머스크가 하던 일을 했다. 벌목공으로 일한 것이다.

그것이 《반지의 제왕The Lord of the Rings》이나 《파리 대왕Lord of the Flies》(머스크가 모든 사람이 읽어야 한다고 제안했던 책들) 같은 책에서 벗어나 자신만의 경계나 자기가 생각하는 남자다움을 확립하려는 노력이었는지 몰라도, 이 젊은 남아공인은 힘든 육체 노동을 즐기는 것처럼 보였다. 그리고 그 안에 존재하는 위험 요소도.

머스크는 제재소의 보일러실을 청소하는 일도 했다. 순전히 보수가 좋았기 때문에(시간당 18달러) 하겠다고 나선 것이다. 전통적으로 육체 노동은 위험하기 때문에 보수가 좋다. 그는 곡물통

안에서 작업했던 것처럼 보일러 안으로 들어가 김이 피어오르는 잔여물을 퍼냈다. 그 안은 너무 뜨거워서 한 번 들어가면 30분 정도만 있다가 다시 나와야 했다.

자기 할아버지처럼 잡일을 하면서 캐나다를 떠돌던 머스크는 이제 정착해서 공부를 해야 할 때라고 결심했다.

그는 온타리오주 킹스턴Kingston에 있는 퀸스 대학교에 등록했고 1989년부터 1991년까지 그곳에서 1, 2학년 과정을 마쳤다. 몇 달 동안 힘든 육체 노동을 한 그는 학생 신분으로 새롭게 얻은 자유를 즐긴 게 분명하다. "퀸스에서 즐거운 시간을 보냈다. 재미있고 흥미로운 시절이었다. 그 시기를 내가 형성된 시기라고 부르고 싶다." 그는 2013년에 〈퀸스 동문 리뷰〉와의 인터뷰에서 이렇게 말했다.[14]

머스크는 빅토리아 여왕의 이름을 딴 빅토리아 홀에 살았는데 여기는 이 대학의 17개 기숙사 중에서 가장 큰 곳이었다. 공교롭게도 이 건물의 건축 구조는 거대한 X자를 닮았다. 어쩌면 이것이 훗날 스페이스X라는 우주 탐사 회사를 설립한 사람의 마음에 씨앗을 뿌렸을지도 모른다.

머스크는 학창 시절의 모든 면을 즐겼고, 여기에서 훗날 그의 성공 철학이 될 사고방식과 작업 방식의 토대가 마련되었다. "대학에서의 첫 2년 동안 우리는 아주 많은 것에 대해 많은 것을 배운다. 내가 퀸스 교수진과 학생들에게 배운 특별한 것 중 하나는 똑똑한 사람들과 협력해 공동의 목적을 달성하기 위해 소크라테스 방식을 사용하는 법이었다."[15]

그리스 철학자인 소크라테스의 이름을 딴 소크라테스 방식은 학생이 교사가 전달하는 지식을 일방적으로 받아들이기만 하는 게 아니라 보다 비판적인 사고를 하면서 자기만의 견해를 형성할 수 있도록 교사가 다양한 탐색 질문을 던지면서 둘이 계속 대화를 나누는 것이다.

머스크는 나중에 이 철학을 과학적 방법과 결합시켜서 질문을 던지고 문제를 해결하는 자기만의 방법을 개발했다. 가장 간단한 형태의 소크라테스 방식에는 상대방에게 질문을 던지는 과정이 포함되는 반면 과학적인 방식에는 자연에 의문을 품는 과정이 포함된다. 그래서 소크라테스 방식은 보다 내적인 대인관계에 초점을 맞추지만 과학적인 방법은 우리 주변 세계에 초점을 맞춘다. 머스크의 경우처럼 새로운 행성에 사람을 보내는 프로젝트를 진행하고 싶다면, 여기에 필요한 막대한 인적 자원을 효과적으로 동원하고 지구와 전혀 다른 새로운 세계에 거주하는 것과 관련된 과학적인 문제도 해결할 수 있어야 하므로 두 가지 방법이 모두 필요하다.

자신에게 중요한 일을 추구할 때는 "부정적인 피드백을 얻으려고 해야 한다. 세상에서 차지하는 위치가 높아질수록 그런 피드백을 얻기가 점점 더 어려워지기 때문이다"라는 머스크의 신념

에서도 소크라테스 방식이 빛을 발한다.[16]

머스크는 스페이스X를 설립할 때 이 방법을 가장 효과적으로 활용했다. 머스크는 〈퀸스 동문 리뷰〉에서 이렇게 말했다. "그들(과학자와 로켓 엔지니어)을 무작정 찾아가 로켓 회사를 설립하고 싶다고 말했다면 일이 꽤 어려웠을 것이다. 그래서 난 노스롭 그루먼Northrop Grumman이나 보잉Boeing, 다른 대형 항공우주 기업에서 일하는 그들에게, '로켓 기술에서 상당한 발전을 이룰 수 있는지 알아보기 위해 타당성 조사를 진행하려고 하는데 좀 도와주시겠어요? 아마 주말과 저녁 시간을 좀 내주셔야 할 것 같습니다'라고 말했다. 도와주면 상당한 보수를 지불하겠다고 말했기 때문에 그들은 열정적으로 참여했다. 우리는 여러 차례 회의를 했고, 내가 모집한 사람들은 그 문제에 대해 많은 아이디어를 내놓으면서 이전에 만든 것보다 더 나은 로켓을 제작하는 게 가능할 거라는 결론에 도달했다.

나는 기본적으로 그들이 도출한 결론으로 그들을 이끈 셈이다. 그건 기술적인 차원에서의 소크라테스식 대화였다. 소크라테스식 대화의 본질은 결국 사람들이 스스로 납득하도록 하는 것이다. 억지로 강요하지 않는다면 사람들은 훨씬 기꺼이 자기 의견을 바꾼다."[17]

머스크가 퀸스에 입학하기로 결정한 이유는 매우 단순한 욕망 때문이었지만, 이건 그의 어린 시절이나 그것이 그에게 미친 영

일론 머스크, 대담한 선택

향과 무관하지 않다. 퀸스 대학 또는 워털루 대학에 다닐 수 있는 기회가 생긴 머스크는 더 나은 학술 프로그램이나 연구 시설이 아니라 보다 기본적인 욕구에 따라 결정을 내렸다. "원래 워털루에서 물리학과 공학을 공부할 예정이었기 때문에 그 학교 캠퍼스에 가봤다. (…) 이 얘기는 신고 싶지 않을 수도 있지만, 그 학교에는 여학생이 전혀 없는 것 같았다! 그래서 퀸스에 가봤더니 거기에는 여학생들이 있었다. 난 대학 시절 내내 남학생들하고만 지내고 싶지는 않았다."[18]

이건 처음에는 무해해 보일지도 모르지만, 사실 사랑을 찾고자 하는 머스크의 선천적인 욕망을 나타낸다. 그는 지구에서 사랑을 찾는 것보다 로켓을 만들거나 사람들을 화성에 데려가는 꿈을 꾸는 게 더 쉽다고 여기는 사람이다. "진부하게 들릴지도 모르지만 결국 사랑이 답이다." 그는 조 로건 팟캐스트에서 자기는 인류를 사랑하고 인간의 선함을 믿는다고 말하면서 이건 보호할 가치가 있다고 했다.[19] 공상과학 소설을 현실화한 사람으로 칭송받고, 어릴 때부터 그 세계를 가슴에 품고 살아온 머스크는 인간 존재의 의미와 사랑에 빠졌다. 그는 자기 소망은 지구를 탈출하는 게 아니라 지구를 보호하는 것이라고 계속 말해왔다. "사람들은 화성이 부자들을 위한 일종의 탈출구라고 생각한다. 하지만 전혀 그렇지 않다."[20] 보다 구체적으로 말하자면, 그가 보호해야 한다고 믿는 건 우주 전체에서 유일무이한 존재인 인간의 의식이다.

사랑과 그것이 사람들에게 미치는 영향은 그의 사업 동기에도 스며들어 있다. "당신이 좋아하고 당신에게 진정한 기쁨을 안겨 주는 걸 얼마나 많이 살 수 있는가? 그런 물건은 희귀해도 너무 희귀하다. 더 많아졌으면 좋겠다. 누군가가 좋아하는 물건을 만드는 것, 그게 바로 우리가 하려는 일이다."[21] 그는 테슬라와 전기 자동차 생산 목표에 대해 이렇게 말한다.

"더 나은 미래를 만들기 위해 할 수 있는 일이 무엇일까? 아침에 일어나는 걸 고대하게 만드는 게 있어야 한다. 아침에 일어나 그날 하루를 고대해야 (…) 미래를 고대하게 된다."[22] 머스크는 그의 아이디어와 끊임없는 혁신 추진의 이면에 존재하는 사고 과정을 이렇게 설명한다. 놀랍게도 세계 최고 부자치고는 엄격한 자본주의적 욕구가 결여되어 있다.

그리고 아마 부성애를 잃어가면서까지 자신에게 탁월한 성과를 강조한 아버지를 떠올린 듯, 자신의 가장 큰 동기 중 하나는 "다른 사람들에게 유용하고 동시에 내가 좋아하는 일을 하는 것"이라고 말했다.[23] 그것이 아이디어나 혁신에 대한 사랑이든, 세상을 더 나은 곳으로 만들려는 애정 또는 인류에 대한 사랑이든, "사랑이 답이다"라고 한 머스크의 말은 옳다.

이는 머스크가 어릴 때부터 찾던 답으로, 그는 "절대 혼자가 되고 싶지 않다"는 생각을 하면서 자랐다고 인정했다.[24] 그는 지금까지 맺은 모든 관계와 세 번의 결혼 생활에 이 답을 대입했다.

〈롤링 스톤〉지와의 인터뷰에서는 "난 사랑에 빠져 있지 않거나 오랜 반려자와 함께 하지 않으면 행복할 수 없다"라고 선언했다.[25]

에롤은 2018년 3월에 〈비즈니스 인사이더〉와 한 인터뷰에서, "일론은 자기에게 꼭 맞는 여자를 찾으려고 노력하는 중인데, 그건 당신이나 나나 모든 사람에게 있어 세상에서 가장 어려운 일일 것이다"라고 단언했다.[26]

머스크가 마침내 퀸스 대학에 정착하기로 결정한 데는 근본적인 동기가 있었다. 그리고 목표를 달성했다. 그는 여기에서 첫 번째 부인 저스틴 윌슨Justine Wilson을 만났다. 당시 열여덟 살이었던 저스틴은 영문학 학위를 받고 훗날 판타지 소설 작가가 되었다.

사랑이 정말 머스크가 찾는 답이라면, 저스틴은 이 어색한 십 대에게 처음으로 심각한 질문을 던진 셈이다. '어떻게 그녀에게 데이트 신청을 하면 좋을까?'라는.

아메리칸 드림

━━━

저스틴 윌슨은 일론 머스크를 처음 만났을 때 별로 깊은 인상을 받지 못했다.

머스크는 그녀가 데이트하고 싶은 유형의 남자와 전혀 달랐다. 그녀는 〈마리 끌레르Marie Claire〉지에 이렇게 썼다.[1] "그는 남아공 억양을 쓰는 용모 단정한 상류층 소년이었는데, 어느 날 오후 내가 기숙사 계단을 급하게 올라가고 있을 때 내 앞에 나타났다. 그는 숫자와 상업, 논리가 몸에 밴 과학자 타입이었다."

그녀는 반항적이면서 고뇌하는 스타일, 가죽 재킷을 입고 오토바이를 타고 다니는 음울하면서도 격렬한 영화 주인공 같은 남자를 좋아했다. 하지만 저스틴이 기억하는 처음 만났을 무렵의 머스크는 별로 반항적이지 않은 세련된 느낌의 남자였다. 그녀는 머스크가 전화를 걸 때마다 항상 배경에 클래식 음악을 틀어놨던 걸 기억한다. "그가 데이트 신청을 하길래 거절했다. 그러자 다시 전화를 걸어서 데이트 신청을 했고 또 거절했다."[2]

저스틴이 참석하지 않은 파티에서 그녀를 처음 만났다고 말한 머스크는 아이스크림을 먹으러 가자고 그녀를 초대했다. "좋다고 말하고는 기숙사 방문에 메모만 하나 달랑 붙여놓고 그를 바람 맞혔다. 몇 시간 뒤, 학생 센터의 더운 방에서 스페인어 교과서를 들여다보고 있는데 뒤에서 예의 바른 기침 소리가 들렸다. 일론이 어색한 미소를 지으면서 초콜릿 칩 아이스크림콘 두 개를 들고 있었는데 아이스크림이 녹아 그의 손에 줄줄 흘러내리고 있었다."[3]

저스틴은 머스크가 소설가가 되겠다는 그녀의 야심에 놀라지 않고 적극적으로 격려해 주는 것에 마음이 끌렸다. "예전 남자친구들은 내가 '너무 경쟁심이 강하다'며 불평했지만 일론은 '당신 영혼에 불꽃이 담겨 있다'고 말했다. 그가 "당신 안에서 내 모습을 본다"고 말했을 때 그게 무슨 뜻인지 바로 이해했다."[4]

그들은 데이트를 시작했지만 머스크는 여전히 미국으로 이주할 계획을 세우고 있었다. 이때는 메이, 킴벌, 토스카도 캐나다에 와서 그와 함께 있었다. 그들은 토론토의 작은 아파트에 살았는데, 메이는 이 시기에 무척 절약하며 살아서 아이들 머리카락을 직접 잘라줄 정도였다고 한다.

머스크는 항상 어머니와 동생들을 캐나다로 데려오려고 계획했던 것 같다. 메이는 캐나다에 잠시 들렀을 때 그곳으로 이주할까 고민하다가 결국 남아공으로 돌아가기로 했다. 하지만 남아공에 돌아가 보니 토스카가 이미 그녀의 집과 차를 다 팔아버리고는 서명할 서류만 건네줬다. 토스카는 가족 모두가 일론과 합류할 준비가 될 때까지 기다리는 건 무의미하다고 여겼다.

퀸스 대학교에서 2년간 공부한(가장 좋아하는 과목은 천문학이었다)[5] 일론은 펜실베이니아 대학교로 편입해서 물리학을 공부하기 시작했다. 그는 또 학업에 더 큰 비중을 두려면 아이비리그 대학 중 한 곳에 진학해야 한다는 생각도 했다. 그래서 이 학교의 와튼 스쿨Wharton School에서 경제학 학사 학위를, 인문과학대학에서 물리학 학사 학위를 받았다. 머스크는 물리학과에서 자신의 역량을 시험하고 정신적인 적성을 발휘할 기회를 얻었다. 그는 4학년 때 들은 양자역학 수업을 "내가 들은 수업 중 가장 어려운 수업"이라고 했다. "당신도 그 내용을 들으면 머리가 어질어질할 것이다."[6]

에롤은 몇 년 뒤에 일론이 유펜에서 보낸 시간에 대해 얘기했는데, 그 이야기에는 머스크 일가의 정신이 요약되어 있다. 에롤의 어머니인 코라 머스크는 카드와 진토닉을 사랑하고 만만치 않은 유머 감각으로 무장한 사람이었다고 한다. 에롤은 페이스북에 올린 글에서 이렇게 회상했다.

어머니와 함께 필라델피아 서쪽에 있는 유펜으로 가서 일론이 유펜 부근에 임대한 오래된(반쯤 허물어진) 집을 찾아가는 길이었다. 토요일 밤이고 사방이 어두웠다. 길을 따라 갈수록(당시에 쓰던 맥널리McNally 지도를 보면서) 상당히 질이 안 좋아 보이는 곳으로 점점 깊이 접어들게 되었다. 길모퉁이마다 사람들이 무리 지어 서 있었다. 나는 몸을 잔뜩 웅크리고 운전하면서 '여기서 나가야 돼. 어떻게든 빠져나가야 돼'라고 생각했다. 신호등에 걸려 차를 세웠는데 모퉁이마다 사람들이 가득했다. "아, 젠장." 속으로 욕을 내뱉는데 어머니(75세)가 창문을 내렸다.

"안녕하세요, 거기 남자분들!" 어머니가 옆에 있는 무리에게 큰 소리로 말을 걸었더니 그룹 전체가 다가왔다.

'안 돼!' 속으로 절규했다.

우리 어머니: "난 영국인인데 애플 스트리트를 찾고 있어요. 손자 일론이 거기 살거든요. 혹시 그 애를 아나요? 아주 똑똑한 애인데. 거기까지 가려면 어떻게 해야 하죠?"

머릿속에 아무 생각도 떠오르지 않았다.

"걱정 마세요, 부인." 어떤 덩치 큰 남자가 말한다. "우리가 알려드릴게요. 바로 다음 모퉁이를 돌면 되거든요. 우리를 따라오세요!"

그래서 그들은 우리 차 앞에서 걸어가고 우리는 그들을 뒤따라갔다. 가깝다고? 1킬로미터는 족히 되는 거리였다!

마침내 "여기입니다, 부인." 그들이 말했다.

"고마워요, 여러분." 어머니가 인사하고 창문을 올린 뒤 우리는 일론을 만나러 출발했다![7]

캠퍼스 바깥에 집을 구한 것은 머스크가 자신의 정신적 능력 이외의 것을 발전시키기 위해 취한 또 하나의 조치였다. 그는 지금까지 친하게 지내는 친구 아데오 레시와 기숙사 방을 같이 썼었다. 머스크에게 기숙사가 제공하지 않는 원활한 사교생활을 추구하려면 캠퍼스 밖에 집을 빌려야 한다고 설득한 것도 레시였다. 주말마다 두 사람의 집은 학생들에게 입장료를 받고 술을 무제한으로 제공하는 파티장이 되었다. 하지만 이렇게 혼란스럽고 때로 방탕하기까지 한 장소에서도 친숙한 주제가 등장했다. 레시에 따르면 "일론은 내가 만난 사람 중 가장 이성적인 사람이었다. 그는 술을 마시지 않았다. 아무것도 하지 않았다. 말 그대로 아무것도."[8] 이건 자기 아들은 술을 싫어하고 밀크셰이크를 선호한다던 에롤의 말과 일치한다.

머스크는 유펜에 다니는 동안에도 저스틴과 계속 연락을 주고받았다. 그는 또 자신의 아이디어, 그중에서도 특히 태양광 발전을 통한 지속 가능한 에너지에 대한 계획을 확장하기 시작했다. 졸업 후 저스틴은 일본에 가서 영어ESL를 가르쳤다. 그녀는 일본에서 1년을 보냈고 머스크도 자기 길을 가는 동안 두 사람의 연락이 끊겼다. 저스틴은 캐나다로 돌아온 뒤 바텐더로 일하면서 계속 글을 썼다. 머스크는 그 무렵에 세계 기술 혁신의 중심지인 캘리포니아 실리콘밸리로 거처를 옮겼다.

머스크는 1995년에 에너지 물리학을 공부하기 위해 스탠포드 대학에 들어갔다고 한다. 그러나 인터넷 발전에 대한 관심이 커짐에 따라 입학한 지 불과 이틀 만에 학업을 연기하기로 결정했다. 머스크는 당시 상황을 이렇게 얘기했다. "학과장에게 사정을 말하니까 입학을 연기할 수 있게 해줬다. 6개월쯤 뒤에 복학할 거라고 했더니 그는 다시는 내 소식을 듣지 못하게 될 것 같다고 했고, 결국 그의 말이 옳았다. 그 이후 한 번도 그와 연락한 적이 없다."9

그러나 테슬라의 최초 설립자 중 한 명인 마틴 에버하드Martin Eberhard가 회사 설립 과정에서 자신이 한 진짜 역할을 비방했다는 이유로 머스크를 고소했을 때, 머스크의 스탠포드 입학이 사실이냐 하는 의문이 제기되었다. 그 재판에서 제출된 서류에서, "머스크는 몇몇 전국판 간행물에서 스탠포드 박사 과정을 '중퇴'했다고 주장하면서 마치 자신이 스탠포드 소속인 양 얘기했지만 사실은 스탠포드에 등록한 적도 없다."10

그러나 머스크는 스탠포드 대학에 다닐 수 있는 입학 허가서를 받았을 것이다. 실제로 스탠포드의 존 헤네시John Hennessy 총장은 그 일에 대한 머스크의 기억이 맞다고 확인해 줬다. "그는 물리학 박사 과정을 밟기 위해 스탠포드에 들어왔지만 이틀 뒤에 그만뒀다. 나는 '뭐가 문제입니까, 일론? 음식이나 물, 아니면 날씨 때문인가요?'라고 물었다. 아니었다. 머스크가 떠난 이유는 그의 첫 번째 스타트업인 Zip2를 시작하기 위해서였다."[11]

　학위의 실질적인 가치에 무관심한 것으로 알려진 머스크에게는 대학에 다니면서 학문적인 자격을 늘리는 게 별로 매력이 없었다. 그는 심지어 대학 학위가 없다는 이유로 뛰어난 재능을 보이는 잠재적 직원의 채용을 포기하지 말라고 자기 회사 인사과에 요구하기도 했다. 이런 태도 때문에 캐나다와 미국에서 보낸 머스크의 대학 시절은 남아공을 벗어나 미국으로 가기 위한 계획의 일부였다는 의견도 있다. 그의 캐나다 시민권과 캐나다 명문 대학에서 확보한 지위 덕분에 미국으로 이주하는 게 훨씬 쉬워졌다. 캐나다 여권은 남아공 여권보다 쓸모가 많다. 유펜에 편입했다가 나중에 와튼 스쿨로 옮긴 머스크는 미국에서 많은 시간을 보냈다는 것을 증명해 필요한 이민 요건을 충족시킬 수 있었다. 스탠포드 입학 허가서도 그가 미국 시민이 되는 데 좋은 밑거름이 되었을 것이다. 더 중요한 건 스탠포드에서 입학 허가를 받은 덕분에 캘리포니아에 가서 일할 수 있게 된 것이다. 이 모든 건 프리토리아 대학교에 입학한 목적과 마찬가지로 머스크가 캐나다와 미국에서 보낸 대학 시절도 미국에 살면서 일하겠다는 궁극적인 목표(앞서 말한 어린 시절의 목표)를 위한 수단이었을 뿐이라는 이론에 기반을 두고 있다. 이것 자체가 머스크의 실용주의와 그의 목표 달성 능력을 보여주는 대표적인 사례다.

이 시기에 머스크는 실리콘밸리에서 10분 거리에 있는 팔로 알토Palo Alto의 한 비디오 게임 회사에서 일하기도 했다. 그는 여기에서 C++을 이용해 게임을 실행하면서 동시에 CD에서 동영상을 읽어 들일 수 있는 PC용 멀티태스커를 만들었다. 아이러니하게도 그 비디오 게임 회사 이름이 로켓 사이언스 게임즈Rocket Science Games였다. 머스크는 밤에 이 일을 했다. 낮에는 피너클 리서치Pinnacle Research에서 루테늄-탄탈룸 울트라 커패시터를 연구했다. 간단히 말해, 전기 에너지 연구다. 테슬라에서 결실을 맺게 될 전기차에 대한 관심의 씨앗이 이때 벌써 심어져 있었다.

"하지만 그해 여름에 인터넷이 인류에게 가장 큰 영향을 미치는 요소 중 하나가 되리라는 사실을 깨달았다. 그러면 정보통신이 삼투압 현상처럼 인류에게 퍼져나가, 세계 어디에서 접속하든 인류 지식의 모든 부분에 접근할 수 있는 신경계 같은 역할을 할 것이다. 난 그걸 만드는 데 참여하고 싶었다."[12]

그는 당시 월드 와이드 웹World Wide Web으로 알려진 최초의 성공적인 브라우저를 만든 넷스케이프Netscape에 취직하려고 노력했다. 머스크는 "사실 자라는 동안에는 장차 뭘 하고 싶은지 확신이 없었다. 한때는 무언가를 발명하거나 창조하는 게 멋진 일이라고 생각했다. 하지만 그러려면 회사를 설립해야 하는 건지 아니면 멋진 제품을 만드는 회사에 취직해야 하는 건지 알 수가 없었다"라고 말했다.[13] "1995년에 인터넷이 세상을 크게 변화시킬 것이라는 생각이 들어 그 일부가 되고 싶었다. 사실 처음에는 넷스케이프에 취직하려고 했다. 회사를 차릴 생각은 하지 않고 넷스케이프에서 일하려고 한 것이다.

입사 지원서를 냈지만 아무 답도 받지 못했다. 당시 난 와튼에서 물리학과 경제학 학사 학위를 받고 대학원에서 응용 물리학과 재료 과학 공부를 하고 있었다. 그러니까 컴퓨터 공학 학위도 없고 소프트웨어 회사에서 몇 년간 일한 경력도 없었다. 이유야 무엇이든 넷스케이프에서 답장을 받지 못했고, 실제로 그 회사 로비까지 간 적도 있지만 수줍음 때문에 아무에게도 말을 걸지 못했다. 그러니까 그냥 로비에 서 있다가 온 것이다. 정말 창피했다. 그냥 거기 서서 말을 걸 만한 사람이 있는지 찾아보려고 했는데 그러지 못했다. 겁이 나서 아무에게도 말을 못 건넨 것이다. 그래서 그냥 자리를 떴다."[14]

학자금 대출이 10만 달러나 되는 머스크는 자기가 인터넷 혁명의 일부가 될 수 있는 유일한 방법은 직접 인터넷 회사를 차리는 것이라고 판단했다. 그래서 2000달러가 조금 넘는 돈과 컴퓨터 한 대가 있는 상태에서 아파트보다 싸다는 이유로 사무용 공간을 빌려 거기에서 숙식을 해결하면서 소프트웨어를 만들기 시작했다.

머스크는 프리토리아에서 공상과학 소설을 읽으며 꿈꾸던 세계의 중심부로 가서 그 꿈을 현실로 만들었다. 그는 1930년대 후반에 휴렛팩커드Hewlett-Packard, 1940년대에 벨 연구소, 1960년대에 인텔Intel을 탄생시킨 세계와 바로 이웃한 곳에 자리를 잡았다. 1969년에는 근처의 스탠포드 연구소가 정부 연구 프로젝트인 ARPANETAdvanced Research Projects Agency Network 개발에 참여했다. 그 프로젝트는 미국 국방부 부서인 ARPA Advanced Research Projects Agency의 자금 지원을 받았다. ARPANET의 목적은 전화선을 통해 펜타곤과 그 산하 연구 기관의 컴퓨터를 연결하는 것이었는데, 바로 그 장치(모뎀)가 어린 머스크의 상상력을 사로잡아 아버지에게도 말하게 된 것이다.

ARPANET이 훗날 인터넷이 되었다. 실리콘밸리는 혁신으로 들끓었다. 1970년대에는 애플, 제록스 PARC(팔로알토 연구소), 아타리, 오라클Oracle 같은 기술 회사가 탄생했다. 1980년대가 되자 실리콘밸리는 전 세계 컴퓨터 산업의 중심지로 인정받게 되었다. 1990년대에는 이베이eBay와 구글Google, 야후Yahoo 등이 등장했다. 그리고 남아공에서 온 청년이 이곳에 등장했다.

머스크는 "이때부터 소프트웨어를 만들기 시작했다"[15]고 말한다.

그리고 실리콘밸리에 존재하는 그 모든 거대 IT 기업에 머스크의 첫 번째 IT 기업인 글로벌 링크 인포메이션 네트워크Global

Link Information Network라는 잘 알려지지 않은 회사가 추가되었다. 회사명은 나중에 Zip2로 바뀌었다. 이 회사는 업종별 전화번호부와 인명별 전화번호부를 인터넷에 올리면서 거기에 지도를 곁들였다. 이는 검색 가능한 업무용 전화번호부로, 〈뉴욕 타임스〉가 이들의 첫 번째 고객이 된 후로 신문 업계에서 주로 사용했다. 이 서비스에 대한 가장 간단한 설명으로, 머스크는 누구나 가장 가까운 피자집 위치를 찾고 거기까지 가는 방법을 알아낼 수 있어야 한다고 말했다.

"나는 사실상 인터넷상의 첫 번째 지도와 전화번호부(인터넷 최초의 업종별 전화번호부와 인명별 전화번호부)를 혼자 힘으로 만든 셈이다. 그 뒤 인턴사원을 몇 명 고용했고 동생 킴벌도 합류했다. 그리고 그레그 쿠리Greg Kouri라는 다른 친구도 있었는데 그는 현재 세상을 떠났다. 그러던 와중에 벤처 자금을 받게 됐는데, 그들이 우리에게 300만 달러를 준 건 미친 짓이라고 생각했다. 우리 형제와 인턴 몇 명만 달랑 있는 회사에 말이다."[16]

머스크도 아메리칸 드림을 실현하게 되었다.

컴퓨터를 처음 본 순간 마음속에 심어진 씨앗, 어린 소년이 비트바테르스란트 대학에서 영국 전문가들과 함께 최초의 컴퓨터에 대해서 나눈 토론, 그리고 마법처럼 깜박이는 모뎀 불빛이 그를 여기까지 이끌고 왔다.

글로벌 기술 혁신이 폭발하는 실리콘밸리에서, 이제 머스크는

자기가 오르고 싶은 산꼭대기를 눈앞에서 선명하게 볼 수 있게
되었다.

3장

Zip2

이제 일론 머스크에게는 미화 100달러 지폐에 새겨져 있는 벤저민 프랭클린Benjamin Franklin의 얼굴이 전보다 훨씬 중요해졌다.

머스크는 첫 번째 회사인 Zip2를 시작할 때 어린 시절부터 항상 해오던 일을 하면서 거기서 뭔가를 배우고자 했다. 책을 읽은 것이다. 특히 전기와 자서전을 많이 읽었다. 그중에서도 그의 관심을 끈 건 월터 아이작슨이 쓴 《벤저민 프랭클린 인생의 발견 Benjamin Franklin: An American Life》이었다. 프랭클린은 머스크에게 거대한 영감의 원천이다. "가출한 소년이었던 그가 인쇄 사업을 일구었다. 과학 연구와 정치 활동도 했다. 그는 내가 가장 존경하는 사람 중 한 명이다. 프랭클린은 아주 대단하다."[1]

과학자이자 발명가, 정치인, 자선가, 사업가인 벤저민 프랭클린(1706~1790)은 미국 건국의 아버지 중 한 명이기도 하다. 그는 1776년에 독립 선언서 초안 작성을 도왔고 루이 16세의 궁정을 찾아가 새로운 국가를 대표했으며 미국 헌법을 만드는 데 도움을 줬다. 하지만 프랭클린의 얼굴이 100달러 지폐를 장식하게 된 데는 또 다른 이유도 있다. 그는 한때 미국에서 가장 부유한 사람이었다. 〈포브스〉지는 그의 순자산을 오늘날의 가치로 환산하면 억만장자가 될 것이라고 추정했다. 확실히 프랭클린은 매우 성공한 사업가이자 기업가였다.

벤저민 프랭클린이 쓴 《부자가 되는 길 The Way to Wealth》(1758)에는 "한 푼 아끼면 한 푼 번 것이나 마찬가지다", "일찍 자고 일찍 일어나면 건강하고 부유하고 현명해진다" 같은 그의 가장 유명한 격언이 많이 포함되어 있다. 과학과 발명을 사업 요령과 결합시킨 모범 사례라고 할 수 있는 프랭클린의 경력은 머스크에게 깊은 인상을 줬다. 훌륭한 아이디어를 내놓는 것만으로는 충분하지 않다. 가치를 창출할 수 있는 아이디어를 내놓는 게 중요하다.

2009년에 찰리 로즈가 당신의 핵심 기술이 뭐냐고 묻자 머스크는 이렇게 대답했다. "뭔가를 설계하고 발명했는데 그렇게 만든 물건의 가치를 투입된 원가보다 높일 방법을 알아내야 한다면, 그게 내 핵심 기술일 것이다."[2]

가치 있는 걸 창조하려는 머스크의 열망은 "선을 행하면서 수익을 내자"라는 프랭클린의 철학과 매우 유사하다.[3] 머스크는 이에 대한 견해를 다음과 같이 설명한다. "나는 유용한 일을 하려고 노력한다. 그건 좋은 포부다. 그리고 유용하다는 건 사회의 다른 사람들에게 가치가 있다는 뜻이다. 그게 유용하고 효과적이며, 사람들의 삶을 더 좋은 방향으로 발전시키고, 미래가 더 좋아보이거나 실제로 더 좋게 만드는가? 나는 더 좋은 미래를 위해 다같이 노력해야 한다고 생각한다."[4] 그러나 '목적 중심의 기업'에 대한 머스크의 믿음이 유토피아적인 결과만 가져오는 건 아니다. 그런 회사는 자연스럽게 세계 최고의 인재를 끌어모으는 장점도 있다.

2015년에 스탠포드 테크놀로지 벤처 프로그램의 일환으로 미국 사업가이자 벤처 투자가인 스티브 저벳슨Steve Jurvetson과 여러 차례 대화를 나누던 중에 머스크가 이런 말을 했다. "본질적으로 즐겁고 재정적인 보상도 괜찮으면서 세상을 진정으로 변화시킬 수 있는 게 있다면 매우 강력한 동기 요인이 될 것이다. 하지만 모든 게 세상을 바꿀 필요는 없다고 생각한다. 사람들이 하는 일 중에는 유용한 게 많다. 그런 유용성을 최적화해야 한다고 생각한다. '내가 하는 일의 유용성이 최고조에 이르렀는가?' 자문해봐야 한다. 뭔가가 세상을 바꾸지 않더라도 사람들의 삶을 더 좋아지게 만든다면 충분히 대단하다고 생각한다. 아주 작은 부분에서라도 많은 이들에게 영향을 미친다면 좋은 일이다."[5]

머스크는 이런 욕망 때문에 스탠포드 대학에서 공부하려던 계획을 포기하게 되었다고 말한다. "내가 박사학위를 취득하는 게 실제로 유용할 거라는 확신이 없었다. 학문적으로는 유용할 수 있지만 실제로는 유용하지 않다. 그리고 만약 박사 과정 공부를 하는 동안 인터넷이 구축되는 모습을 손놓고 지켜봐야 한다면 큰 좌절감을 느낄 것 같았다."[6]

머스크는 프랭클린의 전기와 다양한 책을 읽으면서 자신에게 필요하다고 생각되는 사업 기술을 독학했다. 그러나 그는 단순한 비즈니스 이론가가 아니다. 회사를 성공시키기 위해 열심히 일한다는 게 뭘 의미하는지 알고 있으며 때로는 회사의 성공에, 때로는 회사의 손해에 관여하곤 한다. "예전에 어떤 친구가 '사업을 시작하는 건 심연을 들여다보면서 유리잔을 먹는 것과 비슷하다'고 말한 적이 있다."[7]

머스크의 비즈니스 철학의 또 다른 핵심 신조는 말은 줄이고 행동을 많이 하라는 것이다.

2021년 4월의 〈월스트리트 저널〉 인터뷰에서 그는 다음과 같이 말했다. "난 회사를 운영하는 MBA가 너무 많다고 생각한다. 미국이 MBA화되고 있는데 별로 좋은 일이 아니다. 제품이나 서비스 자체에 더 집중해야 한다. 이사회 회의를 줄여야 한다. 재무제표를 들여다보는 시간도 줄이고. 회사의 핵심은 무엇인가? 왜 회사가 있는 건가? 회사는 제품이나 서비스를 만들고 그 제품이나 서비스를 제공하기 위해 모인 사람들의 집합체다. 때로 사람들은 그 사실을 망각한다. 회사 자체에는 아무런 가치도 없다. 자원을 효과적으로 할당해서 투입 비용보다 가치가 큰 재화와 서비스를 창출해야만 가치가 생긴다. 우리가 이윤이라고 부르는 것은 시간이 지나면서 생산물의 가치가 투입물보다 커진다는 걸 의미해야 한다."[8]

사업과 회사가 의미하는 바에 대한 머스크의 전반적인 생각 때문에 그는 자기 세대 중에서 가장 특징 없는 CEO 중 하나가 되었다. 그러나 동시에 재계의 전통적인 제약과 관료주의, 그리고 관련 법률에 따라 그를 억제하는 게 상당히 어려워졌다. 그는 이 사회나 보고해야 할 이사들 앞에서 마음 편히 있을 수 있는 사람이 아니다. 회사 경영과 관련된 불필요한 요식이나 일반적으로 확립되어 수용되고 있는 기업 및 재무 규정은 빠르게 움직이면서 일을 진행하고 싶어 하는 사람에게 여전히 부담으로 남아 있다. 결과적으로 머스크는 끊임없이 기존 체제와 충돌할 것이다. 미국 세법과 관련된 가장 최근의 사안과 투자자들과의 지속적인 문제는 그의 경력에 계속 등장하게 될 주제들이다.

공부와 책을 통해 많은 지식을 얻은 머스크는 이제 첫 번째 회사를 통해 이 모든 걸 실행에 옮겨야 했다. 그는 갓 탄생한 인터넷을 자신의 도약대로 선택했다. "인터넷 – 그때는 정말 뭔가를

해야만 하는 순간이었다"고 머스크는 회상한다.[9]

인터넷이 엄청난 영향을 미치면서 인류를 재정의하게 되리라는 건 분명했지만, 인터넷을 통해 돈을 버는 방법은 확실치 않았다. "1995년에는 인터넷을 사용하는 사람이 많지 않았기에 아무도 거기서 돈을 벌지 못했다. 그래도 대부분의 사람들은 인터넷이 유행할 것이라고 생각했다." 머스크는 1999년 인터뷰에서 이렇게 얘기했다.[10]

그가 인터넷에서 돈을 벌려고 한 것은 단순히 돈을 위해서가 아니라 인터넷의 일부가 되고자 하는 욕망 때문이었다.

인터넷은 그가 이루고자 하는 목표를 위해 신중히 고안한 계획의 첫 번째 단계였다. "대학에 다닐 때 인류의 미래에 가장 큰 영향을 미칠 거라고 생각한 분야가 세 가지 있었다. 첫 번째가 인터넷, 두 번째가 지속 가능한 에너지와 운송 분야로의 전환, 그리고 세 번째가 우주 탐사인데 특히 생명체를 여러 행성으로 확산시키는 것이다."[11]

머스크는 인터넷이 인류를 '슈퍼 유기체'로 바꿀 것이라고 생각했다. 그리고 가장 가까운 피자 가게 위치와 거기까지 가는 길을 알려주는 게 이 슈퍼 유기체에게 많은 도움이 될 거라고 여겼다.

이제 막 시장에 상장된 넷스케이프는 인터넷에서 돈을 벌 방법이 있다는 걸 증명했다. 머스크는 상장만이 유일한 방법은 아니라고 믿었다. 그래서 1995년 여름에 머스크는 나중에 Zip2로 이름이 바뀌게 될 글로벌 링크 인포메이션 네트워크를 설립해서 일을 시작했다. 지역 상공인 명부를 구입한 머스크는 나브텍Navteq이라는 GPS 회사의 디지털 매핑 소프트웨어를 이용할 수 있게 되었다. 이제 거대 데이터베이스 두 개를 확보한 그가 해야 할 일은 요즘 기준으로 보면 단순하지만 그 당시에는 혁명적이었다. 바로 데이터베이스끼리 서로 대화하게 만드는 것이다. 여기에서 그의 코딩 실력이 주목을 받게 되었다. 일론과 킴벌(자기 형과 함께 사업을 하기 위해 그림 회사 지분을 매각한) 그리고 쿠리는 자기들이 모을 수 있는 모든 돈에 에롤이 제공한 것으로 알려진 2~3만 달러를 보태서 회사를 설립했다.

머스크는 그 일에 몰두했다. 컴퓨터가 한 대뿐이었기 때문에 낮에는 그 컴퓨터로 사업을 운영하고 밤 시간에 코딩을 했다. 그리고 그들은 최소한의 돈으로 살았다. 머스크는 돈이 없었을 뿐만 아니라 "빚까지 지고 있었다. 학자금 대출이 엄청났다"고 말했다.[12]

"처음 사업을 시작할 때는 경비 지출 속도를 어떻게든 최소화해야 한다." 머스크는 와튼 스쿨에서 한 연설에서 이렇게 말했다.[13] 또는 벤저민 프랭클린의 말처럼, "빚을 늘리느니 차라리 저녁을 먹지 않고 잠자리에 드는 편이 낫다."[14] 날리지앳와튼(Knowledge@Wharton) 팟캐스트에 출연한 머스크는 이 원칙을 한층 더 확대했다. "한 가지 교훈은 돈을 아주 적게 써야 한다는 것이다. 난 정말 돈이 거의 없었기 때문에 선택의 여지가 없었다. 수중에 겨우 몇천 달러뿐이었다. 내 동생도 마찬가지였다. 우리는 한 달에 400~500달러를 내고 사무실을 빌렸다. 팔로 알토에 있는 아주 작은 사무실이었다. 그곳 임대료가 아파트 임대료보다 쌌다. 그리고 침대 겸용 소파를 사서 낮에는 거기서 회의를 하고 밤에는 거기에서 잤다. 샤워는 몇 블록 떨어진 곳에 있는 YMCA에서 했다. 그렇게 하니까 경비 지출 속도를 대폭 늦출 수 있었다. 거기가 차고보다 훨씬 쌌다. 차고는 비싸다. 덕분에 벤처 자금을 받을 때까지 몇 달간 버틸 수 있었다. 그리고 자기가 확실히 가지고 있는 것보다 많이 쓰지 말아야 한다는 좋은 교훈을 얻었다."[15]

그러나 이때의 검소한 생활은 인생의 목표를 찾았다는 순수한 기쁨에 비하면 아무것도 아니었다. 머스크는 난생 처음으로 편안함을 느꼈다. 그의 머릿속에서 폭발하는 아이디어는 실리콘밸리 주변에서 폭발하는 아이디어들 속에서 집을 찾았다. 자기가 남들과 다르다고 걱정하던 이상한 아이는 이제 지구상에서 가장 이상한 '아이들'이 모인 기술 동네에서 자기와 동류인 이들을 찾았다. 그들 모두 자기 머릿속에서 폭발하는 아이디어를 실현하며 살고 있었다. 학교에 잘 적응하지 못하던 소년은 컴퓨터 화면 앞에 앉아 키보드로 코드를 두드리기 시작하자 자기가 누구인지 정확히 알게 되었다.

그리고 그는 자신의 주요 철학인 유용성을 발휘해서 자기가 하는 모든 일을 뒷받침했다. 머스크는 조 로건에게 "난 다른 사람들에게 유용한 일을 하는 걸 좋아한다"고 말했다.[16] "내 목표는 유용한 것을 만들기 위해 노력하는 것, 미래가 좋아질 가능성을 극대화하는 것, 미래를 흥미롭고 기대할 만한 것으로 만드는 것이다."[17]

천재치고는 매우 단순한 철학 같지만 이건 머스크가 이타적으로 신봉하는 철학이다. 머스크는 인류가 대표하는 모든 것에 강렬한 사랑을 느낀다. 이 사실은 그가 하는 일에서도 드러난다. 가장 가까운 피자집을 찾기 위한 최고의 사용자 경험을 만들 때도, 사용자 친화적인 결제 시스템을 구축할 때도, 정말 근사한 전기 자동차를 만들 때도, 또 인류가 결국 다른 살 곳을 찾아내 그가 그렇게 소중하고 귀하다고 여기는 인간의 의식을 보존하도록 도와줄 로켓을 만들 때도, 머스크는 항상 동료 인간들에게 도움이 되기 위해 노력했다. "나는 친인간적이다. 나는 인류를 사랑한다."[18]

머스크가 가장 두려워하는 건 "인간 문명의 소멸"이라고 한다.[19] 그리고 그는 최선의 모습을 발휘해서 자기중심적인 태도를 억누르고 아이디어만 활용해 이 일을 추진한다. 물론 그의 에고가 때때로 일을 방해하기도 하지만 말이다. 그러나 대부분의 경우 머스크는 그의 친구 대니 워닉이 묘사한 그대로의 모습을 보인다. "그는 자기주장을 정확히 밝히는 사람이다."

머스크 본인도 이렇게 말했다. "모든 사람이 항상 다른 사람을

속이려고 한다면 엄청난 소란과 혼란이 발생할 것이다. 그냥 솔직한 태도를 보이면서 유용한 일을 하려고 노력하는 편이 낫다. 내가 한 말의 행간을 읽으려고 애쓸 필요 없다. 난 뭐든 솔직하게 말하는 사람이니까!"[20]

Zip2는 이런 철학이 실제로 드러난 첫 번째 사례다.

스탠포드 대화에서 그는 성공한 기업가라면 누구나 지녀야 하는 한 가지 자질을 얘기했다. "제품 품질을 강박적으로 추구해야 한다. 그러니 이런 상황에서는 강박증이 있는 것도 괜찮다."[21]

그러나 이때도 머스크가 일이나 기업가로서 성공하기 위해 필요한 철학에서 표현하는 가장 중요한 요소는 인간이다. "자기가 하는 일을 정말 좋아해야 한다. 당신이 최고 중의 최고라고 하더라도 언제나 실패할 가능성은 있다. 그러니 무슨 일을 하든 그걸 정말 좋아하는 게 중요하다. 싫어하는 일을 하며 살기에는 인생이 너무 짧다. 그리고 자기 일이 마음에 들면 일을 하지 않을 때도 그것에 대해 생각하게 된다. 거기에 계속 마음이 끌리는 것이다. 좋아하지 않는 일은 제대로 해낼 수가 없다고 생각한다."[22]

컴퓨터가 한 대였던 머스크는 사무실 겸 아파트 바닥에 구멍을 뚫고 바로 아래에 있는 ISP(인터넷 서비스 제공업체)에 널 모뎀 케이블을 연결한 뒤 월 100달러를 내고 인터넷을 사용했다. 벤저민 프랭클린 한 장을 낸 것이다.

그리고 소규모 영업 팀과 함께 Zip2가 새로운 형태의 업종별 전화번호부라는 걸 현지 기업들에게 납득시키기 위한 작업을 시작했다. 저렴한 비용으로 인터넷에 접속하면 전 세계인들에게 노출될 수 있는데, 굳이 비싼 돈을 들여 해당 지역에서만 이용 가능한 전화번호부를 제작할 필요가 있을까? 돈을 거의 쓰지 않는 데 끈질기게 집중했기 때문에, 아주 적은 돈만 들어와도 회사에 긍정적인 영향을 미쳤다. 머스크의 말처럼, "VC(벤처 자본가)들과 얘기를 나눌 때 우리 회사의 현금 흐름이 긍정적이라고 말할 수 있었다."[23]

머스크와 Zip2가 하던 일의 가치를 가장 먼저 알아본 것은 모어 데이비도 벤처스Mohr Davidow Ventures라는 벤처 캐피털 회사였다. 이 회사는 글로벌 링크 정보 네트워크에 약 300만 달러를 투자하면서 회사 이름을 Zip2로 바꿨다. 오늘날의 용어로 하자면 인터넷 1.0 회사라고 말할 수 있을 것이다. 한마디로 개척자였다.

회사 지분을 거의 장악한 모어 데이비도 벤처스는 리처드 소킨Richard Sorkin을 머스크의 후임 CEO로 영입했다. 소킨은 전직 NASA 인턴으로 신기술을 상용화하는 게 전문이었다. 그는 머스크보다 나이가 많고 경험도 풍부했기 때문에 투자자들은 머스크(여전히 최고 기술 책임자로 일하는)보다 그가 새로운 사업 확장에 더 적합하다고 생각했다.

소킨이 이끄는 Zip2는 더 이상 지역 비즈니스만을 대상으로 하지 않았다. 그는 신문 업계의 새로운 광고란이 될 기회를 포착

했다. 〈뉴욕 타임스〉가 가장 먼저 이 기회를 잡았고, 〈시카고 트리뷴Chicago Tribune〉, 나이트 라이더Knight Ridder 그룹, 허스트 코퍼레이션Hearst Corporation 등이 그 뒤를 이었다.

그러나 Zip2가 성장하면서 창업가들에게 매우 핵심적인 문제인 통제력 상실이 발생했다. 소킨의 사업 전략이 성공해서 Zip2는 100대 대도시 지역 중 60개 지역의 언론사와 파트너십을 맺었지만, 머스크는 이런 사업 방향에 전적으로 동의하지는 않았다. 소킨은 Zip2가 이런 언론사들의 배후를 받치는 힘이 되길 바랐지만 머스크는 Zip2가(그리고 아마 자신도) 더 주목받기를 원했다고 한다.

소킨은 1999년에 온라인 잡지 〈살롱〉과 한 인터뷰에서, "회사의 전반적인 가시성의 우선순위를 놓고 서로 의견이 엇갈렸다"고 말했다.[24] 인터뷰 진행자인 마크 지메인Mark Gimein은 "다른 동료의 말에 따르면 머스크가 〈롤링 스톤〉지 표지에 자기 사진이 실리기를 바랐다고 하던데 사실이냐?"고 물었다. "사실"이라고 소킨은 말했다. "그게 일론이 생각하는 일반적인 가시성 수준이었다."[25]

소킨과 머스크가 함께 일할 수 없게 되자 둘의 관계는 깨졌다.

그리고 그의 제품 중심에 새로운 엔지니어 팀이 투입되어 머스크가 DIY 방식으로 작업해 놓은 내용을 다시 코딩했다. 이는 머스크가 독학한 방법이었고 효과적이긴 했지만, 회사가 다음 단계로 나아가려면 대대적인 업그레이드가 필요했다.

하지만 머스크는 이런 상황을 갈수록 불만스러워했고, 결국 엔지니어들이 낮에 소프트웨어를 재코딩해 놓으면 밤에 몰래 와서 그들이 작업한 내용을 삭제하고 다시 자기 코딩으로 바꿔놓는 지경에 이르렀다고 한다. 머스크의 이런 지나친 간섭은 비판을 받았고, 그와 함께 일하는 게 힘들다는 걸 깨달은 직원들은 머스크를 좋아하지 않게 되었다.

소킨이 Zip2를 비슷한 유형의 회사인 시티서치CitySearch와 합병하려고 한 것이 머스크에게 최후의 결정타였다. 그는 이사회의 승인하에 소킨을 CEO 자리에서 해임했고 많은 화제가 된 합병은 무산되었다. 머스크는 나중에 자기 실수를 인정하고 자기가 순진했었다고 말했다. 이는 머스크를 비판하는 이들이 자주 인용하는 골치 아픈 선례를 남겼다. Zip2 CEO였던 소킨을 해임한 머스크는 나중에 본인이 페이팔PayPal CEO로 있을 때 경영진에 의해 해임되었다. 그리고 2009년에 테슬라 CEO로 일할 때는 테슬라 모터스 설립자인 마틴 에버하드와 매우 공개적인 법적 공방을 벌였는데, 에버하드는 머스크가 자신의 해고를 뒤에서 조종하고 그들이 함께 만든 로드스터 전기차에 대한 공을 혼자 독차지하려 한다고 비난했다.

머스크는 나중에 스탠포드 대화에서 '목적 중심의 기업'이라고 말한 것을 개선하려고 계속 노력했다. 1990년대 후반에

Zip2에서 벌어진 자존심 충돌과 이사회 싸움은 이 첫 번째 회사에 대한 그의 후기 견해와 확실히 대조된다. "우리는 아이디어를 제시한 사람이 이기는 게 아니라 최고의 아이디어가 이긴다는 철학을 가지고 있었다. 모든 사람이 지분을 가진 이해관계자였다. 두 가지 길이 있는데 그중 하나가 다른 것보다 확실히 낫다는 증거가 없으면, 어느 게 더 나은지 알아내기 위해 시간을 허비하기보다는 그냥 하나를 선택해서 밀고 나갈 것이다. 선택을 망설이는 것보다 길을 선택해서 추진하는 게 낫다."[26]

소킨의 후임 CEO로 데릭 프로디언Derek Proudian을 영입했다. 실리콘밸리에서 Zip2는 곤경에 처한 기업으로들 여겼다. 프로디언은 ARPANET 제작자들과 함께 일하다가 1990년대 초에 모어 다비도 벤처스에 합류했다. 하지만 프로디언은 CEO가 아니라 벤처 투자가였다. 그는 회사를 운영하기 위해서가 아니라 회사에 투자하기 위해 그곳에 온 것이다.

프로디언은 광범위한 스타트업 투자 경험을 "인재에 대한 베팅"[27]이라고 표현했다. 그는 위험이 따르는 CEO 역할을 받아들인 걸 만족스러워했고, 스타트업에서 기대하는 바가 무엇이냐는 질문에 이렇게 대답했다. "해당 분야에 상당한 규모의 회사를 설립할 수 있을 만큼 시장 기회가 크다고 날 설득할 수 있는가?"[28] Zip2는 프로디언을 납득시켰다. 그리고 프로디언은 컴팩 컴퓨터사Compaq Computer Corporation를 설득했다.

일론 머스크, 대담한 선택

1999년에 컴팩이 Zip2를 약 3억 달러에 매입한다고 발표했다. 〈뉴욕 타임스〉 기사에 따르면, 이번 인수는 컴팩의 "인터넷 검색 엔진인 알타비스타AltaVista의 경쟁력을 야후, 라이코스Lycos, 익사이트Excite 같은 라이벌보다 높이기 위한 노력의 일환"이었다.[29] Zip2 지분을 7퍼센트 보유하고 있던 스물일곱 살의 머스크는 2200만 달러를 받았다. "그건 확실히 내가 예상했던 것보다 더 나은 결과였다"라고 그는 말했다.[30]

머스크의 기업 적성을 비판하는 사람들은 Zip2가 그의 경력에서 비슷한 패턴이 시작된 지점이라고 본다. 마크 지메인은 1999년에 한 〈살롱〉 인터뷰에서 "기업 성적표에서 '다른 사람들과 잘 지내기'에 대한 머스크의 점수는 확실히 F였을 것"이라고 말했다.[31] 그리고 다른 사람들은 인터넷 코딩이든 로켓 제작 방법이든 자기가 모르는 걸 독학으로 배우는 머스크의 전략을 꾸준히 비판한다.

하지만 머스크는 자신을 다른 어떤 것으로 내세운 적이 없으며 자기 성격의 이런 부분에 대해 솔직히 터놓고 얘기한다. 과학적인 방법에 대한 믿음과 관련해, 머스크는 자신의 진행 과정을 다음과 같이 설명했다.

1. 질문을 던진다.
2. 관련 증거를 최대한 많이 수집한다.
3. 증거를 바탕으로 공리를 발전시키고, 각 공리에 진실 확률

을 부여한다.

4. 타당성을 바탕으로 결론을 도출해서 이 공리가 올바르고 관련성이 있는지, 반드시 이런 결론으로 이어지는지, 확률은 어떠한지 등을 판단한다.

5. 결론을 반증해 본다. 결론을 깨는 데 도움이 되도록 다른 사람들에게 논박을 부탁한다.

6. 아무도 당신의 결론을 무효화하지 못한다면 당신이 옳을 수도 있지만, 확실히 옳은 건 아니다.

그는 이런 과정이 "어려운 사실을 알아내는 데 정말 도움이 된다"고 말했다.[32]

어떤 이들에게는 그가 악당처럼 보일지도 모르지만, 실리콘밸리의 무모한 초창기에는 그런 사람이 꼭 필요했다. 그는 이단아였다. 위험을 무릅쓰는 사람이었다. 그리고 창의적인 천재였다. 지메인이 1999년에 쓴 것처럼, "머스크의 자아는 이전에도 그를 곤경에 빠뜨렸고 다시 또 곤경에 빠뜨릴 수도 있지만, 아주 잘 나가는 기업가가 되기 위해 필요한 본질적인 부분이기도 하다."[33]

하지만 '규칙대로 하지 않는 것'은 규칙이 없을 때만 효과가 있다. 거대 기업이 소유한 3억 달러 규모의 회사가 되면 갑자기 많은 규칙이 생긴다. 그리고 이제 이단아를 위한 공간이 남지 않는다.

Zip2를 매각한 머스크는 앞으로 나아갈 때가 되었다는 걸 알았다. 그는 인터넷의 디지털 혁명을 받아들였고 Zip2를 통해 프리토리아에서 어릴 때부터 꿈꿨던 일을 시작했지만, 그건 이 새로운 정보화 시대에 가능한 일들의 맛보기에 불과했다. 머스크에게 이건 젊은 레오나르도 다빈치가 스승 베로키오Verrocchio의 화실에 처음 발을 들여놓고 예술을 통해 세상을 발견하기 시작한 순간과 비슷했다. 머스크는 실리콘밸리에서 '연쇄 창업자'로 알려지게 될 부류의 선봉에 서 있었다. 그러나 실리콘밸리는 일론 머스크가 실제로 누구인지, 혹은 무엇인지 제대로 파악하지 못하고 있었다. 그는 뛰어난 코딩 실력을 갖췄지만 전형적인 개발자는 아니었다. 처음 설립한 회사를 3억 달러에 매각한 누구보다 뛰어난 실적을 보유하고 있었지만 그냥 사업가로 보기도 애매했다. 그렇다고 적절한 시기에 적절한 장소에 있었던 것뿐이라고 비난할 수도 없다. 창업자를 백만장자로 만든 성공적인 스타트업의 수보다 자기 부모 집 차고에서 벗어나지 못한 이들의 수가 몇백 배나 많기 때문이다.

지메인은 Zip2 매각 이후인 1999년에 이렇게 말했다. "머스크가 어떻게 이런 일을 해낼 수 있는 사람이 되었는지는 명백하지 않다."[34] 컴퓨터와 공상과학 소설에 관심이 많고 미디어나 마케팅 경험이 없는 남자가 미국에서 가장 큰 미디어 회사들을 위해 인터넷 검색이 가능한 데이터베이스를 구축했다. 그리고 잠깐 동안 경제학 공부를 하고 1990년대 초에 그보다 훨씬 짧은 기간 동안 캐나다 노바스코샤 은행에서 인턴십을 한 그가 이번에는 은행 부문을 변화시키겠다는 목표를 세운다. "사실 아웃사이더가 되면 업무 처리 방식을 개선하는 문제를 창의적으로 생각할 수 있다는 걸 알게 됐다. 몇 년 동안 똑같은 방식으로 일을 하다 보면, 그게 상식에 어긋나더라도 의문을 제기하지 않게 된다." 그는 지메인에게 이렇게 말했다.[35]

머스크는 어느 쪽인가 하면, 자기를 따르는 이들에게 그들이 함께 시작하는 모험이 가치 있고 뭔가 의미가 있으며 본인들보다 훨씬 큰 대의에 기여하게 될 거라고 납득시킬 수 있는 전형적인 리더다.

머스크는 "유용한 일"을 하는 것에 대해 계속 말해왔다. 그는 돈이 아니라 인류에게 더 큰 영향을 미치고자 하는 열망에 따라 움직인다. 그리고 이것이 결국 그의 자아를 주도한다. 그는 Zip2를 팔아서 번 돈으로 맥라렌 F1McLaren F1 슈퍼카를 샀다. 랄프 로렌Ralph Lauren도 똑같은 차를 사려고 했는데 머스크가 한발 빠르게 낚아챈 것이다. 하지만 이 차를 탄 머스크는 매우 어색하고 어울리지 않았다. 나중에 머스크를 영화 〈어벤져스The Avengers〉에 나오는 토니 스타크Tony Stark와 아이언맨Iron Man 캐릭터에 영감을 준 인물로 묘사하려고 시도했는데, 이들의 공통점은 두 사람의 창의적인 천재성과 까칠한 성격에만 국한된다. 가상 인물인 스타크의 플레이보이 같은 라이프스타일과 사회적 케미는 머스크와 전혀 일치하지 않는다.

로버트 페인Robert Payne은 레오나르도 다빈치 전기에서 "세상을 발견하고, 비밀을 털어놓도록 강요하고, 그 신비를 파헤치고 싶어 하는" 다빈치의 욕망을 설명하면서 머스크 같은 사람의 마음을 움직이는 요소가 뭔지 슬쩍 소개했다. "자기가 이사야의 예언을 실현하고 있다는 믿음을 안고 인도로 향한 콜럼버스처럼 그들도 본인이 신성한 목적을 달성하고 있다고 믿는다."[36]

수십 년 뒤, 머스크는 화성에 가려는 자신의 목표는 단순한 우주 탐사 이상을 위한 것이라고 말했다. 그에게 있어 화성 탐사는 인류 문명 멸종이라는 파멸적인 위협에 맞서 인간의 의식을 보존하려는 마지막 위대한 시도다. 이것이 머스크의 난제이자 그를 특정한 범주에 집어넣을 수 없는 이유, 그리고 그가 어떤 사람인지 정확하게 파악하지 못하는 이유이기도 하다. 때로는 불가능한 계산에 정신을 쏟으면서 일반적인 천재로 인정받는다. 하지만 때로는 세상을 구하고 사람들이 좋아할 만한 것을 만드는 일에 대해 거의 어린애처럼 순진한 모습으로 얘기하기도 한다. 이후 테슬라에서 일할 때는 제너럴 모터스GM가 1996년부터 1999년까지 생산하던 전기차 프로젝트인 EV1을 포기하자 놓쳐버린 기회나 사업 실패를 한탄하기보다 GM이 뻔한 미래를 내다보지 못하는 것에 탄식했다. GM이 EV1 차량을 임차자들에게서 강제로 회수해서 파쇄시키자 임차자들이 파쇄 공장에서 촛불 시위를 열었는데, 머스크는 이걸 보고 충격을 받았다. "제품과 관련된 촛불 시위가 마지막으로 열렸던 게 언제인가?" 머스크는 이렇게 물었다.[37] 머스크는 이 차에 대한 소비자들의 사랑에 깊이 감동받았고, "사람들이 EV1을 위해 촛불 집회를 열 의향이 있다면 그건 EV2를 만들어야 한다는 뜻 아닐까?"라는 뻔한 질문을 던졌다.

때로 머스크는 매우 명백한 해결책이 있는 매우 명백한 문제들에 시선을 둔다. 화성에 갈 수 있을 만큼 강력한 로켓을 만들거나 새로운 교통 체계를 위해 로스앤젤레스 지하에 터널을 파기로 결정할 때 등, 누구도 어디서부터 시작해야 할지 모를 때 머스크는 그 일을 해낸다. 그는 스페이스X 주차장에 구멍을 파는 것부터 시작했다. 다른 사람들이 계획 단계에 짓눌려 있을 때 머스크는 구멍부터 판 다음 거기서 방법을 알아낸다.

지메인은 〈살롱〉 기사에서 젊은 머스크를 정확하게 평가했다. "인터넷을 통해 벌어들일 수 있는 돈이 정말 많지만 전문가들도 대부분 어디서부터 시작해야 할지 잘 모른다. 전통적인 재능 중 어느 것도 이곳에서의 성공과는 관계가 없는 것 같다. 유일하게 중요한 건 일을 시작할 수 있는 특별한 능력이다. 실리콘밸리의 모든 이들이 자신을 성공으로 이끌어줄 운 좋은 사람을 찾고 있다. 머스크에게는 재능이 있지만 아무도 그게 뭔지 정확하게 말하지 못한다. (…) 어쩌면 머스크는 주변 사람들보다 더 전략적으

일론 머스크, 대담한 선택

로 생각할 수 있는 특별한 불꽃을 가지고 있을지도 모른다. 머스크는 어쩌면 정말 넥스트 빅 씽next big thing일지도 모른다. 아니면 지지자들에게 자기가 차세대 슈퍼스타인 브랜드 X라고 믿게 만든 것일 수도 있다. 오늘날의 실리콘밸리에서는 진짜 넥스트 빅 씽과 그렇게 보이기만 하는 것의 차이가 별로 중요하지 않을 수도 있다."[38]

머스크가 생각한 넥스트 빅 씽은 온라인 뱅킹이었다. "인터넷으로 할 수 있는 일이 아직 더 있다고 느꼈다."[39] 그 아이디어는 금융 서비스라는 점만 제외하면 Zip2와 매우 비슷했다.

실리콘밸리의 '브랜드 X'는 새로운 비전을 제시했다.

그리고 매우 적절하게도 그는 그걸 X.com이라고 불렀다.

페이팔

머스크가 내놓은 대부분의 아이디어가 그렇듯이, X.com의 기원은 복잡한 것을 더 많은 사람들이 쉽게 사용할 수 있게 만드는 것이었다. "원활하게 작동되는 사용하기 쉬운 장소에 금융 거래를 할 때 필요한 기능을 모두 결합시킨 정말 편리한 사이트를 만들자"[1]는 게 그의 설명이었다.

머스크는 Zip2를 매각한 뒤 잠시도 쉬지 않고 곧장 "인터넷상에 기회가 존재하는 곳"을 찾기 위해 움직였다고 인정한다.[2] 그리고 혁신이 부족하다고 생각되는 금융 서비스 부문을 찾아냈다. 머스크는 나중에 우주 산업에 대해서도 매우 비슷한 말을 했다. "우주 산업에 큰 발전이 없는 이유는 로켓 회사를 설립하려면 엄

일론 머스크, 대담한 선택

청난 자본이 필요하고 또 로켓 기술을 이해하는 사람들의 수가 매우 적기 때문이다. 진입하는 데 큰 장벽이 있다. 그래서 지난 수십 년간 진행되었어야 할 개선이 실제로는 이루어지지 않았다."

Zip2를 매각하고 한 달 뒤인 1999년 3월, 머스크는 Zip2 지분을 팔고 받은 2200만 달러 중 1000만 달러를 가지고 X.com을 시작했다. 당시 한 지역 TV 방송국과의 인터뷰에서 젊은 머스크는 이렇게 말했다. "바하마에 있는 섬을 하나 사서 내 개인 영지로 만들 수 있지만, 난 새로운 회사를 세우고 만드는 데 훨씬 관심이 많다."[3]

머스크가 인터뷰에서 말했듯이, 그의 머릿속에서 이건 연속적인 포커 게임과 비슷했다. 이제 좀 더 판돈이 큰 포커판으로 옮겨가는 것이다. 그는 당시 ATM 기계 앞에 서서 이렇게 말했다. "이건 전통적인 ATM이다. 우리는 금융업을 변화시킬 것이다. 나는 X.com이 반드시 수십억 달러의 수익을 올릴 수 있을 거라고 생각한다."[4]

머스크는 "돈 문제를 처리할 때는 시간과 자금이 얼마 안 든다"는 게 핵심이라고 생각했다. "이 일을 할 때는 인프라를 대대적으로 개선하지 않아도 된다. 그건 데이터베이스의 한 항목일 뿐이다. 종이 형태의 화폐는 실제로 존재하는 모든 돈 가운데 일부에 불과하다."[5]

머스크의 말에 따르면, 개인에게 필요한 모든 금융 서비스를 하나의 웹 사이트에 결합시키는 작업이 가장 복잡했다고 한다. 이상한 일이지만 인터넷을 통해 돈을 보내는 기능은 훨씬 간단한 문제라는 게 증명되었다. 머스크는 이 혁신적인 신규 서비스를 만드는 데 하루가 걸렸다고 말한다. 그리고 여기서 중요한 마케팅 도구는 누군가가 X.com 계정이 없는 사람에게 돈을 송금하고 싶을 때 그 사람에게 서비스에 가입하고 싶은지 물어보는 이메일을 보내는 것이었다. 상대방은 당연히 가입하고 싶어 했다. 이렇게 해서 서비스가 기하급수적으로 성장하게 되었다.

모든 금융 서비스를 플랫폼 하나에 통합할 수 있게 된 것보다 이메일 결제와 자금 전자 이체에 대한 반응이 훨씬 좋았다는 사실에 머스크도 놀랐다.

하지만 콘피니티Confinity라는 스타트업과 그 설립자인 피터 틸Peter Thiel에게는 전혀 놀라운 일이 아니었다. 팔로 알토에 거점을 둔 콘피니티는 접근 방식은 약간 다르지만 X.com과 같은 길을 갔다. 그들은 팜파일럿PalmPilot(휴대용 모바일 장치)이라는 장치를 사용해서 한 팜파일럿에서 다른 팜파일럿으로 토큰을 전송한 다음, 이런 토큰을 교환하고 조정할 수 있는 웹 사이트를 만들었다. 그 웹 사이트를 페이팔이라고 불렀다.

그러나 콘피니티도 머스크나 X.com과 똑같은 놀라운 결론에 도달했다. 즉, 사람들은 다른 어떤 요소보다도 전자 자금 이체에 훨씬 관심이 많다는 것이다. 이는 행복한 우연이었고 결국 두 회사는 2000년 3월에 합병되었다. 이 합병의 원동력은 버튼 클릭한 번으로 움직이는 새로운 디지털 세계와 똑같이 빠르게 발전 중인 전자 상거래 업계에서 살아남는 것이었다.

약 5년 전에, 최초의 온라인 경매 웹 사이트인 이베이가 설립되었다. 2000년에는 벌써 사용자가 1200만 명이나 됐다. 남아프리카 출신인 전 페이팔 COO 데이빗 O. 색스David O Sacks의 말에 따르면, "콘피니티/페이팔과 X.com은 이베이에서 점유율을 차지하기 위해 열띤 경쟁을 벌였다. 콘피니티는 처음에 모든 신규 회원에게 10달러의 가입 보너스와 10달러의 추천 보너스를 제공했다(추천 보너스는 신규 회원을 초대한 사람에게 돌아갔다). X.com은 보너스를 20달러로 올렸다. 두 회사는 아마 서로 경쟁하는 동안 자금이 바닥났을 것이다."[6]

따라서 합병은 시장 점유율을 합친다는 측면에서도 의미가 있었다. 처음에는 그 새로운 회사를 X.com이라고 불렀다. 하지만 소비자들은 그 이름이 약간 모호하다고 느꼈고 어떤 이들은 포르노 사이트로 인식될 수 있다고 우려하기도 했다. 그래서 X.com 대신 페이팔이라고 부르기로 했다.

머스크는 페이팔 CEO가 되었다. 하지만 2년도 채 되지 않아 자기가 설립한 회사에서 사실상 쫓겨났다. 시장 교란자에서 창업자가 된 그가 이번에도 창업 업무에서 회사의 일상적인 운영으로 전환하는 데 어려움을 겪었던 것이다.

투자금을 마련하기 위해 출장을 다녀온 머스크는 자기가 퇴출당했다는 소식을 들었다. 머스크는 그때의 경험에서 얻은 교훈 하나를 이렇게 설명한다. "사람들에게 엄청난 스트레스를 주는 중요한 일들이 대거 진행 중일 때 사무실을 떠나는 건 좋은 생각이 아니다. (…) 그것 때문에 경영진은 내가 회사를 운영하기에 적합한 사람이 아니라고 판단했다. 정말 열심히 싸울 수도 있었지만, 이 중요한 시기에 싸우기보다는 그냥 양보하는 게 최선이라고 판단했다. (…) 피터와 맥스 [레브친], 데이비드 [O. 색스], 그리고 다른 사람들은 대체로 올바른 동기를 가진 똑똑한 사람들이다. 그들은 자기가 옳다고 생각하는 일을 했고 아마 정당한 이유가 있었을 거라고 생각한다. 내가 보기에는 그 이유가 타당하지 않다는 것만 빼면 말이다."7

그 이유는 매우 간단해 보였다. 머스크는 페이팔 실행에 사용되는 리눅스Linux 소프트웨어를 선호하지 않고 대신 마이크로소프트 소프트웨어를 선호했다. 이 때문에 회사 경영진들 사이에 균열이 생겼고, 마이크로소프트가 비생산적이고 소프트웨어 운영 문제를 야기한다는 비난까지 나왔다.

그래서 머스크가 투자 유치를 위해 사무실을 비우자, 그를 쫓아내고 틸을 CEO 자리에 앉힐 수 있는 완벽한 기회가 생겼다. 페이팔의 전 홍보 담당 부사장인 줄리 앤더슨Julie Anderson에 따르면, "합병 후 처음에는 다들 잘 해보려고 노력했지만, 다양한 관점에서 쓴 많은 글에 기록되어 있는 것처럼 불과 몇 달 만에 서로의 의견 차이가 험악한 수준에 이르렀다. 일론은 그해에 휴가를 냈는데, 난 그들이 이튿을 타 머스크를 CEO 자리에서 쫓아내리란 사실을 미처 깨닫지 못한 내가 늘 원망스러웠다. 머스크는 그날 아프리카 어딘가에서 전화를 걸어 "상황이 얼마나 나쁜가요?"라고 물었고 나는 "그렇게 나쁘지는 않아요. 괜찮을 것 같아요"라고 말했다. 난 한밤중에 침대에 일어나 사무실로 돌아갔다. 불이 환하게 켜져 있고 다들 그곳에 모여 있었다. 그리고 아침이 되기 전에 모든 게 결정 났다."[8]

머스크의 초기 경쟁자였던 틸은 파트너가 되었다가 그 후에 후임자, 그리고 나중에는 테슬라와 스페이스X의 투자자가 되었다. 머스크는 틸에게 악감정이 없다고 말했다. 그리고 틸은 머스크를 가장 믿기 힘든 방식으로 칭찬한다. 머스크는 독특한 사람이라고 말하면서, 남들이 따라 하기가 너무 힘들기 때문에 아이들에게 '부정적인 역할 모델'이라는 주장에 반론을 편다. "어린아이에게 '왜 일론처럼 되지 않는 거니?'라고 말했을 때 기본적으로 '그건 너무 어려워요. 난 그렇게 할 수 없어요'라는 반응이 나오면 그게 부정적인 역할 모델이다."[9]

틸은 머스크의 천재성을 알아차릴 만한 능력이 있었다. 그 자신이 천재였기 때문이다. 그는 열두 살 때 이미 전국에서 손꼽히는 체스 그랜드 마스터가 되었다. 그는 실리콘밸리에서 일하는 수많은 똑똑한 사람들처럼 스탠포드 대학을 나왔고, 그 대학 신문인 〈스탠포드 리뷰The Stanford Review〉를 공동 창간했다. 철학 학위를 받은 틸은 기술과 혁신을 인류에 대한 유용성의 관점에서 바라보고자 하는 머스크의 열망을 상당 부분 공유한다.

틸은 머스크와 자기 자신 안에서 혁신에 관한 위대한 질문의 씨앗을 발견했다. 2015년에 컬럼비아 대학교의 자본주의 사회 센터에서 열린 강연회에서, 틸은 이걸 혁신에 대한 내부 관점이라고 말했다. "과학기술 역사의 모든 순간은 단 한 번만 일어나는 듯한 느낌이 든다. 차세대 마크 주커버그Mark Zuckerberg는 소셜 네트워킹 사이트를 시작하지 않을 것이다. 차세대 래리 페이지Larry Page는 검색 엔진 사업을 시작하지 않을 것이다. 차세대 빌 게이츠Bill Gates는 운영체제를 만들지 않을 것이다. 만약 여러분이 이런 사람들을 맹목적으로 모방하고 있다면, 그들에게서 아무것도 배우지 못한 것이다. (…) 만약 혁신의 핵심이 기적적인 발견이 아니라 독특함이라면 어떻게 하겠는가? 이런 일을 일으키는 힘은 단 한 번뿐인 일회적인 측면이다."[10]

머스크는 틸에게서 자신과 매우 유사한 모습을 발견했을 가능성이 높은데, 결국 페이팔에서 두 사람이 겪은 힘겨운 업무 관계를 통해 그 사실이 증명되었다. 혁신적인 생각을 장려하는 틸은 도전적인 진실, "나는 옳다고 생각하는데 남들은 동의하지 않는 것"에 대해 얘기한다.[11] 머스크는 자신의 관점에서 이 일에 접근한다. "나는 사물의 진실에 관심이 많고 사물의 진실을 이해하려고 노력한다." 그리고 이를 한층 더 확대한다. "유추보다는 제1원칙에 따라 추론해야 한다. 우리는 일반적으로 유추를 활용해서 인생을 살아간다. 그게 정신적으로 더 쉽기 때문이다. 하지만 제1원칙은 세상을 바라보는 물리학적인 방식이다. 사물을 근본적인 진리로 요약한 다음, '우리가 진리라고 확신하는 건 무엇인지' 물어보고 거기에서부터 추론한다.[12]

그러나 틸에게는 이런 혁신이나 진리 문제와 관련된 엄격한 규칙이 없었다. 특히 그가 "내면의 현실이 항상 독특한 사람과 잠재력이 모인 무리 중 하나로 귀결된다"고 말한 실리콘밸리에서는 그런 규칙을 찾아보기가 더욱 힘들다.[13] 머스크에게 있어 잠재력을 깨닫는 건 쉬운 일이었다. 하지만 아이러니하게도 훗날 우주로 날아갈 로켓을 만들게 될 그는 우주 탐사보다 틸이 말한 '독특한 사람들의 무리'를 대하는 게 훨씬 어렵다는 걸 알게 됐다.

틸은 "이런 회사 설립자들이 CEO로서 회사를 계속 경영하다 보면 많은 어려움을 겪게 된다"고 말한다. "그들이 잘 이해하지 못하는 것들이 많다. 그들은 종종 젊고 미성숙하기 때문에 많은 것들이 잘못된다. 하지만 한 가지 큰 차이점은 그들은 자기가 하는 일이 옳다고 믿는다는 것이다."[14] 그는 자기가 최초의 외부 투자자로 활약한 페이스북의 초기 사례를 언급한다. 2년간 회사를

175

페이팔

운영한 그들은 야후에게서 10억 달러 규모의 인수 제안을 받았다. 이 제안을 논의하기 위해 열린 이사회에서, 페이스북 설립자인 마크 주커버그는 그 제안을 당연히 거절해야 한다고 말했다. 다른 이사들이 10분이면 끝날 거라고 생각했던 토론이 6시간 동안 계속 이어졌고, 결국 그들은 야후의 제안을 거절했다. 틸은 당시를 이렇게 회상한다. "마크는 2억 5000만 달러가 생기면 그걸로 뭘 해야 할지 모르겠다고 말했다. 아마 다른 소셜 네트워킹 사이트를 시작하게 될 텐데, 그렇다면 지금 가지고 있는 이 마음에 드는 사이트를 왜 굳이 팔아야 하는 건지 모르겠다고 했다."[15]

틸이 페이스북 사례에서 지적한 것처럼, 보수적인 CEO라면 아마 여러모로 일은 더 잘했을 것이다. 하지만 그런 CEO는 10억 달러를 받고 페이스북을 야후에 팔아넘기는 실수를 저질렀을 게 분명하다.

머스크의 성격은 회사 발전의 혁신 단계에는 더할 나위 없이 적합하다. 그가 초기에 창업한 회사에서는 이런 성격 때문에 회사 내의 인간관계가 험악해졌다. 틸은 페이팔 초창기를 되돌아보면서 꽤 '위험한 사업'이었다고 말한다. "무섭고 정신 나간 위험이 하나 지나가면 또 다른 위험이 닥쳐오는 식이었다."[16] 그리고 "위험에 대해서는 아는 게 하나도 없는" 일론 머스크가 등장했다.[17] 틸이나 1990년대 후반에 활동한 위대한 실리콘밸리 혁신가들이 보기에, 머스크는 위험에 대한 적극성 면에서 완전히 궤도를 달

일론 머스크, 대담한 선택

리했을 게 분명하다. 나중에 벤처 자본가가 된 틸은, 사람들은 항상 미래 시제로 말하는 사업가에게 투자하고 싶어 하면서도 한편으로는 그 사람이 미친 게 아니라는 사실을 확인하고 싶어 한다고 말했다.

틸에게 가장 중요한 건 "미래에 대한 매우 강력하고 확실한 비전을 가진" 사람을 찾는 것이었다.[18] 일론 머스크 같은 사람 말이다. "실리콘밸리 안에 테슬라나 스페이스X 같은 회사가 생기면 절대 성공할 수 없다. 사람들이 너무 회의적이고 또 올바른 방향으로 나아가기 위해 협력을 이끌어내야 하는 부분도 너무 많다. 확률을 모두 곱해보면 당연히 실패하게 된다. 그렇게 손대야 하는 부분이 많기 때문에 여기에서는 새로운 자동차 회사를 설립할 수 없다."[19]

틸은 2008년에 머스크와 나눈 대화를 소개했는데, 여기에는 혁신에 대한 남아공식 접근 방법이 완벽하게 요약되어 있다. "머스크에게 미국에서 마지막으로 성공한 자동차 회사가 언제 설립되었는지 아느냐고 물었다. 답은 1941년에 설립된 지프Jeep다. (…) 그 이후 67년 동안 새로운 자동차 회사가 성공한 사례가 없는 걸 보면 매우 어려운 일임이 틀림없고 따라서 그런 일을 해선 안 된다고 했다."[20] 머스크는 틸의 주장을 고려해 본 뒤 그와 다른 의견을 제시했다. "67년이나 지났으니 이제 새로운 자동차 회사를 설립해야 할 때가 됐다고 본다."[21]

틸은 이렇게 말했다. "일론이나 마크 주커버그 같은 사람들과 대화를 나누면서 위험에 대해 얘기하면, 그들은 자기가 앞으로 수행할 매우 확실한 일들을 얘기하면서 위험이 전혀 없는 이유를 증명할 것이다."[22] 틸은 머스크의 천재적인 기업가 재능이나 괴팍한 성격보다 이런 대담한 면에 훨씬 흥미와 매력을 느꼈다. 그가 2015년에 말한 것처럼 수없이 다양한 작업 부문을 복잡하게 조정해서 원활하게 작동되도록 하는 것, 그리고 전통적인 공급망을 재부팅해서 제품이 제대로 기능하도록 하는 것, 이것이 스티브 잡스나 일론 머스크 같은 이들의 진정한 천재성을 발휘하는 부분이다.

머스크는 스페이스X에서 바로 이런 일을 했다. 로켓 제작 비용을 매우 비싸게 만드는 공급망에 변화를 주고 혁신을 통해 비용을 최대한 낮춘 것이다.

틸은 머스크 같은 사람이 혁신적인 아이디어를 중심으로 내놓는 '위험을 줄이기 위한 조정 비전'에 대한 언급이 별로 없는 걸 아쉽게 생각한다. 그는 스티브 잡스가 때때로 직원들을 학대하는 끔찍한 인간이었는지 여부가 가장 중요한 문제가 되어서는 안 된다고 여긴다. 그보다는 그 직원들이 잡스 밑에서 계속 일하면서 그의 아이디어를 신뢰한 이유에 집중해야 한다. 일론 머스크의 경우에도 그냥 평범한 사람이 아닌 천재의 진면모를 이해하고 싶다면 이런 식의 구별이 중요하다.

머스크 같은 사람은 위험성에 대해 무지한 게 아니다. 그들은 자기가 답을 안다고 암묵적으로 믿는다. 그리고 일론 머스크를 위해 일할 때는 자기가 어떤 일에 발을 들이는 건지 알아야 한다. 이건 머스크의 회사에 투자하는 이들에게 익숙한 주제다. 즉, 테슬라나 스페이스X에 투자할 예정인데 누가 이 회사를 이끌고 있고 그의 성격이 어떤지 잘 안다면, CEO의 트윗 내용 하나하나에 주가가 롤러코스터를 타리란 걸 각오하고 마음의 준비를 해두는 게 좋다.

스페이스X의 운영 관리자로 일한 앤 치너리Anne Chinnery는 이런 성향을 '위험 감수도'라고 말한다. "그(일론)는 실패하고 싶어 하지 않았지만 실패를 두려워하지도 않았다."[23] 머스크는 위험과 실패에 대한 자신의 접근 방식을 "어떤 행동은 실패할 것이고 어떤 행동은 성공할 것이다. 우리는 자기가 한 모든 행동의 유효한 아웃풋이 최대치가 되길 바란다. 실패는 치명적인 수준만 아니라면 기본적으로 크게 상관하지 않는다"고 말한다.[24] 솔직히 말해서 위험과 실패를 두려워하는 사람이라면 애초에 로켓 회사를 설립하지도 않을 것이다.

틸의 생각에는 우리 사회가 지나치게 위험을 회피하기 때문에 일론 머스크나 스티브 잡스 같은 사람들이 등대처럼 유독 눈에 띄는 것이다. 그들의 아이디어는 너무 불가능해 보여서 겁이 날 정도다. 그리고 아주 미세한 이해 차이긴 하지만, 실리콘밸리의 천재들은 이런 미친 괴짜가 아니라 훨씬 계산적인 이들인 게 분명하다. 빌 게이츠는 컴퓨터는 항상 시키는 대로 하기 때문에 컴퓨터 작업을 좋아한다고 말했다. 아무래도 혁신과 위험의 가장 끄트머리에 있는 사람들은 자기 비전이 확실하다고 여기면서 위험을 전혀 알아차리지 못하는 모양이다.

이런 시각은 머스크의 혁신 여정과 완벽하게 조화를 이룬다.

머스크가 위험에 대해 가장 많이 언급하는 분야는 스페이스X지만 로켓 폭발 같은 명백한 위험을 얘기하는 게 아니다. 그는 지구와 인류 등 더 넓은 맥락에서의 위험을 얘기한다. "우리가 현재 불행한 운명에 처해 있다고 생각하지는 않는다, 이산화탄소 문제의 경우 전혀 걱정할 필요가 없다는 사람부터(상황이 괜찮아질 것이다) 이미 끝이 다가왔는데 우리가 할 수 있는 일이 아무것도 없다고 하는 사람까지 저마다 생각이 매우 다르다. 나는 그 중간쯤이다. 현재 상황에서는 이산화탄소 문제를 별로 걱정하지 않는다. 하지만 이게 가속화되는데 우리가 계속 현실에 안주한다면, 비선형적인 기후 변화가 발생할 위험이 있다. 이런 위험을 그냥 받아들이는 건 현명하지 못한 행동이다. 장기적으로는 석유와 가스가 고갈될 것이기 때문에 어쨌든 재생 가능한 에너지가 필요하다. 그게 언제쯤이냐가 문제일 뿐이다. 그 지점에 좀 더 빨리 도달하

일론 머스크, 대담한 선택

도록 하자. 그게 당연하다. 이 실험을 얼마나 오랫동안 진행하고 싶은가? 재앙이 발생할 확률이 1퍼센트밖에 되지 않더라도 지금 우리에게는 살 수 있는 행성이 딱 하나밖에 없다. 그런데 왜 그런 위험을 무릅쓴단 말인가? 말도 안 되는 일이다."[25]

머스크는 그가 항상 해왔던 방식대로, 그리고 틸이 설명한 방식대로 일을 진행하고 있다. 그는 오늘날의 혁신을 바탕으로 미래를 내다보면서 위험을 제거하는 방법을 설명한다. 머스크는 자기가 가장 두려워하는 건 인류 문명의 멸종이라고 말했다. 그래서 지금 그는 그 위험을 줄이기 위해 뭔가를 하고 있다. "우주를 여행하는 문명이 되는 것과 인류가 별들 사이를 오가는 다행성 종이 되는 것. 인류가 장기적으로 생존하려면 이 두 가지가 중요하다. 이거야말로 인류의 생명을 보존하기 위한 생명보험이다."[26]

그는 여기서 더 나아가 인간 의식 보호의 가치에 대한 최종적인 결론에 도달한다. "우리가 아는 한 지구는 적어도 은하계나 은하수의 이쪽 부분에서 의식이 존재하는 유일한 장소다. 그리고 우리도 이 지점에 이르기까지 오랜 시간이 걸렸다. 지질학적인 기록에 따르면 지구는 약 45억 년 동안 존재했다. 약 5억 년 동안은 대부분 녹은 마그마 상태였지만 말이다. 태양이 점점 뜨거워지고 커진다. 그리고 시간이 지나면 지구에 온난화 현상이 없어도 태양이 팽창해서 지구를 과열시킬 것이다. 내 생각에는 아마 몇억 년밖에 안 남은 것 같다. 그게 우리가 가진 전부다. 의식 있는 생명체가 지구에서 진화하는 데 시간이 10퍼센트 정도 더 걸렸다면 아마 태양열에 다 타버려서 제대로 진화를 못 했을 것이다. 따라서 의식은 매우 희귀하고 소중한 것이다. 우리는 의식의 빛을 보존하기 위해 할 수 있는 모든 조치를 취해야 한다. 창이 열렸다. 45억 년이 지난 지금에서야 창이 열렸다. 아주 긴 기다림이었는데, 오랫동안 열려 있지 않을 수도 있다. 난 천성적으로 꽤 낙관적이지만, 그 창문이 오래 열려 있지 않을 수도 있으니 열려 있는 동안 다행성 문명이 되어야 한다고 생각한다. 그렇게 하면 언젠가 화성이 지구를 도울 수도 있기 때문에 지구의 운명이 훨씬 나아질 거라고 생각한다. 우리는 다행성 종이 되고 우리의 의식을 지구 너머로 확장하기 위해 정말 최선을 다해야 한다. 그것도 지금 당장."[27]

인공지능(AI)에 대한 머스크의 시각은 이런 사고 과정의 또 다른 예를 보여준다. "이건 정말 심각하게 걱정해야 하는 문제다. (⋯) 나는 계속 경종을 울렸다. (⋯) AI는 사후에 반응할 게 아니라 적극적으로 사전 규제를 해야 하는 드문 경우다. 우리가 AI 규제에 반응할 때쯤이면 이미 너무 늦기 때문이다. AI는 인류 문명의 존재에 근본적인 위협이 된다."[28]

그리고 그는 이 위험에 대한 해결책이 될 미래 계획을 제시한다. "대량 실업에 어떻게 대처해야 할까? 이건 엄청난 사회 문제가 될 것이다. 근본적으로 일종의 보편적 기본 소득이 있어야 한

일론 머스크, 대담한 선택

다고 생각한다. 선택의 여지가 없을 테니 그런 게 필요할 것이다. 분명히 말하지만, 그런 일이 일어나길 바라는 게 아니다. 아마 일 어나리라고 생각하는 것뿐이다. 내 평가가 옳다면 그 문제에 어 떻게 대처할지 얘기해야 한다. 보편적 기본 소득이 있으면 상품 과 서비스 생산량이 매우 높아질 것이다. 자동화와 함께 풍요가 찾아올 테고 거의 모든 것의 가격이 매우 저렴해질 것이다. 훨씬 어려운 문제는 사람들이 어디에서 어떻게 의미를 찾을까 하는 것 이다. 자기 직업에서 삶의 의미를 찾는 이들이 많다. 그러니 노동 이 필요하지 않다면 어떻게 해야 할까? 이건 대처하기 훨씬 어려 운 문제다."[29]

그래도 머스크에게는 익숙한 패턴이다. 그는 로켓을 발사하는 방법뿐만 아니라 화석 연료에 의존하지 않고 환경 친화적으로 이 작업을 할 수 있는 방법을 고민하면서 어려움을 인정한다. "문명 사회가 완전히 멈추고 대규모 기아와 온갖 끔찍한 일이 일어나도 록 내버려두지 않는 이상 현재로서는 이산화탄소 발생을 막을 방 법이 없다."[30]

그는 로봇을 만들면서 이것이 글로벌 실업에 미칠 영향을 생 각하고, 전 세계가 이 상황에 진지하게 대비할 계획을 세우기 시 작해야 한다고 촉구한다. 그는 심지어 아기들에 대해서도 생각한 다. "현재 인구 붕괴 문제가 심각하다. 이건 사람들이 생각하는 것보다 훨씬 큰 문제다. 사회적 지원 네트워크는 근로자보다 퇴

직자 비율이 더 높아도 괜찮도록 구축되어 있지 않다. 젊은이들이 노인들을 돌보는 사실상의 노예가 되는 걸 바라지는 않을 것이다. 하지만 인구 피라미드가 거꾸로 뒤집히면 이런 일이 일어난다. 이건(지구가 인구 과잉이라는 생각) 사실이 아니다. 지구는 향후 20~30년 사이에 대규모 인구 붕괴에 직면할 것이다. 대규모. 문명은 시끄럽게 막을 내릴까, 아니면 조용히 사라질까? 틀림없이 조용히 사라질 것이다. 출생률이 너무 낮다."[31]

머스크는 즉흥적으로 이런저런 회사를 설립하면서 운에 모든 걸 맡기는 게 아니다. 그는 사실 인류에게 가장 큰 위험이라고 생각되는 문제를 해결하기 위한 매우 명확한 길을 따르고 있는데, 이 문제와 싸우려면 큰 위험을 감수해야 한다. 신중하게.

'위험하게, 그리고 신중하게 살아라'라는 홀드먼가의 좌우명을 기억하는가?

피터 틸이 생각하는 가장 큰 위험은 혁신가와 기업가들이 감수하는 위험이 아니라 그 외의 다른 사람들이 감수하지 않는 위험이다. 그는 자기나 머스크 같은 소수의 사람은 남들과 매우 다른 존재적 본성 때문에 사회의 제약을 초월해서 활동하는 게 '허용'되고 그럴 수 있는 자유가 주어지는 반면, 다른 많은 이들은 자기들 생각에 순응해야 하는 게 비극이라고 말한다.

2015년도 강연 말미에서 틸은 이런 말을 했다. "내가 주목한 실리콘밸리의 놀라운 사실 중 하나는 위대한 기업가들 상당수가 가벼운 아스퍼거 증후군을 앓는 것처럼 보인다는 것이다. 나는 이 문제를 뒤집어서 우리 사회에 대한 고발로 여겨야 한다는 생각을 늘 한다. 아스퍼거 증후군을 앓지 않는 사람들은 모두 심한 사회적 압력 때문에 독창적이고 흥미롭고 창의적이고 비정통적인 생각이 완전히 형성되기도 전에 그만둬야 하는 불리한 상황에 놓이기 때문이다."[32]

(예술가나 창작자, 사상가 입장에서) 일반적인 사람과 크게 다르다고 생각될 때만 간섭받지 않고 독자적인 길을 추구할 수 있다는 건 이 사회의 크나큰 역설이다. 나머지 사람들은 줄을 서야 한다. 일론 머스크는 남들과 다르다는 게 위험한 학교 환경에서는 이 문제와 싸워야 했지만, 성인이 된 뒤에는 이 사실을 즐기면서 자기에게 유리하게 사용할 수 있었다. 그는 다른 CEO들과 근본적으로 매우 다르다고 간주되기 때문에 다른 CEO들은 감히 하지 못하는 일을 할 수 있는 자유를 얻었다. 그는 일론 머스크라는 이유만으로 전통적인 회사나 이사회라면 절대 용납하지 않을 행동을 할 수 있다. 혹은 그가 자주 말하는 것처럼, "이게 그냥 내 모습이다."

일론 머스크는 미치지 않았다. 하지만 그는 사람들이 그가 좀 미쳤다고 생각하게 놔뒀을 때 생기는 가치와 그가 원하는 일을 할 수 있는 자유를 확실히 이해하고 있다. 머스크의 머릿속에서는 미래에 대한 생각이 구체화되고 있었다. 그리고 페이팔 매각은 그 미래를 실현하는 데 필요한 재정적 지렛대를 제공했다.

머스크는 페이팔 CEO 자리에서 해임된 뒤에도 이사와 주주의 지위를 유지했다. 2002년에 이베이가 페이팔을 15억 달러에 인수했다. 머스크는 1억 8000만 달러를 받았다. 그가 거대한 아이디어를 실행할 수 있는 자본이 생겼다. 실제로 세상을 바꾸게 될 아이디어 말이다.

이제 자리를 옮겨서 거대한 아이디어를 실행할 수 있게 되었다고 느낀 건 머스크뿐만이 아니다. 업계와 실리콘밸리 전체로 볼 때 더 중요한 건 페이팔에서 일하던 이들이 영향력 있는 다양한 방법으로 디지털 환경을 흔들어 놓을 것이라는 점이었다. 모아믈 모헤드Moaml Mohmmed가 《페이팔 마피아PayPal Mafia》에서 얘기한 것처럼, 머스크는 오늘날 우리가 살고 있는 세상을 재정의한 페이팔 기업가들 중 한 명이다. 틸은 페이스북을 뒷받침하는 새로운 세력 중 하나이자 테슬라와 스페이스X에 투자하는 어마어마한 실리콘밸리 벤처 투자가로 부상했다. 스티브 첸Steve Chen과 채드 헐리Chad Hurley는 회사를 떠나 유튜브YouTube를 공동 설립했다. 리드 호프만Reid Hoffman은 링크드인Linkedin을 설립했다.

프리토리아 출신인 머스크는 지금도 실리콘밸리에서 가장 영향력 있는 기업가 및 벤처 투자가 그룹으로 군림하는 약 20명 정도 되는 개척자 그룹의 일원이었다. 이들은 총 646개 기업에 1005번 이상 투자한 것으로 추정된다.

하지만 그는 실리콘밸리에서 파도를 일으키고 있는 유일한 프리토리아 출신은 아니다. 남아공 외무장관을 역임한 픽 보타Pik Botha의 손자인 로엘로프 보타Roelof Botha는 2001년에 페이팔 CFO로 일했다. "일론이 날 페이팔에서 일하도록 채용했다. 그가 서명한 채용 문서 원본을 지금도 가지고 있다. 그리고 내가 그 회사에서 처음 썼던 책상은 그의 책상 바로 옆에 있었다."[33] "난 미국에서 일한 경험이 없었지만 일론과 페이팔의 다른 사람들은 내 안의 뭔가를 보고 기회를 줬다. (…) 그리고 그 회사의 최고재무책임자가 될 기회도 생겼다. 당시 스물아홉 살이었던 내가 미국에 있는 10억 달러 규모의 상장사 CFO가 된 것이다. (…) 거기 사람들은 나와 내 미래를 믿고 기꺼이 모험을 했다."[34]

머스크의 경우에도 대부분의 '페이팔 마피아'들과 마찬가지로 페이팔이 디딤돌 역할을 했다. 페이팔 매각으로 얻은 수익을 이용해서 스페이스X 창업에 1억 달러, 테슬라에 7000만 달러, 솔라시티SolarCity에 1000만 달러를 투자했다. 이 엄청난 횡재가 다음 단계의 경력을 촉발시키긴 했지만, 머스크가 사무실을 떠나 2주간의 투자 여행(결국 페이팔 CEO 자리를 잃는 원인이 된)을 하기로 결정한 데는 또 다른 중요한 이유가 있었다.

그리고 그것은 미국에서 새롭게 부상한 닷컴 백만장자로서 축복받은 삶을 사는 듯한 그에게 찾아온 첫 번째 비극으로 이어질 것이다.

4장

결별

━━━

일본에서 ESL을 가르치다가 막 귀국한 저스틴 윌슨은 앞으로 어떻게 살아야 할지 고민하고 있었다. "일론이 다시 연락하면 그를 만나러 갈 거야. 그가 좀 그리운 것 같아."[1] 그녀는 언니에게 이렇게 말했다. 그리고 일주일 후, 머스크가 전화를 걸었다고 한다.

머스크와 저스틴의 관계에 다시 불이 붙었다. 머스크는 디지털 세계에 집중하고 저스틴은 책의 세계에 집중하는 등 둘은 다른 점이 매우 많았다. 그러나 어떤 의미에서는 매우 비슷했다. 브라이언스턴 고등학교에서 끔찍한 시간을 겪은 머스크처럼 저스틴도 학교 폭력 가해자들에 대해 많은 걸 알고 있었다.

"가해자들은 일찍부터 날 점찍었다. 1학년 때는 덩치가 크고 나이 많은 필이라는 아이가 그랬다. 4학년과 5학년 때는 똑같이 덩치가 큰 로스라는 아이가 있었는데, 그 애는 자기와 함께 놀자고 하면서 문제를 약간 혼란스럽게 만들었다. 그건 진지하게 사겨보자는 우리 식 표현이었다. (…) 6학년 때부터는 여자애들이 날 괴롭혔는데, 겉으로 보기에는 전혀 불량해 보이지 않는 애들이었다. 성격이 밝고 사교술이 뛰어나서 아이들은 물론이고 어른들에게도 인기가 있었다. 그들이 내 일상을 너무 비참하게 만든 탓에 결국 부모님에게 다른 학교로 전학시켜 달라고 간청하게 됐다. 그들은 귀여운 중산층 백인 소녀였지만 그렇다고 거만하고 비열한 태도(적어도 나한테는)가 달라지지는 않았다. 그들의 그런 겉모습은 처벌을 교묘히 피하는 데만 도움이 됐다."[2] 그녀는 자기 블로그에 이렇게 썼다.

저스틴은 2017년에 한 TEDx 강연[3]에서, 다른 아이들이 집까지 따라오면서 '머리에 음료수 캔을 던지기' 때문에 학교 가는 걸 싫어한다고 밝힌 가상의 친구 이야기를 했다. 그리고 어릴 때 다른 아이들과 너무나 다른 생각을 하는 탓에 자기가 미친 게 아닐까 걱정했던 다른 가상의 친구 이야기도 했다. "그는 다른 사람들이 이런 자신을 알아차리고 데려가서 정신병원에 가둘까 봐 두려워했다." 그녀는 이 이야기를 하면서 머스크의 이름을 언급하지 않았지만, 내용이 머스크가 직접 얘기한 자신의 어린 시절 경험과 비슷하다.

일론 머스크, 대담한 선택

머스크가 Zip2를 운영하는 동안, 저스틴은 그와의 장거리 연애를 위해 몇 번이나 비행기를 타고 그를 만나러 갔다. 그녀는 언젠가 머스크를 만나러 가면서 자기 아버지를 데려갔던 일을 떠올린다. 그들은 복합 상업지구를 지나면서 이런 대화를 나눴다고 한다. "우리는 청바지와 티셔츠를 입은 멀쑥한 남자들을 봤다. 그들이 주차장에서 원격 조종 장치로 경주를 벌이면서 자동차를 쾅쾅 치고 다니는 모습을 본 아버지는 '얘네는 엔지니어들의 자녀니?'라고 물었다. 난 '아뇨, 아빠. 이 사람들이 엔지니어예요'라고 말했다."[4]

그들은 2000년 1월에 결혼했다. 오랫동안 휴가를 가지 않았던 머스크는 그해 말에 예정된 2주간의 페이팔 투자 여행이 결혼식 당시에 가지 못했던 신혼여행을 즐길 완벽한 기회라고 판단했다. 하지만 그는 브라질과 남아프리카공화국이 일정에 포함되어 있던 그 여행에서 말라리아에 걸려 거의 죽을 뻔하다가 겨우 회복되었다. 그 일 때문에 휴가는 직업적으로나 개인적으로나 다 바람직하지 않다는 그의 오랜 믿음이 더욱 강화되었다.

저스틴은 머스크와 약혼한 상태에서 Zip2가 매각된 뒤, 텔레비전 인터뷰에서 신랄한 말을 했다. 약혼자의 놀라운 성공과 맥라렌 F1 슈퍼카 구입에 대한 질문을 받은 그녀는 "우리가 버릇없는 망나니가 될까 봐 두렵다. 그러면 감사하는 마음과 올바른 관점을 잃게 될 것이다."[5]

머스크는 자기 아버지와 할아버지가 그랬던 것처럼 소형 항공기도 구입했다.

저스틴에게는 올바른 관점이 중요했다. 머스크는 작가가 되겠다는 그녀의 야망을 처음에는 격려해 줬지만 결혼한 뒤에는 묵살했다고 한다. 그리고 그들의 관계에 대한 관점도 대학 기숙사에서 팔로 알토의 작은 사무실 공간으로, 그리고 실리콘밸리의 새로운 닷컴 백만장자들이 거주하는 성층권으로 이동했다.

저스틴은 2010년에 직접 쓴 〈마리 끌레르〉 특집 기사에서 머스크를 자신의 사적인 알렉산더 대왕이라고 칭했다. 여기에는 아이러니한 점이 있다. 에롤 머스크는 이 마케도니아 정복자를 역사상 가장 위대한 인물 중 하나로 항상 존경했다. 그리고 이제 큰 성공을 거둔 부유한 머스크에게서는 에롤의 지배적인 성격이 나타나는 듯했다. 저스틴은 자신들의 결혼 피로연에서 춤을 출 때 머스크가 "이 관계에서는 내가 알파"라고 말했던 걸 기억한다.[6] 몇 년 뒤, 머스크는 한 팬이 올린 트위터 글에 답하면서 펜실베이니아 대학 시절에 가장 좋아했던 수업이 '알렉산더와 헬레니즘의 부상'이었다고 인정했다.[7] 이후 알렉산더라는 이름은 그들의 관계에서 더욱 중요한 자리를 차지하게 되었다. 2002년에 페이팔을 매각한 뒤 머스크 부부는 첫 아이를 낳고, 이름을 네바다 알렉산더라고 지었다.

그리고 머스크가 성인이 된 후 처음 겪는 진짜 비극이 그를 덮쳤다. 이베이의 페이팔 매입 소식이 알려진 주에 네바다가 영아돌연사 증후군SIDS으로 사망한 것이다. 저스틴은 훗날 이렇게 회상했다. "네바다가 낮잠을 자기에 평소처럼 똑바로 눕혔는데 호흡이 멎었다. 남자 아기가 SIDS에 가장 취약한 생후 10주가 되던 때였다. 구급대원이 아이를 소생시켰지만 너무 오랫동안 산소 공급이 되지 않았던 탓에 뇌사 상태였다. 오렌지 카운티에 있는 병원에서 3일간 생명 유지 장치를 달고 있었지만 결국 아이를 보내주기로 결심했다. 아이가 숨을 거둘 때 내 품에 안고 있었다."[8]

네바다의 죽음에 부모 둘 다 무너졌다.

"일론은 네바다의 죽음에 대해 얘기하고 싶지 않다고 분명하게 말했다"라고 저스틴은 썼다. "나는 그를 이해하지 못했고, 그도 내가 공개적으로 슬퍼하는 이유를 이해하지 못하면서 그런 건 '감정을 꾸며내는 것'이라고 말했다. 그래서 난 감정을 묻어두고 다른 방식으로 네바다의 죽음에 대처하기 위해 그 일이 있은 지 두 달도 안 되어 체외수정 클리닉을 찾았다. 일론과 나는 가능한 한 빨리 다시 임신할 계획을 세웠다. 그 후 5년 동안 쌍둥이[자비에, 그리핀]와 세쌍둥이[카이, 색슨, 데미안]를 낳았고, 펭귄 출판사와 사이먼 앤 슈스터Simon & Schuster 출판사에 소설 세 권을 팔았다. 하지만 네바다의 죽음 때문에 몇 년간 우울과 산만함이 뒤섞인 내면의 소용돌이를 겪었다."[9]

저스틴과 머스크는 네바다가 죽은 이듬해에 네바다주 블랙록Black Rock 사막에서 열린 버닝맨Burning Man 페스티벌에 참석했다. 그곳은 네바다를 임신한 곳이고, 그들은 나중에 이곳의 이름을 따서 아이 이름을 지었다. 저스틴은 그곳에 임시로 만든 제단에 아이 이름을 적었다. 이렇게 저스틴이 아들의 죽음에 대처하기 위해 작가의 영혼을 활용하는 동안 머스크는 그냥 감정을 묻어버리겠다는 보다 실용적이고 단순한 결정을 내렸다. 뭔가를 깊이 생각하는 건 아무 도움이 되지 않는다는 믿음 때문이었다.

머스크는 초 단위로 빠르게 급변하는 세상에 존재하는 이상 계속 전진해야 한다고 확신했다. 저스틴은 패리스 힐튼Paris Hilton, 레오나르도 디카프리오Leonardo DiCaprio, 보노Bono, 리처드 브랜슨Richard Branson, 래리 페이지, 존 쿠삭John Cusack, 기타 여러 유명인이나 비즈니스계 아이콘 같은 부유하고 유명한 사람들과 파티를 즐기던 결혼생활을 회상한다. 그녀는 심지어 배우 대릴 해나Daryl Hannah와 함께 동네 스타벅스에 갔던 것도 기억한다.[10]

어쩔 수 없이 뭔가를 포기해야만 할 듯했고, 결국 결혼생활이 그 대상이 됐다. 그녀는 나중에 이렇게 썼다. "일론은 일에 집착했다. 집에 있을 때도 그의 마음은 다른 곳에 가 있었다. 나는 깊고 진심이 담긴 대화, 친밀함과 공감을 갈망했다. 그리고 내가 그의 경력을 위해 평범한 가정생활을 희생하는 동안 일론은 내 책 마감일을 무시하면서 내가 '책을 너무 많이 읽었다'고 말하기 시작했다. 그에게 묵살당하는 기분이었다. 그렇게 날 지지해 주던 시절과는 확연히 다른 태도였다. 우리가 집이나 아이들 수면 시간을 놓고 논쟁을 벌일 때마다 그는 내 결점과 잘못을 낱낱이 들춰냈다. 그가 날 하찮게 여긴다는 기분이 들었고, 우리의 역학 관계가 어린 다섯 아들들에게 어떤 영향을 미칠지 생각하기 시작했다."[11]

2008년 봄 로스앤젤레스에서 자동차 사고를 당해 거의 죽을 뻔했던 그녀는, 그 일을 통해 결혼생활이 끝난다는 확신을 얻었다. 저스틴은 사고 직후에 처음으로 든 생각이 자기가 살았다는 사실보다 남편이 보일 반응에 더 집중되어 있었다고 회상한다. "갑자기 마음의 눈을 통해 내 모습을 볼 수 있었다. 매우 깡마른 금발 여자가 왼쪽 앞바퀴가 박살난 매우 값비싼 차에서 비틀거리며 내렸다. 나도 내 모습을 거의 알아보지 못할 정도였다. 난 트로피 와이프가 되었지만 그 일에 매우 서툴렀다."[12]

이때 머스크가 저스틴에게 보인 감정적인 반응은 그의 아버지가 어머니에게 보였던 태도와 놀라울 정도로 닮았다. 이들 부부는 상담을 시도했지만 실패했다. 그들은 2008년에 이혼했다. 매우 지저분하고 공개적으로 진행된 이혼이었다. 저스틴은 이혼 직후 블로그에 이렇게 썼다. "내 전남편을 아는 사람 중에 그가 의지가 약하다고 비난할 사람은 아무도 없을 것이다. 그가 놀라운 성공을 거두는 데 도움이 된 자질은 그와 함께 사는 삶은 곧 그의 삶이고, 그가 원하는 것과 똑같은 것을 원해야 하며, 그 중간은 없다고(그에게는 그런 걸 찾을 시간이 없기 때문에) 지시한다."[13]

그리고 또 다른 블로그 게시물에서는 머스크와의 결혼을 회고했다. "결혼생활에서 가장 행복한 순간은 다 초반에 일어났다. 주말 아침이면 E와 함께 서점에 들렀다가 거기서 산 책을 들고 카페에 가서 커피를 마시면서 책을 읽고, 그렇게 시간을 보냈다. 그러다가 어느 순간부터 그런 일을 하지 않게 됐다. 돌이켜보면 우리 결혼생활은 그것 때문에 고통받았다. 하지만 아이러니한 건 제트족 라이프스타일의 그 모든 화려함과 모험에도 불구하고 그와 함께 누린 행복에 대해 생각할 때 프랑스 남부나 생바르St Barts에서의 휴가, 리처드 브랜슨 소유의 섬에서 올린 구글 창립자의 결혼식 같은 건 떠오르지 않는다는 것이다(사실 이 모든 장소에서 우린 요란하게 싸웠고 그때마다 진정한 불행의 구렁텅이에 빠진 기분이었다). 그보다는 햇빛을 받으며 서로의 허리를 감싸 안고 팔로알토의 유니버시티 애비뉴를 느릿느릿 거닐던 때가 생각난다."[14]

자신을 머스크의 '선발 아내'라고 표현하는 저스틴은 머스크가 이혼 소송을 제기하고 6주 뒤에 그에게서 영국 배우 탈룰라 라일리와 열애 중이라는 문자를 받았다. 저스틴은 라일리가 "전남편의 라이프스타일과 성격에 나보다 훨씬 잘 맞는다"고 말했다.[15] 저스틴의 말에 따르면 라일리는 머리 색을 흑갈색에서 금발로 바꾸는 데 별 이의가 없었던 듯하지만, 저스틴은 머스크가 머리카락을 금발로 염색하라고 고집한 것이 그와의 관계에서 이상한 걸림돌이 되었다고 말한다.

머스크와 라일리는 머스크가 출장차 들렀던 런던의 한 클럽(회원제 클럽인 위스키 미스트Whisky Mist)에서 만났다. 머스크에 따르면 라일리는 물리학에 공통된 관심을 표했다고 한다. 머스크는 즉시 그녀에게 끌렸고 그들은 사귀기 시작했다.

그는 첫 데이트 후 겨우 열흘 만에 청혼했다. "일론은 정말 빨리 청혼했다. 내가 그의 마음을 사로잡았다는 생각에 기분이 좋았다"고 라일리는 말했다.[16] 그러나 2010년에 시작된 머스크와의 결혼생활은 테슬라, 스페이스X, 솔라시티를 살리기 위해 노력하면서 현금 보유액이 맹렬한 속도로 줄어들던 그의 사업 인생에서 가장 혼란스럽고 어둡고 절망적인 시기와 일치했다. "그가 스트레스를 어떻게 감당하는지 모르겠다. 내가 그였다면 심장마비로 죽었을 것이다. 가장 싫은 적에게도 그런 고통을 주고 싶지는 않을 것이다."[17]

그런 스트레스는 확실히 결혼에 피해를 입혔고 그들은 2012년에 이혼했다. 그리고 2013년에 다시 결혼했다가 2016년에 또다시 이혼했다. 머스크는 "당신을 영원히 사랑할 겁니다. 당신은 언젠가 누군가를 매우 행복하게 만들어 주겠지요"라는 트윗을 올렸다.[18] 그리고 〈포브스〉지와의 인터뷰에서 이렇게 말했다. "우리는 서로의 부재가 애정을 더 돈독히 할지 알아보기 위해 몇 달간 떨어져 지냈지만 불행히도 그렇지 않았다. 나는 여전히 그녀를 사랑하지만 그녀와 열렬한 사랑에 빠져 있지는 않다. 그리고 난 그녀가 원하는 걸 줄 수 없다."[19]

머스크는 안정적인 관계에 대한 열망을 반복적으로 말해왔다. 2016년에는 배우 조니 뎁Johnny Depp과 아직 결혼한 상태였던 배우 앰버 허드Amber Heard와 사귀기 시작했다. 당시 허드와 뎁은 난폭하고 폭력적인 행동 때문에 별거 중이었고, 허드는 뎁을 상대로 접근 금지 명령을 받아냈다. 나중에 뎁이 〈더 선The Sun〉 신문사를 상대로 제기한 명예훼손 소송이 진행되는 동안, 런던 법원은 머스크가 허드에게 상근 경호원 비용을 대겠다고 제안한 문자 메시지 내용을 들었다. 머스크는 허드가 뎁과의 이혼 소송을 제기하고 한 달 뒤부터 데이트를 시작했다고 말했다. "그들이 결혼 생활을 유지하는 동안에는 앰버 근처에 있었던 적도 없다"[20]고 머스크는 말했다.

하지만 그들의 관계는 더 발전하지 않았다. 머스크는 2017년에 〈롤링 스톤〉지와 한 중요한 인터뷰에서 허드가 관계를 끝냈을 때 마음이 아팠다고 인정했다. "정말 사랑했기 때문에 마음이 너무 아팠다. (…) 사람들을 만나는 것조차 힘들다. 난 장기적인 관계를 원한다. 원나잇 스탠드를 바라는 게 아니다. 진지한 동반자나 소울메이트, 그런 사람을 찾고 있다."[21]

2018년에 머스크는 로코의 바실리스크Roko's Basilisk(인공지능이 세계를 장악하는 것과 관련된 사고 실험)와 화려한 18세기 디자인 스타일인 로코코 양식에 대한 틈새과학 농담을 트위터에 올리려고 했다. 머스크는 이 두 가지를 어떻게든 결합시켜서 그들의 연관성에 대한 농담을 하고 싶었는데, 누군가가 이미 그렇게 했고 로코코 바실리스크Roccoco Basilisk라는 캐릭터까지 만들었다는 사실을 알게 됐다.

그건 그라임스Grimes라는 예명으로 알려진 캐나다 음악가 클레어 엘리스 부셰Claire Elise Boucher였다(Roccoco라는 스펠링도 그녀가 만든 것이다). 그녀는 2015년에 발표한 뮤직 비디오 '플레시 위다웃 블러드Flesh Without Blood'의 크레딧에서 자기가 연기한 캐릭터 중 하나의 이름이 로코코 바실리스크라고 언급했다. 그 농담은 누군가, 그러니까 일론 머스크라는 사람이 마침내 알아차리기까지 3년 동안 트위터에 존재했다. 한동안 트위터를 통해 '시시덕대던' 머스크와 그라임스(때때로 서로를 언팔로우하기도 했고 다른 트위터 팔로워들은 이를 재빨리 알아차렸다)는 2018년에 뉴욕에서 열린 멧 갈라Met Gala에 참석해 자신들의 관계를 공개했다. 머스크는 그라임스가 자기가 만나본 사람들 가운데 가장 특이한 사람 중 한 명이라고 말했다.

이 커플은 결혼하지 않은 상태에서 2020년 5월에 아들을 낳았고 아이 이름이 X Æ A-12라고 세상에 알렸다. 그들이 선택한 이름은 모호한 AI 농담이나 언급에 대한 공통된 애정만큼이나 특이하다.

그라임스는 트위터를 통해 그 이름의 의미를 밝혔다.

X = 미지의 변수

Æ = Ai(사랑 및/또는 인공지능)의 엘프식 철자

A-12 = 우리가 가장 좋아하는 항공기인 SR-17의 전신.

　　무기도 방어 체계도 없고 속도만 빠르다.

　　전투에서 훌륭한 능력을 발휘하지만 비폭력적이다.

+

(A＝대천사, 내가 좋아하는 노래)

캘리포니아주 규정상 사람 이름에 번호를 사용하는 건 금지되어 있기 때문에 이 커플은 나중에 12를 Xii로 바꿨다. 머스크는 아이 이름을 'X 애쉬 A 트웰브'라고 발음한다고 말했다. 머스크는 그라임스의 직업 윤리를 존경하고 그라임스는 우주에 대한 머스크의 열망을 존중하며 붉은 먼지가 가득한 화성에 가서 죽을 각오가 되어 있다고 선언했다.

하지만 이번에도 진정한 사랑을 찾으려는 머스크의 노력은 다른 행성에서 생명체를 찾는 것만큼이나 힘든 것처럼 보인다. 2020년 9월, 머스크는 트위터를 통해 두 사람의 바쁜 업무 일정 때문에 그라임스와 헤어졌다고 알렸다. 하지만 머스크와 그라임스는 2022년 3월 10일 〈배니티 페어Vanity Fair〉와의 인터뷰에서 대리모를 통해 Y라는 이름의 딸이 태어났다고 발표했다.

머스크가 살면서 만난 모든 여성 가운데 저스틴이 그를 가장 잘 이해한 듯하다. 혹은 그의 성격과 생각을 가장 잘 이해했다고 말할 수도 있을 것이다. 그녀는 머스크가 어릴 때 느낀 불안감이 남들과 매우 다르다는 데서 생긴 것임을 이해했다. 그리고 이것 때문에 그가 몽상가가 되었다는 걸 예리하게 이해했다.

앞서 피터 틸도 우리 사회가 일론 머스크 같은 사람들이 전통적인 제약에서 벗어날 자유를 주는 방식에 대해서 얘기했는데, 저스틴은 같은 내용을 다음과 같이 표현했다. "예술가와 기업가는 매우 비슷하다. 그들은 무에서 유를 창조하는 것에 집착한다. 어둠 속에서 가치를 끌어내는 것이다. 그런 이들을 몽상가라고 부르기 전에, 그들이 놀라운 성공을 거두기 전에, 우리가 그들을 지칭하는 다른 단어가 있다. 우리는 그들을 괴짜 또는 아웃사이더라고 부른다. 사회적으로 어색하고 이상하며 조금 남다르고 혼자 걷도는 사람이라는 뜻이다.

처음에는 그들이 미쳤다고 생각해서 신뢰하지 않지만, 결국에는 그들이 미쳤다는 걸 알기에 그들을 신뢰하게 된다. 그들은 우리가 신뢰할 수 있는 새로운 걸 만들어내기 위해 무엇이든 성취하고 어떤 위험이든 감수할 만큼 미쳤다. 그런 성격 때문에 형편

없는 남편이나 끔찍한 아내가 될 수도 있지만, 그들은 어둠을 빛으로 밝히고 우리에게 우주를 보여준다."[22]

2016년 TEDx 샌프란시스코에서 '상처받은 사람이 더 멋진 이야기를 들려준다'라는 제목의 강연을 한 저스틴은 자기 전남편이나 그 주변에 있는 비슷하게 똑똑하고 성공한 사람들에 대해 다음과 같이 말했다. "우리 중 가장 특별한 사람들, 그러니까 정말 훌륭한 경력을 쌓은 사람들도 그들 삶의 다른 부분을 들여다보면 내면의 악마가 자기 파괴 행위나 상처 등의 형태로 모습을 드러내고 있을 것이다. (…) 우리는 상처를 선택할 수 없듯이 열정도 선택할 수 없다. (…) 우리는 우리를 거부하거나 살아가기에 너무 고통스러운 세상을 탈출하기 위해 평행 세계를 만든다. 하지만 어떤 사람은 그 일을 아주 잘 해내서 놀라운 기술을 습득하고, 자신의 세계를 우리 세계에 주입해 세상을 변화시킨다. 이들이 바로 우리가 몽상가라고 부르는 사람들이다. 그들은 두 세계 사이를 오간다."[23]

저스틴은 이 두 세계를 초월하는 머스크의 능력을 예리하게 관찰했고, 어떻게 이 능력을 바탕으로 그렇게 큰 성공을 거두게 되었는지에 대한 통찰을 제시한다. "일론과 함께 여행을 다닐 때 직업을 묻는 세관 양식을 종종 작성했는데 그는 CEO나 세상의 왕, 멋진 국제 플레이보이라고 쓴 적이 없다. 그는 늘 엔지니어라고 적었다. 그리고 청바지와 티셔츠를 입고 출근했다. 옷을 사러

일론 머스크, 대담한 선택

가거나 나중에 마틴이라는 스타일리스트와 상담을 할 때마다 일론은 이렇게 말했다. '아니, 아니, 잘 모르시나 본데요, 난 엔지니어처럼 보이면 되지 굳이 멋지거나 힙해 보일 필요는 없습니다.'

그는 판매하는 물건을 실제로 만드는 사람은 엔지니어인데 왜 정장 입은 사람들이 큰돈을 버는 건지 모르겠다는 말도 했다. 그렇게 정장을 빼입은 자들은 엔지니어가 하는 말을 들어도 무슨 얘긴지 전혀 이해하지 못할 것이다. 그때 나는 일론이 두 가지 언어를 모두 할 줄 아는 사람이라는 걸 깨달았다. 그는 정장을 입은 기술자이기 때문에 두 부족 사이를 오갈 수 있었다. 그는 두 개의 세상을 하나로 합쳤다. 그게 바로 몽상가가 하는 일이다."[24]

머스크는 자기를 사업가로 생각하는 사람이 많지만 사실 자기가 설립한 회사는 모두 가장 관심이 많은 분야인 엔지니어링을 탐구하기 위한 수단이었고, 정장 입은 사람에게 이래라 저래라 지시를 받고 싶지 않았다고 말했다.

하지만 저스틴의 가장 예리한 관찰 내용 하나는 그들의 아들 중 한 명을 통해 이루어졌다. 저스틴의 말에 따르면, 그 아이는 네 살 때 자폐증 진단을 받았다. 사진처럼 정확한 기억력도 가진 듯하다. 그녀가 아들에게 그의 기억력이 어떤 식으로 작용하는지 설명해 주자, 아이는 그녀를 바라보면서 "그럼 다른 사람들은 그렇게 생각하지 않는다는 거예요?"라고 말했다고 한다.[25]

이걸 들으니 머스크가 예전에 자신에 대해서 했던 말이 떠오른다. "내게는 아주 분명하고 명백해 보이는 일이 왜 다른 사람들에게는 그렇게 명백하지 않은지 이해할 수가 없었다."[26] 프리토리아에 살던 그 여섯 살짜리 소년은 머릿속에 있는 생각들 때문에 자기가 '이상하다'고 여겼다.

메이와 에롤을 제외하면, 저스틴은 다른 세계에 존재하면서 자신의 환상적인 아이디어와 혁신을 통해 '세계를 하나로 묶은' 머스크의 남다른 본성을 알아차리고 이해한 첫 번째 인물이다.

그리고 2002년에 당시 그녀의 남편이었던 머스크의 시야가 별을 향해 확장되기 시작하면서부터 여러 세계를 오가는 가장 대담한 여행이 시작되었다.

5장

난관을 극복하라

███

2001년 10월, 일론 머스크와 그의 두 친구 아데오 레시, 짐 캔트렐Jim Cantrell은 러시아인 몇 명과 만났다. 테이블 위에는 시베리아 호랑이도 죽일 수 있을 만한 양의 보드카가 있었다. 그리고 협상 테이블(비유적으로 말해)에 놓인 것은 구매하고자 하는 욕망이었다. 머스크는 미사일을 사고 싶었다. 특히 러시아에서 과잉 생산한 대륙간탄도미사일ICBM을 구하고 있었다.

"그건 매우 비현실적인 경험이었다. 정말 기이했다." 머스크는 훗날 CBS의 〈60분〉에 출연해서 이렇게 말했다.[1]

머스크의 아이디어는 정교한 홍보 활동의 일부였다. 그는 최대 사거리가 1만 1000킬로미터인 세계에서 가장 강력한 ICBM

중 하나인 SS-18 미사일 3기를 구입하는 데 관심이 있었다. 1960년대에 소련의 전략 로켓 부대가 사용하려고 처음 설계된 SS-18은 그 이후 꾸준히 개량 과정을 거쳤다. 이 무기는 원래 소련이 적에 대해 강력한 '선제공격' 옵션을 갖추도록 하기 위해 설계되었는데 미국이 그들의 명백한 목표였다. 러시아에서 지상 발사된 SS-18이 미국에 도착하는 데는 30분밖에 걸리지 않는다. 최대 10개의 핵탄두를 탑재할 수 있는 엄청난 크기의 미사일이다. NATO는 이걸 '사탄'이라는 마음에 드는 이름으로 부른다.

미사일을 사려고 러시아인들과 협상하는 건 마왕 본인과 협상하는 것과 비슷하다. Zip2와 페이팔 이사회에서의 싸움은 우주로 가고 싶다는 말을 진지하게 받아들이지 않는 많은 러시아인들과 미사일 계약을 협상하는 것에 비하면 아무것도 아니다.

실제로 우주 탐사 계획을 시작하는 것, 그게 바로 머스크가 ICBM을 구하려던 이유다.

미사일을 사겠다는 머스크의 아이디어는 그로부터 1년 전에 나왔다. 당시 아데오 레시와 함께 햄튼에서 주말을 보내고 돌아오는 길이었다. 두 친구는 자신들의 경력을 가지고 다음에 무슨 일을 해야 할지 고민하고 있었다. 머스크는 페이팔 거래를 마무리했고, 레시는 자신의 인터넷 벤처로 재산을 모으느라 바빴다.

두 사람은 우주에 대해 얘기하기 시작했다. 처음에는 그저 허황된 토론에 불과했던 것이 갑자기 우주에 가려면 실제로 비용이

일론 머스크, 대담한 선택

얼마나 들지 진지하게 생각하게 되었다. 어쩌면 레시는 차에서 내리면서 그 대화가 운전 중에 시간을 때우기 위한 흥미로운 방법이었을 뿐이라고 생각했을지도 모른다. 하지만 머스크는 이를 통해 다음 목표를 발견했다. 사실 그건 머스크가 어린 시절에 품었던 야망과 연결된 것이었다. Zip2와 페이팔, 그리고 인터넷 전체는 그의 가장 웅대한 아이디어인 우주를 향한 디딤돌에 불과했다.

특히 화성이 목표였다.

그러나 머스크는 자금 조달을 우주 진출에 가장 큰 걸림돌 중 하나로 꼽았다. 그는 비용이 많이 드는 우주 프로그램에 대한 대중의 욕구가 줄어든 탓에 자금 문제가 발생했다고 여겼다.

하지만 화성은 머스크의 비전에서 가장 중요한 두 가지 항목에 들어맞는 곳이었다. 첫째, 그는 우주 탐사는 혈세를 낭비하는 무익한 헛수고라는 내러티브를 바꿔서 우주 탐사에 대한 욕구를 되살릴 수 있다. 그가 공개적으로 얘기한 야심은 단순히 탐사를 위해 우주 탐험을 하는 게 아니라 실제로 인간을 다행성 종족으로 만드는 것이다. 언제나 그렇듯이 머스크가 비전을 구상하는 방식이 그걸 사람들에게 설득하는 데 중요한 역할을 한다. 둘째, 화성은 인류가 유인 우주 탐사를 통해 갈 수 있는 가장 먼 곳이다.

초기에는 화성 오아시스라는 이름으로 이동 가능한 생물권, 즉 온실을 만든 뒤 이걸 화성으로 향하는 로켓에 실어 보내 사상 최초로 행성간 공간에서 식물을 기를 수 있게 되길 바랐다. 그리고 대중들에게 화성이 갈 만한 가치가 있는 곳이라고 설득하기 위해 생쥐를 화성에 보냈다가 산 채로 데려오자는 아이디어도 있었다. 머스크 본인은 "난 화성에서 죽고 싶다. 우주선이 화성에 충돌해서 죽는 것만 아니면 된다"라고 말했다.

이 모든 것은 대중들에게 우주 탐사가 좋은 일이고, 무엇보다 실현 가능한 일이라는 걸 다시금 확신시키기 위한 시도였다. 그리고 최근에 현금을 확보한 이 인터넷 백만장자는 그 사실을 증명하는 사람이 되기로 결심했다.

그에게는 돈이 있다. 비전도 있다. 식물도 있다. 쥐도 있다. 하지만 로켓이 없었다.

머스크는 레시와 다른 엔지니어 짐 캔트렐을 설득해서 '라이프 투 마스Life to Mars'라는 이름의 신생 기업에 합류시켰다. 우주 산업 분야에서 가장 경험이 많은 캔트렐은 이들에게 파리로 날아가 유럽 위성 대부분을 발사한 발사 서비스 업체인 아리안스페이스Arianespace를 만나보라고 조언했다. 그러나 머스크, 레시, 캔트렐 모두 '발사체' 비용이 너무 비싸다고 판단했기 때문에 아리안스페이스 임원들과의 만남은 아무런 결실도 맺지 못했다.

그러나 이 만남은 다른 선택지를 열어주었다. 바로 러시아다. 프랑스와 러시아는 1960년대 후반부터 우주 개발 경쟁에서 협력해 왔다. 소련이 붕괴한 뒤, 러시아의 새로운 우주 기업 로스코스모스Roscosmos는 아리안스페이스를 서방 시장에 진출할 수 있는 기회로 보았다. 그리고 머스크가 그랬던 것처럼 화성은 로스코스모스와 아리안스페이스, NASA의 공통 주제가 되었다. 남아공 사람의 우주 도전과 스페이스X 설립은 프리토리아 소년의 마음속에서 시작된 여행의 성취를 나타낸다. 글로벌 우주 개발 경쟁은 가장 있을 법하지 않은 방식으로 머스크를 그 소용돌이 속으로 끌어들였다.

난관을 극복하라

스푸트니크와 우주 개발 경쟁

1957년 10월 5일 토요일 아침에 잠에서 깬 미국인들은 다음과 같은 신문 헤드라인을 접했다. '러시아 위성 발사: 하루에 미국 주위를 열다섯 번 돈다.' 다른 헤드라인에는 '러시아가 인공위성 발사 경쟁에서 승리'라고 적혀 있었다.

이른바 '스푸트니크 위기'가 시작된 것이다.

우주 탐사 분야의 가장 큰 성과가 지구상의 전쟁 위협 때문에 이뤄졌다는 건 아이러니컬한 일이다. 1957년 10월 4일에 소련이 스푸트니크 1호Sputnik 1를 지구 저궤도로 발사한 순간부터 우주 개발 경쟁이 시작되었다. 그리고 소련은 확고하게 선두를 달리고 있었다.

일론 머스크, 대담한 선택

소련은 상승세를 탔고 미국인들은 두려워했다.

소련은 스푸트니크를 발사하기 위해 ICBM을 사용했는데 그 건 미국에 두 가지 분명한 메시지를 전했다. 첫째, 소련은 미국을 감시할 수 있는 무언가를 가지고 있다. 그 사실이 클리블랜드에 서 잔디를 깎는 남자부터 국방부 고위 장교에 이르기까지 모든 이들을 괴롭혔다. 저 위 우주에 있는 무언가가(러시아인이 만든 무 언가가) 날 지켜보고 있는 것이다. 두 번째 우려는 러시아가 우주 에 도달할 수 있을 정도로 성능이 좋은 핵탄두 탑재 미사일을 보 유하고 있다는 것이다. 그 말은 곧 미사일이 미국까지 도달할 수 도 있다는 얘기다.

스푸트니크 1호는 소련이 지배적인 초강대국이 되었다는 사 실을 알리는 신호이기 때문에 서방세계에 더 큰 공포를 불러일으 켰다. 일부 미국인들은 스푸트니크 1호가 머리 위를 지나갈 때 '삐, 삐, 삐' 소리가 들린다고 주장하기도 했다. 경제학자 버나드 바루크Bernard Baruch는 〈뉴욕 헤럴드 트리뷴New York Herald Tribune〉 에 보낸 '패배의 교훈'이라는 제목의 공개서한을 통해 사람들에 게 경고했다. "우리가 새로운 모델의 자동차와 더 많은 장치를 생 산하기 위해 산업 및 기술 역량을 쏟아붓는 동안 소련은 우주를 정복하고 있다. 미국이 세금 문제로 투덜거리면서 국방의 망토를 예산에 맞춰 자르는 동안 러시아는 대륙간 미사일을 발사하고 있 다. 갑작스럽고 또 놀랍게도, 우리는 이기고 있다고 생각했던 경주에서 러시아인들이 우리를 훨씬 앞서고 있다는 사실을 깨달았다. 높은 목표를 세울 수 있는 상상력과 달까지 도달할 수 있는 기술력을 가진 나라는 미국이 아니라 러시아다. 미국은 우려에 빠졌다. 당연한 일이다."[1]

미국의 일반 대중들은 정말 큰 걱정에 빠졌다. NASA의 공식 수석 역사가인 로저 D. 로니우스Roger D. Launius는 스푸트니크 1호 발사가 미국의 여론에 '진주만' 같은 영향을 미쳤다고 썼다. "충격이었고 일반 시민에게 위기 상황에서의 우주 시대가 어떤 모습인지 알려줬다. 이 사건 때문에 기술 격차에 대한 환상이 생기고 항공우주 연구와 기술, 과학 교육 프로그램에 대한 지출을 늘릴 수 있는 추진력이 생겼으며 항공우주 분야의 연구개발을 관리하기 위한 새로운 연방 기관 설립이 인가되었다. 소련은 최초로 궤도 진입에 성공했을 뿐만 아니라 스푸트니크 1호의 무게는 거의 90킬로그램이나 나가서 뱅가드 프로젝트[인공위성 발사를 위한 미국 프로그램]에서 발사할 1.6킬로그램짜리 위성과 비교됐다. 1950년대 후반의 냉전 상황에서 발생한 이런 능력 차이는 위협적인 의미를 내포하고 있다."[2]

미국의 역사학자 대니얼 J. 부어스틴Daniel J Boorstin은 "그렇게 작고 무해한 물체가 그렇게 큰 경악을 불러일으킨 적은 없었다"[3]고 말했다. 또 다른 역사가 월터 A. 맥두걸Walter A. McDougall은 "진주만 공습 이후로 대중의 삶에 그토록 큰 반향을 일으킨 사건은 처음"[4]이라고 덧붙였다.

그리고 미국 라디오 방송국에서 스푸트니크 1호의 트레이드마크인 '삐삐'거리는 신호음을 들려주자, 대중들은 두려워하던 공산주의의 붉은 물결이 도래함을 알리는 순수한 공포의 메트로놈으로 그걸 받아들였다. 미국인들은 풍요와 물질적 진보의 시대가 다가오는 가운데 자기들이 세상에서 가장 위대한 나라에 살고 있다고 확신했었다. 그런 때에 들은 스푸트니크 1호의 신호음은 아메리칸 드림의 종말을 알리는 소리였다.

1958년 2월, 드와이트 아이젠하워Dwight Eisenhower 대통령은 고등연구계획국ARPA(나중에 방위고등연구계획국DARPA으로 명칭 변경) 설립을 승인했다. ARPA는 ARPANET과 훗날 머스크를 매료시키고 그의 야망을 위한 도약대를 제공한 인터넷 개발을 이끌었다. ARPA는 과학기술 발전에 수백만 달러를 투입하면서 소련을 능가하려는 미국측 노력의 선봉장이 될 것이다.

1958년 2월, 미국 최초의 인공위성 익스플로러 1호Explorer 1가 궤도에 진입했다. 1958년 7월, 아이젠하워는 국가항공우주법에 서명했고 NASA가 탄생했다. 그로부터 불과 11년 뒤, 우주비행사 닐 암스트롱Neil Armstrong이 인류 역사상 최초로 달에 발을 디디게 되었다는 건 많은 걸 의미한다. 우주가 최우선 순위가 되어 필요한 자금 지원과 관심을 받았다.

그리고 화성도 우주 개발 경쟁에서 한몫했다.

1960년대에 러시아는 화성에 도달하기 위해 여러 차례 탐사선을 발사했다. NASA는 1965년에 화성 접근 비행에 성공했고, 1971년 11월에는 메리너 9호가 처음으로 화성 궤도에 진입했다. 러시아인들은 1971년 11월과 12월에 화성 표면에 최초로 탐사선을 착륙시켜서 경쟁 기준을 높였다. 그러나 탐사선 두 대 모두 '연착륙'을 하지 못했고 한 대만이 잠깐 동안 신호를 전송할 수 있었다. 1976년에 NASA는 바이킹 1호와 바이킹 2호를 성공적으로 착륙시켰고, 세계 최초로 붉은 행성의 컬러 이미지를 보여주었다.

그 이후 중국, 인도, 유럽 우주국도 NASA와 함께 성공적으로 화성에 우주선을 보냈다.

그건 NASA가 화성 관측기구를 연구하기 시작한 1990년대 초에 시작된 프로젝트로, 훗날 머스크의 화성에 대한 야심과 연결된다.

프랑스인들도 화성 관측기구를 만들고 있었다. 그러나 프랑스인들은 그 관측기구를 러시아 로켓에 실어서 화성으로 보낼 계획이었다. 1980년대 후반에 구소련이 개방 정책을 펴자, 프랑스는 NASA에게 러시아와 함께 셋이서 화성 관측 프로젝트를 진행하자고 제안했다. 재능 있는 젊은 미국 엔지니어가 이 프로젝트에 참여하게 됐는데 그의 이름은 짐 캔트렐이었다. 그것이 미국과

일론 머스크, 대담한 선택

러시아의 우주 협력의 시작이었고 결국 국제 우주 정거장ISS을 만들게 됐다. 그리고 훗날 캔트렐이 머스크에게 자기가 직접 로켓을 만들 수 있다고 말하게 되면서 사적인 분야의 협력으로도 이어졌다.

캔트렐은 화성 관측기구 프로젝트에서 맡은 역할 때문에 러시아 엔지니어들과 함께 일하면서 러시아에서 꽤 오랜 시간을 보냈고 러시아 우주산업이 처한 상황과 업무 진행 방식을 잘 알고 있었다. 아이러니하게도 당시 화성 탐사에 가장 큰 위협이 된 것은 지구상에서 새롭게 발전한 평화 분위기였다. 소련 붕괴는 냉전을 종식시키고 새로운 평화의 시대를 예고했지만, 이로 인해 우주 개발 경쟁도 거의 멈출 뻔했다. 전쟁 위협이 감소하면서 우주 경계를 계속 확장하기 위한 러시아와 미국의 국방 자금 지원도 고갈되었다.

그러나 이 시기부터 우주 비행 민영화가 증가했다. 우주 개발 경쟁이 정부 중심의 프로그램에서 다수의 민간 부문 노력으로 옮겨가고 있었다. 오늘날에는 발사체, 화물 운송, 승무원 운송, 착륙선, 로버, 궤도선, 연구용 우주선, 추진 장치 제조업체, 위성 발사체부터 우주 제조, 우주 채광, 우주 정착에 이르기까지 모든 것을 제공하는 민간 우주 회사들이 있다. 최후의 개척지는 이제 우주 자본주의의 본거지가 되었으며 먼 우주로 나아가기에 충분한 자

금을 보유한 억만장자들에 의해 추진된다. 머스크의 스페이스X
부터 리처드 브랜슨의 버진 갤럭틱Virgin Galactic, 제프 베조스Jeff
Bezos의 블루 오리진Blue Origin에 이르기까지 전에 없이 많이 이들
이 우주를 개척하고 있으며, 이들은 NASA와의 공식 협력이나 정
부 우주 프로젝트부터 부유한 지구인을 위한 개별 우주 여행에
이르기까지 모든 걸 제공한다. 하지만 아직 극복해야 할 인식이
남아 있다.

　머스크는 찰리 로즈와의 인터뷰에서 "일반 대중은 우주에 나
가는 것과 궤도에 진입하는 것의 차이를 이해하지 못한다"고 말
했다. "둘은 아주 다르다. 준궤도 비행을 하려면 마하 3 정도의 종
단 속도가 필요하지만 궤도에 도달하려면 종단 속도가 마하 25는
되어야 한다. 이건 엄청난 차이다. 준궤도 분야에서는 언젠가 확
실히 궤도 수준으로 성장할 수 있는 노력이 많이 진행되고 있다.
제프 베조스도 노력하고 있다. 리처드 브랜슨은 캘리포니아의 스
케일드 컴포지츠Scaled Composites란 항공우주 기업의 개발 프로젝
트에 자금을 지원한다. 우리는 궤도 수준에 올라와 있다. 여기에
서는 훨씬 많은 자본을 투입해서 물리적으로 가능한 수준을 한계
너머까지 밀어붙이고 있다. 로켓 업계에서는 로켓 회사가 발사를
맡는다. 항공 업계와는 다르다. 로켓을 파는 게 아니라 발사를 파
는 것이다."

　그리고 시장에서 가장 저렴한 발사 서비스 회사가 되는 것이

스페이스X의 초기 목표였다.

캔트렐은 이 새로운 세계에서 머스크와 손잡은 초기 동맹자였다. 2001년에 캔트렐은 우주 산업 분야에서 개인 컨설턴트로 일하고 있었는데, 머스크가 화성에 도달할 로켓을 구매하기 위해 그에게 접근했다. 캔트렐이 러시아 우주항공 업계에 인맥이 있었던 덕에 아리안스페이스와의 협상이 결렬되자 러시아가 해결책으로 떠올랐다. 게다가 그들은 새로 단장한 ICBM을 매우 싼 가격에 판다는 얘기가 있었기 때문에 특히 저렴한 해결책이었던 셈이다.

그렇게 해서 2001년 10월에 머스크와 레시, 캔트렐이 모스크바에 가게 된 것이다. 하지만 보드카를 연료로 한 첫 번째 회의에서 러시아인들은 미사일을 사려는 머스크의 열망을 무시했다. 사실 그들은 머스크를 분별력에 비해 돈이 더 많은 또 다른 외국인이라며 놀렸다. 전하는 바에 따르면, 한 엔지니어는 자기 이익을 위해 그렇게 완벽하게 설계된 전쟁 무기를 구매할 정도로 부유한 자에게 혐오감을 느껴 침까지 뱉었다고 한다.

그들이 러시아를 두 차례 더 방문한 뒤에야 겨우 합의점을 찾을 수 있었다. 머스크는 ICBM 세 대 가격으로 합의한 2100만 달러를 가지고 갔다. 그런데 러시아인들은 갑자기 거래를 뒤집으면서 실제로는 ICBM 한 대당 2100만 달러를 달라는 얘기였다고 말했다. 그들이 자신의 제안을 진지하게 받아들이지 않고 일부러

골탕을 먹이려고 한다는 걸 깨달은 머스크는 집으로 돌아가는 비행기에서 캔트렐에게 "우리가 직접 로켓을 만들자"고 선언했다. 캔트렐은 꼭 그렇게 하자고 강력하게 권유했다.

그래서 머스크는 자기가 잘하는 일을 했다. 자료를 찾아 읽은 것이다. 가족들이 '백과사전'이라는 별명을 붙여줬던 그 남자는 구소련 시대에 작성된 먼지투성이 기술 매뉴얼부터 최신 연구 결과에 이르기까지 로켓과 관련해 구할 수 있는 문헌을 다 찾아서 샅샅이 읽었다. 캔트렐은 그에게 《로켓 추진 요소Rocket Propulsion Elements》, 《가스터빈과 로켓 추진의 공기열역학Aerothermodynamics of Gas Turbine and Rocket Propulsion》, 《천체역학 기초Fundamentals of Astrodynamics》, 《우주선 발사체에 대한 국제 참고 안내서The International Reference Guide to Space Launch Systems》 같은 책을 읽어보라고 추천했다. 로켓 애호가들을 위한 가벼운 읽을거리라고 했다.

머스크는 입수 가능한 자료를 전부 읽었다. 그렇게 다양한 자료를 읽은 그는 이제 로켓 기술과 엔지니어들에 대해 잘 알게 되었다고 확신했다. 실제로 그는 로켓 기술자들과 토론할 때 자기 입장을 고수할 수 있는 수준이 되었다고 한다. 머스크가 다른 이들에게 위탁해서 제작할 로켓의 모든 요소를 알고 있었다는 데는 의심의 여지가 없다.

머스크는 인터넷 분야에서 벗어나 항공우주 분야에 정신을 집중했다. 그는 로스앤젤레스에서 항공우주 엔지니어들을 만나기 시작했다. 1946년에 설립된 남부 캘리포니아에서 가장 유명한 실험용 로켓 클럽인 리액션 리서치 소사이어티Reaction Research Society에 참여하기 위해 모하비 사막으로 차를 몰았다. 화성 협회와 클럽 모임에도 참석했다. 사람들이 로스앤젤레스 어딘가의 회의실이나 호텔 바에서 모여서 우주 문제를 논의했다면 머스크도 그들과 함께 있었을 가능성이 높다. 많은 이들이 머스크의 새로운 관심의 강도가 매우 놀랍다고 말했다. 또 머스크에게는 로켓 발사를 지켜보는 게 종교적인 경험과 비슷하다고 말하는 이들도 있다. 반면 이 업계에서 오래 일한 내부자들 중 상당수는 머스크가 새로 얻은 지식을 오만하게 과시하는 모습에 불쾌감과 모욕감을 느꼈다. 지나치게 똑똑한 탓에 남들과 불화를 겪던 아이의 모습이 여전히 남아 있었다.

머스크는 저명한 항공우주 엔지니어들과 로켓 과학 분야의 가장 뛰어난 인재들을 찾아다니면서 그들에게 직접 로켓 회사를 설립할 계획이라고 말했다. 대부분 그가 미쳤다고 생각했다. 그러나 서서히 추종자들을 모으기 시작했고, 특히 로켓 엔진 제작 분야의 떠오르는 별인 톰 뮬러를 영입했다. 뮬러도 머스크처럼 우주를 낙관적으로 바라보는 사람이었다. 그리고 그의 야망에 대해 주변인들이 부정적인 반응을 보인 것도 똑같았다. 머스크가 부모에게 남아공을 떠나 캐나다로 가겠다고 하자 에롤은 그가 3개월

223

스푸트니크와 우주 개발 경쟁

안에 돌아올 거라고 말했다. 마찬가지로 뮬러도 가족에게 '로켓 제작' 일을 하기 위해 항공우주 업계에서 일자리를 찾겠다고 말하자, 그의 아버지는 결국 아들이 집으로 돌아오게 될 것이고 아이다호주 고향의 '숲이 그를 기다리고 있을 것'이라고 했다.

머스크와 뮬러는 리액션 리서치 소사이어티를 통해 처음 만났다. 머스크는 뮬러에게 다양한 엔지니어링 관련 질문과 함께 특히 중요한 질문을 하나 던졌다. 비용은 얼마나 들겠는가? 로켓을 얼마나 저렴하게 만들 수 있는가?

머스크가 계획을 실현시키기 위한 추진력을 얻는 동안 머스크와 가장 가까운 사람들은 그가 기발한 여정이 아닌 광기의 여정을 시작한 것이라고 납득시키기 위해 최선을 다했다. 특히 아데오 레시는 가장 설득력 있는 주장 하나를 펼쳤다. 그건 재무제표나 손익에 대한 이야기가 아니었다. 로켓 발사 실패와 관련된 영상을 신중하게 엄선해서 만든 1시간짜리 비디오였는데 거기에는 로켓이 허공에서 화려하게 폭발하는 모습이 담겨 있었다. 레시는 실제로 지상에서 성공적으로 발사되는 로켓이 얼마나 적은지 알게 되면 머스크가 이 헛된 노력을 끝낼 거라고 믿은 게 분명하다.

하지만 그건 오히려 반대되는 효과를 가져왔다. 해결책을 찾겠다는 머스크의 결의만 강해진 것이다. 그는 금융 서비스 업계에 혁신이 부족하다는 걸 알고 놀랐던 것처럼, 우주 산업 분야에서 NASA가 인간을 화성에 보낼 계획이 없다는 걸 알고 놀랐다.

그는 당연히 이런 목표가 있을 거라고 생각했기 때문이다. 심지어 NASA 웹 사이트에 접속했을 때 그런 계획에 대한 언급을 전혀 찾지 못한 것이 단지 행정상의 실수일 뿐이라고 생각했다. "우리가 아폴로 이후로 더 많은 진전을 이루지 못한 이유를 알아내려고 노력하고 있다." 머스크는 2003년에 이렇게 말했다.[5]

그의 말이 맞다. 1960년대의 전성기와 1969년의 달 착륙, 그리고 아폴로, 보이저, 바이킹 같은 흥미로운 이름들 이후로 미국의 우주 계획은 추진력을 잃었다. 특히 화성의 경우 1971년에 매리너 9호가 화성 궤도에 도달했고 1976년에는 바이킹 1호가 화성에 착륙했다. 그러나 그 이후 거의 진척이 없다. 미국의 우주 프로그램은 정체된 듯했다.

"60년대에는 아무도 우주에 보내지 못하던 우리가 인간을 달에 보냈고, 그 일을 하기 위한 기술을 아무런 사전 준비 없이 개발했다. 하지만 70년대와 80년대, 90년대에는 옆으로 비켜섰다. 지금은 사람을 지구 저궤도에 올려놓을 수도 없는 상황이다"라고 머스크는 판단했다.[6]

2010년에 닐 암스트롱은 미국 우주 비행의 미래에 대한 상원 특별 청문회에서 이렇게 말했다. "우리가 투자를 통해서 얻은 지배적인 위치가 사라지게 놔둔다면, 우리가 머뭇거리고 있는 이 자리에 틀림없이 다른 나라들이 발을 들여놓을 것이다. 그런 상황이 우리에게 득이 되지는 않을 거라고 생각한다."7

그의 연설 이후 1년 뒤, 한때 우주 탐사를 위한 대표적인 우주선이자 미국 우주비행사를 ISS로 수송하는 주요 수단이었던 우주왕복선이 마지막으로 지상에 착륙했다. 이유는 간단했다. 우주로 향하는 비용이 너무 비싸졌기 때문이다. 우주왕복선을 한 번 발사할 때마다 NASA는 약 4억 5000만 달러를 썼다. 우주 탐사 비용을 줄이기 위한 노력은 전혀 없었다. 2003년에 컬럼비아 우주왕복선이 지구 궤도에 재진입하는 과정에서 폭발해 우주비행사 7명이 사망하는 사고가 발생하자 예전부터 불길한 조짐이 있었다고 말하는 이들이 많았다. 이 사건은 1986년에 있었던 챌린저호 참사에 이어 두 번째로 큰 우주왕복선 사고였고, 이로 인해 미국 우주 탐사의 기존 표본이 영원히 퇴역당했다.

2011년 이후 NASA는 러시아인들과 함께 소유즈Soyuz 로켓을 타고 우주로 날아가고 있다. 그건 좌석 하나당 약 8600만 달러의 비용이 드는 값비싼 탈것이다.

우주에 대한 관심을 되살리고 또 그곳에 도달하는 비용을 훨씬 줄일 수 있는 조치가 필요했다. 머스크는 모하비 사막에서 뮬러를 만난 뒤부터 로켓을 얼마나 저렴하게 만들 수 있을지 고민했다. 그건 그의 사고방식에 딱 들어맞는 문제였다. 그의 관심을 끌 만큼 색다른 문제다. 지금까지 민간 기업이 발을 들일 수 없다고 생각했던 업계를 뒤흔들 만큼 파괴적이다. 그리고 그의 동생

일론 머스크, 대담한 선택

킴벌의 말처럼 규모가 매우 컸다. 우주는 머스크의 마음을 다 담을 수 있을 만큼 거대하다.

"형은 무한한 야망을 가진 사람이다. 그의 마음은 끊임없이 충족되어야 한다. 그래서 형이 떠맡는 문제는 시간이 갈수록 점점 더 복잡해져야 계속해서 그의 관심을 끌 수 있다." 킴벌은 이렇게 말했다.[8] 에롤도 아들이 지루해하는 날이 올까 봐 걱정된다고 말했다. 우주는 확실히 앞으로 몇 년 동안 머스크의 관심을 붙잡아 둘 만한 잠재력이 있다.

머스크가 당황한 이유는 다른 기술 분야가 비약적으로 성장하는 동안 우주 탐사 분야에서는 가시적인 진전이 없었기 때문이다. 그는 "이 분야는 다른 기술 분야들과 보조를 맞추지 못했다"고 주장했다. "1970년대 초에 구입할 수 있었던 컴퓨터는 방을 가득 채울 만큼 거대하고 휴대폰보다 연산 능력이 떨어졌을 것이다. 그 이후 거의 모든 기술 분야가 개선되었는데 왜 이쪽만 개선되지 않았는가?"[9]

머스크는 여러분이 미래에 대한 비전을 품고 40년 전으로 돌아가 사람들에게 앞으로 벌어질 일들에 대해 얘기한다면, 그들은 미래 사람들이 주머니에 슈퍼컴퓨터(휴대폰)를 넣고 다닌다는 사실보다도 우주에서의 느린 진척에 더 놀랄 것이라고 믿는다. "우리가 달에 착륙한 1969년으로 돌아가 사람들에게 2015년의 상황은 어떨 것 같으냐고 물어보면, 다들 우리가 달과 화성에 기지를 짓고 태양계 전체로 뻗어 나가 있으리라고 생각할 것이다."[10]

하지만 그런 일은 일어나지 않았다.

"그래서 왜 그런지 알아보기 시작했다."[11]

머스크는 처음에는 단순히 자금 조달 문제라고 생각했다. 그래서 민간 자본으로 화성에서 로봇 임무를 수행하는 데 대한 대중의 지지를 높이기 위해 화성 오아시스 아이디어를 내놓았다. 이를 통해 우주 논쟁을 다시 활성화시키고 이 업계에 자금 조달이 이어지기를 바랐던 것이다.

머스크는 화성 오아시스를 통해 위와 같은 결과를 달성할 수 있을 거라고 설명할 때도 로켓 공학보다는 사람들의 마음과 인식역학에 대해 더 날카로운 이해를 보여줬다. "비용은 1500~2000만 달러 정도 들 것이다. 씨앗과 건조 영양 젤을 실은 작은 로봇 착륙선이 화성 표면에 착륙해서 수분을 공급하면 화성의 방사선과 미세 중력 조건에서도 식물이 자랄 것이다. 그리고 화성의 생명 유지 시스템을 계속 가동하게 된다. 대중은 선례와 최고의 것들에 반응하는 경향이 있기 때문에 여기에 흥미를 느낄 것이다."[12]

"이건 인류의 가장 먼 여정이 될 것이다."[13]

그리고 틀림없이 자금 조달에 도움이 될 만한 사진, 즉 붉은 화성을 배경으로 한 녹색 식물 사진도 얻게 될 것이라고 덧붙였다.

게다가 이 일은 흥미롭다.

머스크는 콜럼버스처럼 새로운 무역로 발견에 대해 얘기하는 것도 중요하지만, 사람들의 관심을 제대로 끌고 흥분시키려면 이상한 부족과 바다 괴물에 대한 이야기도 필요하다는 걸 깨달았다. 어린 프리토리아 소년의 마음을 들뜨게 한 섯도 공상과학 소설과 슈퍼히어로였다.

그리고 이런 어린 시절에 느낀 흥분이 머스크가 한 많은 일의 핵심이 되었다. 우주도 마찬가지다. 사실 이 얘기는 스페이스X 웹사이트의 '미션' 메뉴에도 나와 있다. 머스크는 지구 사진을 배경 삼아 그 위에 굵은 글씨로 이렇게 적어놓았다. "우리는 아침에 일어나면 미래가 밝다고 생각하고 싶어 한다. 우주로 진출하는 문명이 되려는 이유도 그것 때문이다. 미래를 믿고 미래가 과거보다 나을 거라고 생각하는 것이다. 우주로 나아가 별들 사이에 있는 것보다 더 신나는 일은 없다."[14]

여기서 더 나아가, 2017년에는 이런 말도 했다. "내가 개인적으로 가장 동기부여가 된다고 생각하는 부분은 우주가 모험심을 키우고 사람들이 미래에 대해 흥분하게 된다는 것이다. 두 가지 미래가 있다고 생각해 보자. 하나는 어떤 끔찍한 일이 일어날 때까지 지구에 계속 갇혀 지내는 것이고, 다른 하나는 많은 행성에 진출해서 어쩌면 태양계 너머까지 나아가는 것이다. 난 이 두 번째 버전이 엄청나게 고무적이고 흥미롭다고 생각한다. 우리는 아침에 일어나야 할 이유가 필요하다. 그냥 매일매일 닥치는 문제만 해결하면서 살 수는 없다. 그렇다면 삶이 무슨 의미가 있겠는가. 사람들에게 영감을 불어넣고 인생을 살 가치가 있게 만드는 것이 있어야 한다."[15]

사람들에게 비전을 팔아 재산을 모은 리처드 브랜슨도 2013년에 〈타임〉지 인터뷰를 통해 이렇게 인정했다. "한동안 우주가 지루해 보였다. 우주에 관한 뉴스는 연구나 혁신 관련 소식이 아니라 예산 삭감과 인공위성 궤도 이탈 소식으로 축소되었다."[16]

머스크는 내러티브 방식을 바꿔야 한다는 걸 깨달았다. 일반 대중은 우주 탐사가 무의미하다고 생각하면서 적절한 질문을 던지고 있다. 그 엄청난 비용을 여기 지구에서 더 잘 사용할 수 있지 않을까? 지구상의 모든 인구를 제대로 먹이거나 교육시키지도 못하는데 왜 화성에 가려고 하는가? 다른 행성을 식민지로 만들기 전에 세계 기아 같은 문제부터 먼저 해결하려고 노력해야 하지 않을까? 많은 사람이 보기에 머스크와 브랜슨, 베조스는 최후의 개척지에 대한 꿈으로 자아를 채우는 괴짜 억만장자의 이미지에 맞는 사람들이다. 2020년 5월에 〈가디언〉지 칼럼니스트 아르와 마흐다위Arwa Mahdawi는 "당연히 일론 머스크 같은 억만장자들은 우주를 사랑한다. 지구는 그들의 자아에 비해 너무 작다"고 단언했다.

"거대한 로켓을 소유한 억만장자들이 매우 고무적이라고 여기는 이들도 있다. (…) 그건 누구를 위한 희망인지 궁금하다. 세계

은행은 코로나19 때문에 2020년에는 4000~6000만 명이 극빈층(하루 소득이 1.90달러 미만) 신세가 될 것으로 추산하고 있다. 먹을 것도 없는 상황에서 우주로 발사되는 로켓이 정확히 어떤 희망을 안겨준다는 말인가?

정말 그 억만장자들이 인류의 이익을 위해 우주를 탐험한다고 생각한다면, 난 화성에 팔 수 있는 다리도 이미 지어놨다. 그들은 자신의 에고와 상업적인 기회 때문에 그 일을 하는 것이다. 자기들이 말 그대로 우주의 주인이라고 생각하기 때문에 그 일을 한다."[17]

우주 탐사와 관련된 주제는 관공서와 기업 이사실부터 레인 윌슨Rainn Wilson과 레자 아슬란Reza Aslan이 공동 진행하는 '메타피지컬 밀크셰이크Metaphysical Milkshake'[18] 같은 팟캐스트에 이르기까지 도처에서 격렬하게 논의되고 있다. '메타피지컬 밀크셰이크'는 1시간짜리 에피소드를 할애해서 '화성을 식민지화 해야 하는가?'라는 질문에 대해 토론했다. 그들은 NASA에서 행성 보호 엔지니어로 일하면서 특히 화성 문제에 골몰하는 천문학자 무지개 쿠퍼Moogega Cooper 박사를 불렀다. 쿠퍼 박사는 머스크보다 한 살 어린 열여섯 살에 고등학교를 졸업했다. 그녀는 자신을 '진짜 현대판 가디언즈 오브 갤럭시' 중 한 명이라고 말한다. 쿠퍼 박사는 기본적으로 지구의 오염물질이 다른 행성의 생태계에 악영향을 미치지 않도록 우리가 다른 행성에 보내는 우주선이 '정말 깨꿋한지' 확인한다.

미국 천문학자 칼 세이건Carl Sagan은 고대 그리스인과 마야인부터 머스크에 이르기까지 화성에 대한 인류의 집착을 다음과 같이 요약했다. "어쩌면 우리가 화성에 가려는 이유는 그곳에서 진행할 수 있는 놀라운 과학 실험 때문일지도 모른다. 우리 시대에 경이로운 세계로 향하는 문이 열리고 있다. 아니면 진화 과정에서 형성된 뿌리 깊은 방랑 충동 때문에 화성에 가려는 것일 수도 있다. 결국 우리는 수렵-채집인의 후손이고 지구에 거주한 기간의 99.9퍼센트는 방랑자로 지냈다. 그리고 다음에 방랑을 떠날 곳은 화성이다."[19]

쿠퍼 박사는 팟캐스트에서 "책임감 있게 다른 장소를 돌아다니려면 다양한 윤리적 문제가 대두된다"[20]고 덧붙였다. 그리고 화성에 식민지를 건설하려는 생각은 여러 가지 혁신적인 아이디어를 자극할 수 있다는 점에서는 중요하지만 향후 30년 동안은 실현할 수 없다고 말한다. 지구는 여전히 인간이 존재하기에 꽤 좋은 장소이고, 극도로 민감한 우리 몸에 맞는 유일한 장소다. 쿠퍼 박사는 우주에서 긴 시간을 보낸 사람의 몸에 발생하는 변화를 보여주는 수많은 연구를 인용하면서 "전부 좋은 쪽으로 변하는 건 아니다"라고 말한다.

그녀의 말에 따르면 인간은 화성에서 짧은 시간 동안 생존할수는 있지만 거기서 번성하는 건 절대 불가능할 것이다. "거주지를 짓기도 힘들고 화성의 높은 방사능과 낮은 온도에서 살아남는 것도 쉽지 않으며 계속해서 엄청난 양의 자외선에 노출된다. 이는 결코 쾌적한 환경이 아니다."[21] 간단히 말해서, 쿠퍼 박사는 화성이 생물이 자력 생존할 수 있는 제2의 지구가 되지는 못할 거라고 생각한다. 따라서 "우리의 푸른 구슬 지구를 보호하는 데" 집중해야 한다.

화성은 화성인들에게 맡겨두자는 건 이 논쟁의 또 다른 관점이다.

심지어 칼 세이건도 의문을 제기한다. "언젠가 화성 탐사가 모두 완료되는 날이 올 것이다. 로봇 항공기가 상공에서 화성 지도를 만들고, 로버가 화성 표면을 샅샅이 뒤지고, 채취한 샘플을 지구로 안전하게 가져오고, 인간의 화성의 모래 위를 걸을 날이 말이다. 하지만 그 뒤에는 어떻게 되는 건가? 화성을 어떻게 이용할 수 있을까? 인간이 지구를 남용한 경우가 너무 많기 때문에 이 질문을 하는 것만으로도 오싹한 기분이 든다. 만약 화성에 생명체가 있다면 우리가 화성에 아무것도 하지 말아야 한다고 생각한다. 화성은 화성 거주자들의 것이다. 비록 그게 미생물이라도 말이다. 가까운 행성에 독립적인 생물이 존재한다는 건 이루 말할 수 없이 중요한 일이므로 인류가 화성을 이용하려고 하기보다는 그곳의 생명체를 보존해야 한다."[22]

화성에서 돈을 벌 수 있다면 이 붉은 행성도 착취당할 게 뻔하다. 머스크는 "만약 달이나 화성에 자급자족이 가능한 기지를 세우기로 결정한다면, 그건 수조 달러의 돈이 걸린 엄청난 기회다. 기본적으로 행성간 무역이 진행될 것이기 때문이다. 그 규모는 상당히 크다"[23]고 인정했다. 분명히 우주에서 얻을 수 있는 재정적 보상은 향후 몇 광년 동안 중요한 의제가 될 것이다.

그러나 머스크는 더 철학적인 방법으로 우주 탐사를 옹호하기도 했다. 2021년 7월 13일에는 이런 트윗을 올렸다. "우주를 공격하는 사람은 우주가 많은 이들에게 희망을 의미한다는 걸 깨닫지 못할 수도 있다."[24]

2000년대 초에 머스크는 우주에 대한 내러티브를 바꿔야 한다는 걸 깨달았다. 사회는 다시 우주에 대한 흥미진진한 이야기를 들려주면서 인류가 발전하는 데 있어 탐험이 지닌 가치를 보여줘야만 했다. 닐 암스트롱이 달을 걷기 1년 전에 사망한 미국 인류학자 마가렛 미드Margaret Mead는 이렇게 말했다. "지구 이외의 장소에서도 생물이 살 수 있고 다른 행성에 식민지를 설립할 수 있으며 어딘가에 다른 생물체가 있을지도 모른다는 의문을 제기한 순간, 인간이 우주에서 차지하는 위치가 완전히 바뀌었다. 모든 게 바뀌었다. 덕분에 인간의 오만함이 상당히 줄어들고 인간의 가능성은 엄청나게 확대되었다."[25]

머스크가 당초에 바란 것은 우주 탐사에 관한 대화를 재개하는 것이지 직접 우주 탐사 회사를 차리는 게 아니었다. "아폴로호의 꿈을 재점화할 방법이 있을까?" 그는 이렇게 물었다. "아폴로호는 전 세계 모든 사람들에게 놀라운 영감을 안겨주었다. 달에 간 사람은 극소수지만 그들은 우리 모두를 대신해서 간 것이다. 화성에 기지를 건설하게 되면 그때도 마찬가지일 것이다."[26]

그리고 머스크의 머릿속에는 우주 탐사가 정체된 이유에 대한 또 다른 의문이 떠올랐다. "우리는 탐사 의지를 잃은 것인가?"[27] 처음에는 이게 원인이라고 생각했다. 하지만 나중에 머스크는 사람들이 우주 탐사 의지를 잃은 건 아님을 깨달았다고 말한다. 그저 길을 찾지 못했던 것뿐이다. 가장 중요한 건 저렴한 방법을 찾을 수 없었다는 것이다. 우주에 갈 저렴한 방법이 필요했다.

머스크도 2003년에 스탠포드 대학에서 강연을 할 때 여기에 관련된 엄청난 도전을 인정했다. "우주는 진보된 기업가 정신이 필요한 곳이다. 처음 창업하는 기업인에게 우주는 만만치 않은 대상이다. 처음 사업을 할 때는 자본이 적게 드는 일부터 시작하는 게 좋은데, 우주에는 많은 자본을 투입해야 한다."[28]

하지만 그 도전은 머스크에게 완벽하게 어울렸다. 저스틴이 말했듯이, 머스크는 여러 부족 사이를 오갈 수 있는 사람이다. 정장을 입은 엔지니어, 그게 바로 머스크다. 그리고 우주의 도전에 맞서려면 놀라운 수준의 천재성과 대담성, 이 두 가지 특성이 모두 필요하다.

스페이스X

2002년 5월 6일, '라이프 온 마스'가 우주탐사기술회사 Space Exploration Technologies Corporation, 즉 스페이스X가 되었다. 머스크와 그의 용감무쌍한 우주 엔지니어 팀은 소수의 직원들과 함께 캘리포니아주 호손의 공장에서 첫 번째 로켓을 만드는 작업을 시작했다.

그들의 목표는 러시아인들, 아니 러시아 우주 탐사가 머스크의 머릿속에 던져놓은 질문에 답하는 것이었다. "러시아인들은 어떻게 그런 저렴한 발사체를 만들 수 있었을까? 우리는 러시아산 차를 운전하거나 러시아산 비행기를 조종하거나 러시아산 주방용품을 쓰지 않는다. 미국은 꽤 경쟁력 있는 나라니까 우리도 비용 효율이 높은 발사체를 만들 수 있을 거라고 생각했다."[1]

머스크는 먼저 지난 30년 사이에 주요 발사체 개발에 참여했던 모든 엔지니어를 대상으로 타당성 조사를 실시했다. 그리고 발사 비용과 안정성 문제에 대한 해결책을 찾기 위해 엄선한 엔지니어들로 구성된 소규모 팀과 함께 많은 토요일을 보냈다.

머스크 입장에서는 이 두 가지가 본질적으로 연결되어 있다. "우리는 전반적인 비용을 줄이는 데 정말 집중했다. 우선 30명 규모 기업의 간접비는 록히드Lockheed나 보잉보다 훨씬 적다. 우리는 언제나 단순성을 고려해서 모든 결정을 내렸다. 덕분에 안정성이 향상되고 비용은 줄었다. 들어가는 부품 개수가 적다는 건 문제가 발생할 가능성이 있는 요소가 적고 구입해야 할 부품도 적다는 얘기다."[2]

바로 이런 이유 때문에 스페이스X는 우주로 갈 때 사용하는 부품의 80퍼센트를 자사 공장에서 만든다. 머스크는 〈플래니터리 라디오Planetary Radio〉와의 인터뷰에서 "우주 공급망은 가격이 매우 비싸고 선택권도 거의 없다. 공급업체가 딱 하나뿐인 경우가 많다"[3]라고 말했다. "우리가 직접 부품을 만들지 않았다면 그런 비싼 업체에 신세를 져야 했을 것이다. 훨씬 적은 비용으로 안정성 높고 재사용 가능한 혁신적인 로켓을 만들려는 이들은 그 엄청난 비용 때문에 기존 공급망을 이용하기가 어렵다. 그래서 우리도 그 일을 직접 해야 했다."[4]

최후의 한계는 멀리 떨어진 태양계가 아니라 은행 잔고이며, 우주는 눈 깜짝할 사이에 수십억 달러를 집어삼킬 수 있는 블랙홀이다. 그래서 〈60분〉 사회자인 스콧 펠리Scott Pelley가 특집 방송에서 "우주 캡슐을 궤도로 발사했다가 성공적으로 귀환시킬 수 있는 이는 단 넷뿐이다. 미국과 러시아, 중국… 그리고 일론 머스크"[5]라고 말한 것이다. 그건 놀라운 선언이다. 인류의 별을 향한 여정이 세 개의 국가와 한 명의 개인으로 압축된다니 말이다.

머스크가 항공우주 업계에서 일하면서 겪은 문제 중 하나는 정부가 보잉이나 록히드 마틴 같은 회사와 터무니없이 많은 계약을 맺고 이로 인해 실패한 프로젝트에도 돈을 지불하는 문화가 생겨난 것이다. 이건 오랫동안 정부가 우주 탐사를 전유해 온 이유 중 하나이기도 하다. 폭발한 로켓에 대한 비용을 계속 지불할 수 있을 정도의 자원을 보유한 건 정부뿐이기 때문이다. 스페이스X가 NASA와 계약을 체결할 수 있을 정도로 성장했을 때는 특정 목표를 달성해야만 돈을 지불하겠다는 전제 조건이 있었다. 머스크는 항상 실패를 염두에 두고 있었지만, 실패한 프로젝트도 보상해 주는 계약 기반이 이 업계의 성장을 방해하고 혁신을 억누른다고 확신했다.

머스크와 저스틴은 서른 살 때 스페이스X 발사를 위해 실리콘밸리를 떠나 미국 항공 산업의 중심지인 로스앤젤레스로 이사했다. 그는 호손에서 공장을 지을 부지를 찾았다. 머스크가 꾸린 핵심 팀은 마리아치 밴드와 함께 새로운 사무실 입주를 축하하면서 나무로 만든 마라카스를 흔들어댔다. 그리고 이제 머스크에게는 비전이 생겼다.

그의 첫 번째 로켓인 팰컨 1 제작에 착수할 시간이었다.

스페이스X의 첫 번째 로켓은 〈스타워즈Star Wars〉 시리즈에 나오는 밀레니엄 팰컨Millennium Falcon 우주선의 이름을 따서 명명되었다. 〈스타워즈〉 오리지널 모형 제작자인 조 존스턴Joe Johnston은 이 모형을 만드는 데 4주가 걸렸고 그가 작업한 가장 강도 높은 프로젝트 중 하나였다고 설명했다. 머스크와 그의 팀에게는 시간이 좀 더 있었지만, 팰컨 1을 제작하는 과정은 몇 배 더 강도 높은 작업이 될 것이다. 그리고 머스크의 재정뿐만 아니라 정신력도 최대 한계까지 시험당할 것이다.

팰컨 1

![image]

팰컨 1이 날아오르려면 부스터가 필요했다.

머스크가 톰 뮬러에게 한 브리핑 내용은 간단했다. 소형 위성을 궤도에 진입시키는 데 필요한 3톤의 추력을 생성할 수 있는 가볍고 효율적인 로켓 엔진을 만들자는 것이다. 또 3317℃까지 치솟는 연소실 내부 온도를 잘 처리해서 주변에 있는 모든 걸 녹이지 않을 로켓 엔진을 만들어야 했다. 또 액체 산소와 등유가 혼합된 엄청난 양의 연료(맹렬한 속도로 연소되어 말도 안 되는 온도로 타오르는)들간의 복잡한 관계를 처리할 수 있는 로켓 엔진이 필요했다. 마지막으로, 로켓은 연료를 엄청나게 소비하고 그런 강철 덩어리를 우주로 쏘아 보내려면 많은 연료가 필요하기 때문에 로

일론 머스크, 대담한 선택

켓 무게가 무거워진다는 걸 기억하자. 하지만 너무 무거워선 안된다. (자, 수고하세요, 톰.)

오하이오주 콜럼버스의 과학산업센터에서 일하는 수석 과학자이자 〈애스크 어 스페이스맨Ask a Spaceman〉과 〈스페이스 라디오Space Radio〉 진행자인 천체 물리학자 폴 M. 서터Paul M Sutter는 로켓을 만드는 게 왜 그렇게 복잡한지, 뮬러가 떠맡은 과제가 왜 쉽지 않은지 정확하게 설명해 준다. 서터의 말에 따르면 로켓 공학의 모든 것은 '로켓 방정식'이라는 걸 중심으로 진행된다. "이는 목적지에 도달하는 데 필요한 에너지, 연료에서 얻을 수 있는 에너지, 총 로켓 질량에서 연료가 차지하는 비율 사이의 단순한 관계다. 더 멀리까지 가고 싶거나 더 무거운 물체를 궤도에 올리려면 더 많은 연료가 필요하다. 하지만 연료가 늘어날수록 무게가 더 나가므로 여러분이 생각하는 것보다 발사가 훨씬 힘들어진다. 이런 '횡포' 때문에 현대 로켓은 연료가 전체 무게의 80~90퍼센트를 차지하고 이걸 다 사용해야만 비교적 작은 탑재물을 우주로 쏘아 보낼 수 있으며 스테이징(발사할 때 다단식 로켓을 사용하는 것) 개념이 매우 중요하다. 날아가는 동안 연료를 다 소비한 로켓 부품을 버리면 훨씬 효율적으로 움직일 수 있다."[1]

로켓 엔진의 원리는 꽤 간단하지만 그걸 만들려면 인류가 아는 가장 복잡한 엔지니어링 과정이 수반된다. NASA에 따르면, 비

팰컨 1

록 대부분 원시적인 형태이긴 하지만 인간은 약 2000년 전부터 로켓을 만들어 왔다. 하지만 로켓이 우주 탐사가 가능한 수준으로 발전한 건 불과 100년 정도밖에 되지 않았다.

그렇다면 지난 100년 동안 왜 기본적인 디자인에 큰 변화가 없었을까?

서터는 "우리는 100년 전에 매우 강력한 조합을 발견했다. 로켓을 효율적이고 저렴하게 구동시킬 수 있는 확실한 방법을 알아낸 것인데, 그 이후 기본적으로 이걸 능가하는 방법을 찾지 못했다"[2]고 말한다.

그 '강력한' 조합이란 에너지원과 추진제를 결합해서 동일한 작업을 수행하게 하는 것이다. 엔진 설계상 로켓 안에서 연소되는 연료가 로켓을 지구에서 우주로 내보내는 추진제 역할까지 한다.

"로켓 안에 에너지원과 추진제가 있고, 그걸 정확한 시간에 정확하게 혼합해서 추진력을 얻는다"고 서터는 말한다.[3]

그리고 모든 로켓 설계는 똑같은 기본 원리를 따른다. 그러나 머스크가 뮬러에게 브리핑한 것처럼, 더 큰 탑재물을 우주로 보내기 위해 단순히 연료만 추가해서는 효과가 없다.

서터는 자기는 로켓을 설계하고 제작하는 똑똑한 사람들과는 동떨어진 인물이라고 단도직입적으로 말한다. 하지만 그는 물리학자고 로켓 물리학은 그가 논평할 수 있는 분야다. "이게 바로 로켓 방정식의 횡포"라고 그는 말한다. "연료를 더 넣으면 무게가 늘어나고 그만큼 돈이 더 든다. 그래서 궤도에 올릴 수 있는 게 제한된다. 우주선을 궤도로 진입시키는 데 비용이 많이 드는 것도 이 때문이다."[4]

그러니 뮬러의 가장 가까운 친구들조차 그가 아무리 똑똑해도 민간 회사에서 그런 엔진을 만들지는 못할 거라고 생각한 건 당연한 일이다. 하지만 뮬러는 해냈다.

그 결과 멀린Merlin 계열 엔진이 탄생했다. 멀린 1A가 처음 등장한 이후 2003년부터 2012년까지 멀린 1B, 1C, 1D 등 꾸준히 진화된 제품이 나왔다. 멀린이라는 이름은 뮬러가 고른 것이다. 머스크가 그에게 마음대로 정하라고 했던 것이다. 머스크는 로켓 이름을 팰컨이라고 지었고 뮬러에게는 엔진 이름을 짓는 영광을 줬는데 단, 일련번호 같은 숫자가 아니라 실제 이름을 붙여야 한다는 조건이 붙었다. 팰컨 엔진의 선례를 본받은 뮬러는 매사냥꾼인 동료의 조언에 따라 중간 크기 매의 이름인 멀린(쇠황조롱이)을 선택했다.

멀린은 팰컨 1 발사를 이끌었고 스페이스X의 팰컨 9와 팰컨 헤비 로켓에도 힘을 보탰다. 그리고 뮬러는 일반인에게 이 모든 것이 어떻게 작동하는지 설명할 수 있는 완벽한 위치에 있다. 뮬러는 화이트보드에 그린 간단한 스케치를 이용해서 멀린의 내부 작동 방식을 부드럽고 체계적으로 설명한다. "연소실에서 엔진 추력이 발생한다. 이쪽 상단에는 추진제를 연소실로 분사하는 분

사기가 있다. 이것이 연소하면서 추력이 발생하는 것이다.

연소실은 1000psi(평방 인치당 파운드)의 압력으로 작동한다. 로 켓 옆에 있는 탱크에서 연료를 끌어온다. 탱크 하나에 액체 산소LOx와 다른 연료(로켓 추진제 1)가 들어 있다. 각 탱크의 압력은 50psi다.

탱크에서 50psi를 가져와 연소실에서 1000psi로 바꾸는 것이 터보 펌프다. 터보 펌프는 기본적으로 하나의 샤프트에 임펠러 두 개가 달려 있다. LOx는 50psi로 들어왔다가 1400psi로 나간 다. 연료도 마찬가지인데, 다만 연료는 연소실 내부 채널을 통해 유입되면서 연소실을 냉각시키는 자동차 라디에이터 같은 구실 을 한다는 점이 다르다. 연료는 1500psi로 나온다.

터빈은 두 개의 임펠러 펌프를 구동시키는 마력을 생성한다. 가 스 발전기가 터빈에 동력을 공급한다. 연소실 내부에서 연료를 고 압으로 연소시키면 엔진 통로와 노즐에서 뜨거운 가스가 뿜어져 나오면서 로켓을 들어 올리는 추력이 생긴다. 이것은 5톤짜리 추 력이고 그 결과 초당 약 160킬로그램의 질량이 발생한다. 팰컨 9 1단계에는 이런 멀린 엔진이 9개 사용되었다. 이 엔진들이 연소 되는 시간은 3분 미만인데 그 사이에 227톤이 넘는 추진제를 사 용한다. 궤도에 진입하려면 이렇게 연료가 많이 드는 장치를 써 야 하는 것이다."[5]

그리고 간단히 말해서 그건 머스크와 뮬러, 스페이스X, 그리고

일론 머스크, 대담한 선택

모든 뛰어난 인재들이 만들고 다듬고 개선하려고 노력한 것이다.

멀린은 스페이스X의 모든 것이 시작된 지점이다.

"이건 세계적인 수준의 엔진이다. 만들기가 매우 쉽고, 매우 저렴하며, 매우 안정적이다"라고 뮬러는 말한다.[6]

이 회사는 그 뒤로도 멀린 계열, 케스트렐Kestrel(크기가 가장 작은 매의 이름을 따서 지었다), 드라코Draco, 슈퍼드라코SuperDraco 등 여러 가지 액체 추진 로켓 엔진을 설계했다. 가장 최신 엔진인 랩터Raptor는 지금까지 생산된 로켓 엔진 가운데 가장 강력하다.

하지만 머스크와 스페이스X가 멀린의 첫 번째 버전과 그 이후의 다양한 신버전, 그리고 마침내 랩터를 개발하기까지 이룬 공학적인 도약을 높이 평가해야 한다. 머스크는 화성에서 인간 정착을 시작하기 위한 스타십Starship 프로젝트를 위해 직접 화성에 갈 때 랩터 엔진을 이용하고 싶다고 말한다.

스페이스X가 첫 번째 로켓 엔진을 만들고 테스트하기까지 3년밖에 안 걸렸다. 그리고 이 회사는 거기에서 비약적인 진전을 이루어, 액체 추진제를 사용하는 멀린 엔진에서 메탄을 연료로 쓰고 전유량 다단 연소 사이클을 적용한 랩터 엔진으로 발전했다. 랩터 엔진에 메탄을 사용한 이유는 화성에서 메탄을 생산할 수 있기 때문에 화성을 염두에 두고 선택한 것이다.

다시 말하지만, 기술 도약은 중요하다. 스페이스X는 멀린 1부터 랩터까지 엔진 추력을 2배 이상 늘렸고, 연소실 압력 부문에서는 현재 러시아 RD-701 엔진이 달성한 이전 기록 300bar를 뛰어 넘어 역대 최고 수준인 330bar의 세계 기록을 보유하고 있다. 15년도 안 되는 기간 동안 이런 발전이 이루어진 것이다.[7]

이게 얼마나 인상적인 업적인지는 머스크의 주요 경쟁자인 제 프 베조스(동료 억만장자이자 로켓 제작자인)만 봐도 알 수 있다. 베 조스는 돈이나 자신감이 결코 부족하지 않은 사람이지만, 2016년 에 기자들에게 공장을 견학시켜 주면서 로켓 엔진을 만드는 데 6년이 걸린다고 말했다. 스페이스X의 신생팀에 대한 머스크의 철학은 분명히 받아들여졌다. 《리프트오프 Liftoff: Elon Musk and the Desperate Early Days that Launched SpaceX》의 저자인 에릭 버거 Eric Berger는 이를 가리켜 "빨리 움직이면서 새로운 걸 만들고 낡은 것 을 부수는" 철학이라고 표현했다.[8]

2008년, 팰컨 1은 민간 자금으로 제작해서 궤도에 진입한 최 초의 액체 연료 로켓이 되었다. 그리고 머스크는 그 이후로도 빠 르게 움직였다. 2012년에 드래곤(최대 7명의 탑승객 또는 화물을 우 주로 운반할 수 있는 우주선)은 국제우주정거장에 도달한 최초의 민 간 화물 운송 우주선이 되었다. 2015년에 팰컨 9는 통신 위성 11개를 궤도에 쏘아 올렸다. 그리고 그것은 머스크가 생각하는 로켓의 다음 진화 단계인 재사용 가능성을 증명했다.

지난 100년간의 로켓 역사를 초기 인류의 발전 과정에 비유한

일론 머스크, 대담한 선택

다면, 2015년 12월의 이 순간에 로켓이 직립보행과 맞먹는 수준에 도달한 것이라고 말해도 아주 틀린 얘기는 아닐 것이다. 팰컨 9 1단 로켓은 지구로 귀환해 수직으로 착륙해서 최초의 궤도급 로켓 착륙이 이루어졌다. 머스크는 일회용 로켓에 계속해서 수백만 달러씩 지출하는 건 재정적으로 말이 안 되는 일이므로 로켓을 재사용할 수 있는 방법을 찾아야 한다고 말했다. 그리고 팰컨은 실제로 착륙에 성공했다. 여러 가지 의미에서 말이다. 갑자기 로켓 산업의 최전선에 있는 미국, 러시아, 중국 세 나라가 모두 한 사람과 그의 신생 회사가 이룬 발전에 집중했다.

2018년에는 팰컨 헤비(세상에서 가장 강력한 운영 로켓으로 회사 측에서는 달과 화성으로 가는 임무를 지원할 수 있다고 말한다)를 우주로 발사하는 데 성공했다. 2019년, 드래곤은 국제우주정거장과 자율적으로 도킹한 최초의 미국 우주선이 되었다. 그리고 2020년 5월 30일, 드래곤이 인간을 국제우주정거장까지 데려갔다가 다시 데려오는 결정적인 사건이 벌어졌다.

머스크는 자기만의 로켓 방정식을 만들어서 이 모든 일을 해냈다. 최근까지 로켓 제작자들은 정부에서 자금을 지원받았기 때문에 비용이 우선순위가 아니었다. 그들의 유일한 관심사는 최대한 크고 강력한 로켓을 만드는 것이었다. 그들에게는 로켓이 연료를 태우는 것만큼 빠르게 수십억 달러를 태웠다는 건 중요하지 않았다.

하지만 머스크는 비용에 주로 초점을 맞췄다. 그리고 그건 베조스나 다른 모든 민간 및 정부 소유 우주 기업에 대해 그가 가지고 있는 가장 큰 경쟁력이다. NASA는 로켓을 발사할 때마다 약 1억 5200만 달러를 지출하지만 스페이스X는 그것의 1.3퍼센트밖에 안 되는 비용으로 사람과 화물을 우주로 보낼 수 있게 될 것이라고 머스크는 말했다. 현재 팰컨 9 발사 비용은 6200만 달러로, 그가 말한 목표 지점에 도달하지는 못했지만 점점 다가가고 있다. 2020년에 스페이스X는 발사 비용이 3000만 달러라고 발표했다. 그리고 머스크는 스타십 발사 비용은 결국 200만 달러쯤 될 것으로 예견한다고 말했다. 심지어 그의 회사도 1000만 달러가 더 현실적인 액수라고 단언하고 있기 때문에 머스크의 말은 터무니없는 얘기처럼 들린다. 그리고 머스크는 경쟁사들에 비해 적은 금액으로 발사 보험에 가입할 수 있어서 경쟁사 보험금은 700만 달러 정도인 데 비해 스페이스X는 250만 달러 수준이다.

항공우주 회사를 지탱하는 건 발사 계약이다. 발사 계약을 저렴하게 체결할수록 더 많은 사업을 유치할 수 있다. 스페이스X는 머스크의 대안적 사고의 대표적인 사례다. 1990년대 초에 Zip2를 설립할 때 머스크는 본인이 직접 인터넷을 구축하지 않았다. 그저 인터넷을 더 잘 활용할 수 있는 방법을 찾았을 뿐이다. 페이팔에서 일할 때도 돈을 재설계한 게 아니라 돈을 쓰는 방법을 재설계했다. 그리고 스페이스X에서 머스크가 세운 목표는 단순히 우주로 나가는 게 아니라, 보다 저렴한 방법으로 우주로 향하는 것이다. 이를 위해서 그는 공급망을 재설계했다. 또 머스크와 그의 엔지니어들은 로켓과 엔진 사이에 차이가 거의 없도록 설계의 공통성을 확보해서 개발 비용을 더욱 절감했다.

팰컨 헤비는 머스크와 스페이스X가 로켓 공학을 발전시키는 과정에서 이룬 진보를 보여주는 완벽한 예이다. 지금까지 제작된 가장 큰 로켓은 1967년부터 1973년까지 아폴로 계획에 사용된 NASA의 새턴 V$^{Saturn V}$ 로켓으로 높이가 110미터다. 팰컨 헤비는 높이가 64미터다. 새턴 V는 3450만 뉴턴의 추력을 발생시키는 반면 팰컨 헤비의 추력은 93만 4000뉴턴이다. 하지만 여기에 중요한 차별화 요소가 있다. 새턴 V는 무게가 2812톤이나 나간다. 반면 실리콘밸리의 정신으로 갓 생산된 팰컨 헤비의 무게는 64톤으로 훨씬 가볍다. 가장 중요한 건 새턴 V 무게 2812톤 중 2495톤이 연료였다는 것이다. 새턴 V는 로켓 방정식이 부리는 횡포의 희생양이다. 팰컨 헤비는 이런 로켓 방정식을 재교정하고 있다. 그리고 스페이스X는 자체적인 로켓 방정식을 만드는 중이다.

스페이스X는 머스크에 대한 또 다른 핵심 요소도 공개했다. 일론 머스크는 자신을 남아공 사람이라고 생각하는가 아니면 미국인이라고 생각하는가?

249

팰컨 1

머스크는 남아공에 대한 얘기를 거의 하지 않으며, 그의 많은 약력이나 관련 기사에서만 남아공 출신이라는 게 확인될 뿐이다. 그리고 우주 경쟁에 다시 불을 붙이기 위해 그가 한 일을 보면, 그가 남아공보다 미국과 더 큰 유대감을 느끼는 듯하다고 말해도 무방할 것이다.

스페이스X 웹 사이트에서는 드래곤의 성공을 "미국의 인간 우주 비행 재개"라고 설명한다. 머스크 입장에서 보면 미국이 다시 우주 비행 상황을 좌우하는 당사자가 된 것이다. 러시아의 논평에 대한 그의 반응을 보면 그의 마음이 어디에 있는지에 대한 의구심을 해소할 수 있다.

머스크는 우주 탐사의 접근성을 높이고 비용을 낮추려는 자신의 바람을 설명하면서 예전에 미국 우주인들이 러시아 로켓을 타고 국제우주정거장으로 가기 위해 과도한 비용을 지불한 것을 예로 들었다. 그러면서 이게 미국인들에게 좋은 결과가 아니라고 지적했다. 그가 개인적으로 이 문제에 애국적인 당혹감을 느꼈다는 사실을 보면 머스크의 진심이 실제로 어디에 있는지 알 수 있다. 그는 미국이 아닌 다른 곳에서는 자기가 이룬 일들을 달성할 수 없었을 것이라고 거듭해서 말했다.

2014년에 로스코스모스 대표인 드미트리 로고진Dmitry Rogozin은 국제우주정거장에 우주인을 수송할 수단이 부족하다면 트램펄린 사용을 고려해 보라고 제안하면서 미국을 조롱했다. 머스크는 이 험담을 마음에 담아둔 게 분명하다. 그리고 이 말을 계속 기억하면서 제대로 응수하기 위해 6년을 기다렸다.

2020년에 드래곤이 2011년 이후 처음으로 미국 땅에서 미국 우주인을 수송하는 데 성공하자, 머스크는 드디어 로고진에게 응수할 수 있게 되었다. 그는 결과를 알리는 기자회견에서 "트램펄린이 작동하고 있다"[9]고 말하면서 이를 '내부인끼리의 농담'이라고 했다. 그 말은 파괴적인 효과를 발휘하면서 과녁에 명중했다. 로고진은 머스크의 업적을 축하했지만 그의 반박에 격분한 게 분명했다. 로고진은 〈포브스〉지 러시아판에 실린 칼럼에서 "우리나라는 인간을 우주로 보낸 최초의 나라다. 그리고 오늘날까지 선두를 지키고 있다"[10]고 말함으로써 머스크의 발언이 얼마나 큰 영향을 미쳤는지 보여줬다. 거의 심술을 부리는 듯한 반응을 보인 것이다.

마지막으로, 도널드 트럼프 대통령의 트윗에 대한 머스크의 답변에서도 제2의 조국에 대한 그의 충성 징후가 분명하게 드러난다. 2018년 2월 6일, 트럼프는 다음고 같은 트윗을 올렸다. "#팰컨헤비 발사에 성공한 @일론 머스크와 @스페이스X에게 축하를 보낸다. @NASA의 상업 파트너 및 국제 파트너들과 함께 이룬 이 성과는 미국의 독창성이 최고임을 계속해서 증명하고 있다." 이에 대한 머스크의 반응은 널리 알려진 것과 달리 "난 남아공 출신이야, 이 멍청아"가 아니었다. 그런 거짓 트윗이 입소문을 타고 널리 퍼진 것이다. 머스크의 실제 응답이 아마 그의 솔직한 마음을 훨씬 잘 드러내 줄 것이다. "@스페이스X를 대표해서 감사드립니다. 흥미진진한 미래가 우리 앞에 펼쳐져 있습니다!"

스페이스X의 급속한 성장 과정에 난관과 실패가 없었던 건 아니다. 사실 머스크는 처음부터 실패할 거라고 생각했다. "가장 가능성 높은 결과는 실패일 거라고 생각했다."[11] 머스크는 스페이스X 여정을 시작하기로 한 결정에 대해 이렇게 말했다.

발사장을 확보하는 것부터가 큰 문제였다. 관련 서류와 불필요한 요식 절차가 모여 모든 꿈을 사라지게 하는 블랙홀을 구성한다. "우주 산업은 매우 복잡한 규제 체계다."[12] 머스크는 초반에 겪은 좌절에 대해 이렇게 말했다. "누군가가 ICBM과 잘 구별되지 않는 궤도 발사체를 만들려고 하면 많은 규제가 따른다. 물론 규제가 있긴 있어야 한다. 뭔가를 발사했는데 결국 LA를 폭격하게 되는 상황은 바라지 않을 것이다. 규제 문제는 매우 까다롭다. 환경 승인도 힘들었다. 우리가 예상했던 것보다 훨씬 심했다. 실리콘밸리 사람들은 자기들이 규제가 거의 없는 자유주의 낙원에서 산다는 걸 알아야 한다. 정말 실망스러운 점은 규제가 비합리적인 경우가 많다는 것이다. 전혀 말이 안 된다. 하지만 규칙이 이치에 맞는지 안 맞는지 상관없이 그냥 규칙을 실행하는 누군가가 있다. 규칙이 말이 안 된다고 설득해도 그들은 우리 말을 듣지 않는다. 규제가 가장 짜증난다. 정말 짜증나는 제한도 몇 가지 있다. 미국 영주권이 없는 사람은 고용할 수 없다. 기본적으로 감옥에 보낼 권한이 없는 사람은 로켓 관련 일을 하도록 허락하지 않는 것이다. 외국인과 얘기를 나누려면 국무부의 기술 이전 협약이 필요하다."[13]

처음에는 미국의 군사 시험장과 발사장을 알아봤다. 그러나 군대나 정부의 발사 작업이 끝날 때까지 줄을 서서 기다려야 하다 보니 신생 회사 입장에서는 비용이 너무 많이 들었다. "회사 자원이 고갈되고 있었다. 사실상 굶어 죽어 가는 것과 마찬가지였다." 머스크는 《리프트오프》에서 버거에게 이렇게 말했다.[14]

그래서 스페이스X의 역사에 〈스타워즈〉와 〈서바이버Survivor〉의 교차점처럼 느껴지는 기이하고 모험적인 기간이 생겼다. 머스크는 운영 부서 전체를 미국 육군이 운영하는 대규모 미사일 방어 기지 및 시험장이 있는 마셜 제도의 콰절레인 환초Kwajalein Atoll(미국 본토에서 1만 킬로미터 정도 떨어진)로 옮겼다. 미군은 머스크와 협력하는 데 동의하고 작은 오멜렉Omelek섬에 있는 발사 장소를 스페이스X에 제공했다. 그곳은 꼭 전쟁 영화에 나오는 장소 같았다. 아니면 머스크가 헬리콥터를 타고 섬 상공을 날면서 생각한 것처럼 〈지옥의 묵시록Apocalypse Now〉의 한 장면을 그대로 옮겨놓은 듯했다.

세계에서 가장 큰 환초인 콰절레인은 93개의 크고 작은 섬으로 이루어져 있다. 이 섬들은 제2차 세계대전 당시 일본군의 방어선에서 중요한 역할을 했고 1944년 1월과 2월에 벌어진 콰절레인 전투의 현장이었다. 이곳에서 미군이 거둔 비교적 빠른 성공은 일본군 방어선을 돌파하기 위한 '아일랜드 호핑island hopping' 전략에서 결정적인 역할을 했다. 콰절레인 전투는 일본군의 장벽을 관통하는 구멍을 뚫었다. 어쩌면 이곳은 머스크가 우주 탐사의 관료적 적폐를 헤쳐나갈 구멍을 뚫는 데 도움이 될지도 모른다. 미군은 전쟁이 끝난 뒤 이 환초를 핵무기 실험에 사용했다.

오믈렉을 발사장으로 쓰기로 합의한 뒤, 스페이스X 엔지니어들로 구성된 소규모 팀은 열심히 노력해 3년 반 만에 발사대 두 개와 로켓을 만들었다. 그들은 발사장에 말 그대로 콘크리트를 들이부었다. 어떤 일이든 가능하다는 머스크 철학의 고전적 사례인 셈이다. 이 팀은 정글 같은 환경에서 일하면서 가장 기본적인 것만 갖춰진 군대 숙소에서 잠을 자고 군대 식당에서 끼니를 해결했다. 그들은 회사원이라기보다 부족민들에 가까웠다. 엔지니어들은 직접 디자인한 티셔츠를 입었는데, 여기에는 그들의 모토를 경쟁적으로 표현한 '아웃스웨트, 아웃드링크, 아웃론치Outsweat. Outdrink. Outlaunch'[15]라는 문구가 적혀 있었다. 즉, 더 많이 땀 흘리고 더 많이 마시면서 끝까지 발사에 성공하자는 뜻이다. '콰지'(팀원들은 콰절레인을 이렇게 불렀다)에 처음 온 스페이스X 직원이 첫 날밤을 잘 버텨내면 이 티셔츠를 받는 게 전통이 되었다.

하지만 궤도에 도달하는 문제와 관련해서는 스페이스X는 아

일론 머스크, 대담한 선택

직 그 티셔츠 자체를 손에 넣지 못했다.

팰컨 1의 첫 발사 시도는 세 번 연속으로 실패했다.

첫 번째 발사는 2006년 3월 24일 22시 30분에 진행되었다. 수년간의 노고가 응축된 팰컨 1이 섬에서 이륙해 공중으로 솟구쳐 올라 30초 정도 날았지만 멀린 엔진이 고장나는 바람에 다시 지상으로 추락했다. 이메일을 빠르게 확인하는 데 걸리는 정도의 시간 안에 수년간의 노력과 희망과 기대가 다 타버린 것이다.

두 번째 발사는 2007년 3월 21일 01시 10분에 이루어졌다.

익숙한 '10, 9, 8, 7, 6, 5, 4, 3, 2, 1, 이륙!' 카운트다운과 함께 팰컨 1이 다시 섬 위로 솟아올랐다. 구름을 뚫고 상승하는 동안 창에 물방울이 맺히는 모습이 로켓에 탑재된 비디오 카메라 화면을 통해 보였고 아래쪽의 섬은 점점 작아졌다. 2분 52초 뒤, 지상 승무원들은 로켓이 성공적으로 단분리되는 모습을 비디오 스크린으로 지켜보며 작은 환호성을 질렀다. 이륙 3분 뒤, 117킬로미터 지점에서 2단계 엔진이 점화되는 걸 확인했다. 모든 게 계획대로 진행되고 있었다. 비디오 카메라에 비친 유리창에 얼음 입자가 형성되는 게 보이고 그 뒤쪽으로는 낯익은 지구의 푸른 곡선이 보였다. 그러더니 갑자기 '상단 제어 이상'이 발생해서 팰컨 1이 나선형으로 선회하기 시작했다. 우주로 나가기는 했지만 안정적인 궤도에 도달하지 못했다.

세 번째 발사는 2008년 8월 3일 03시 34분에 진행되었다. 발사는 완벽했지만 2단 분리가 성공하지 못한 탓에 로켓은 궤도에 오르지 못했다. 스페이스X 운영 책임자인 앤 치너리Anne Chinnery 는《리프트오프》에서 버거에게 "세 번의 실패는 상당히 많은 실패"라고 말했다. "항공우주 업계에서 그런 실패를 이겨낸 사람은 거의 없다."[16]

네 번째 발사는 2008년 9월 28일 23시 15분에 이루어졌다. 흠잡을 데가 전혀 없었다. 2분 18초 뒤에 성공적으로 단 분리가 이루어졌다. "단 분리 확인"이라는 여성의 목소리가 흘러나오자 사람들이 환호했다. 로켓이 지구에서 점점 멀어지는 동안 오믈렉섬에 있는 사람들의 희망도 함께 치솟고 있었다. 발사 시트에는 '성공SUCCESS'이라는 단어가 적혀 있었다. 아이러니한 점은 머스크가 4차 발사를 순수한 시연 목적으로 결정했다는 것이다. 버거도 얘기했지만, 로켓 탑재물도 시연용이었다. 공식적으로는 랫샛RatSat으로 등재되어 있는데, 이는 스페이스X 직원인 제프 리치치Jeff Richichi와 레이 아마도르Ray Amador, 크리스 톰슨Chris Thompso의 성姓 첫 글자를 따서 만든 단어다.

세 번째 발사에 실패한 후, 스페이스X 팀은 산산조각난 팰컨 1을 인양해서 다시 조립해야 했다. 그리고 머스크나 스페이스X 와 관련된 일이 다 그렇듯이 그들에게는 시간이 별로 없었다. 한 달 안에 모든 걸 끝내야 했다.

그들의 첫 번째 과제는 재조립한 로켓을 캘리포니아에서 오믈렉 섬으로 다시 가져오는 것이었다. 로켓을 싣기 위해 비행기 좌석을 예약할 수는 없고, 해상으로 운송할 경우 대기 시간 때문에 지금도 매우 불안정한 스페이스X가 심각한 곤란에 처할 것이다. "우리는 그때 연료가 거의 바닥난 상태였다. 사실상 돈이 없었다. 네 번째 발사도 실패한다면 완전히 게임 오버가 되었을 것이다. 그대로 끝이었다." 머스크는 이렇게 말했다.[17] 결국 미 공군이 구조의 손길을 내밀어서 자신들의 C-17 수송기에 팰컨 1을 실어주기로 했다.

하지만 이 마지막 발사와 관련된 모든 것이 머스크를 한계까지 시험하는 것 같았다. 캘리포니아에서 수송기를 타고 오는 동안 C-17 내부의 기압 변화 때문에 로켓이 말 그대로 찌그러졌다. 함께 탑승한 승무원들은 로켓이 더 이상 찌그러지지 않도록 로켓 문을 열어야 했고, 조종사들은 기압이 안정적인 고도까지 항공기를 상승시켜야 했다. 그들은 더 이상의 피해를 막는 데는 성공했지만, 오믈렉 섬에서 로켓을 내릴 때쯤에는 이미 충분히 피해를 입은 상태였다. 머스크가 스페이스X는 성공적인 발사를 위해 한 달 이상 기다릴 수 없다고 공식적으로 말하자, 기술자들은 6주가 걸릴 수리 작업을 일주일 만에 끝마쳤다. 그리고 2008년 9월 28일로 예정된 발사일에 맞춰서 로켓을 발사대에 올렸고, 머스크는 캘리포니아에서 모니터로 이 모습을 지켜봤다. 그는 그날이

257

자기 인생에서 가장 멋진 날들 중 하루라고 말했다.

그것은 실제로 효과를 발휘한 마지막 성모송이었다. 그리고 다들 그게 머스크에게 무엇을 의미하는지 알고 있었다.

머스크는 발사가 실패한 후 분위기가 침체된 팀원들에게 다음과 같은 메모를 보내서 자기가 머리는 나쁘면서 허세만 심한 억만장자가 아니라는 걸 입증했다. "궤도에 도달하는 게 얼마나 어려운지 직접 경험했기 때문에, 나는 오늘 우주 발사의 중심인 로켓을 만들기 위해 끈기 있게 노력한 이들에게 큰 존경심을 품고 있다. 스페이스X는 장기적으로 이 일을 하고 있으며 어떤 일이 있어도 우리는 이 일을 해낼 것이다."[18]

하지만 이런 성공적인 발사에도 불구하고 머스크는 여전히 많은 문제에 직면해 있었다. 전 재산을 스페이스X와 다른 벤처 사업 두 개(전기 자동차 제조업체 테슬라와 주로 옥상 태양광 패널 같은 태양 에너지 발전 시스템을 판매하고 설치하는 솔라시티)에 다 쏟아부었기 때문에 돈이 없었다.

사랑도 잃었다. 저스틴과 이혼하고 그 과정에서 집도 넘겨줬다. 글로벌 금융 위기가 닥치기 전에 필요한 투자 자본을 확보하지 못한 탓에 시간도 없었다.

그리고 난생 처음으로 일론 머스크는 제정신이 아닌 상태가 될 뻔했다.

머스크의 크리스마스 기적

일론 머스크는 2008년 크리스마스를 앞둔 일요일 아침에 잠에서 깼다. 팰컨 1이 네 번째 발사에 성공한 지 3개월이 지났다. 머릿속에서 늘 아이디어가 폭발하는 소년은 갑자기 새로운 생각이 떠오른 것을 깨달았다. 하지만 그 생각이 마음에 들지 않았다. 어떻게 대처해야 할지 알 수가 없고, 그를 두려움에 떨게 하는 생각이었다.

"잠에서 깬 뒤 이런 생각을 했던 게 기억난다. 난 내가 신경쇠약에 걸릴 수 있는 사람이라고 여겨본 적이 없다. 평소에는 늘 '신경쇠약? 말도 안 돼. 사람들은 왜 그런 일을 겪는 걸까?'라고 생각했다. 하지만 그날 아침에 일어나자 '빌어먹을, 거의 신경쇠

약 직전인 것 같은데'라는 생각이 들었다. 정말정말 암울했다."그
는 2008년의 경험에 대해 이렇게 얘기했다.[1]

머스크에게 가해지는 압박은 실로 견딜 수 없는 수준이었다.

2002년에 그는 스페이스X 사업을 시작했다. 2004년에는 테슬
라와 전기 자동차 시장에 발을 들여놓았다. 2006년에는 솔라시티
를 설립했다. 그리고 2008년, 세계 경제 붕괴와 머스크 본인의 재
정 보유고 감소로 인해 이 모든 게 실패할 위기에 처했다.

그 해는 아마 머스크가 성인이 된 이후로 가장 힘들고 그가 가
진 모든 꿈과 야망을 무너뜨릴 수 있는 해였을 것이다. 세 번의
로켓 실패가 있었던 해다. 저스틴과 이혼한 해다. 세계적인 불황
이 닥친 해다. 그의 새로운 사업인 테슬라가 큰 손실을 입은 해다.
GM이나 크라이슬러Chrysler 같은 전통적인 자동차 제조업체들은
생존을 유지하기 위해 정부가 막대한 구제 금융을 제공했다. 벤
처 캐피털 시장은 획기적인 전기 자동차를 생산하는 회사는 물론
이고 다른 자동차 회사를 살릴 생각이 전혀 없었다.

"2008년은 자동차 회사, 특히 신생 자동차 회사나 신생 전기
자동차 회사로 살아가기에 좋은 때가 아니었다. 그건 어리석은
행동을 제곱한 것이나 마찬가지였다"고 머스크는 말했다.[2]

"그 해는 분명히 내 인생 최악의 해였다."[3]

머스크의 새 여자친구인 여배우 탈룰라 라일리는 그가 밤에

일론 머스크, 대담한 선택

비명을 지르면서 깨어나 육체적으로 고통스러워하던 모습을 기억했다.

2008년에 했던 한 TV 인터뷰[4]를 보면 머스크는 자기 집 부엌에 앉아 있고 주변에는 그의 아이들이 뛰어다니고 있다. 수수한 티셔츠와 청바지를 입은 그는 휴대폰을 쥐고 한 아이를 도와주느라 바쁘고 그동안 다른 아이들은 그의 관심을 끌려고 시끌벅적하다. 라일리는 이 인터뷰에서 머스크에게 정신없이 빠져들었다가 고함을 질러대는 아이들로 가득 찬 집에 발을 들여놓았을 때 현실로 돌아왔다는 사실을 다소 어색하게 인정했다. 그녀는 그 집을 떠나 영국으로 돌아가 다시는 돌아오고 싶지 않을 때가 있었다고 말한다. 그리고 여기서 머스크가 라일리의 고백에 진심으로 충격을 받은 모습을 볼 수 있다. 그녀가 그런 생각을 했다는 것 자체에 거의 어린아이처럼 충격을 받은 모습이다. 그는 어리둥절한 표정으로 그녀에게 "정말?"이라고 묻는다. 라일리는 그냥 웃어넘겼지만, 이건 머스크가 직업적인 부분에서 극도로 고통스러운 시간을 보내는 동안 해결책을 찾지 못한 또 다른 문제인 진정한 사랑에 어떻게 대처했는지 보여주는 사례다.

하지만 머스크는 카메라를 향해 자신의 현 상황을 비유하는 듯한 말을 하기도 했다. "아이가 다섯이나 되다 보니 자원 갈등이 많이 일어난다. 항상 누군가가 다른 누군가의 장난감을 가져간다."[5]

머스크의 크리스마스 기적

개인 재산이 감소한 상황에서 줄어드는 자원을 어떻게 배분할 것인가는 머스크에게 매우 실질적인 관심사였다. 그리고 그 과정에서 그의 '장난감'을 모두 잃는 걸 피하는 방법에도 관심이 많았다. "스페이스X나 테슬라 중 한쪽에 돈을 다 몰아주면 그중 하나가 살아남을 가능성을 높일 수 있기 때문에 정말 힘든 선택을 해야 했다. 아니면 돈을 나눠야 하는데, 돈을 나눌 경우 둘 다 죽을지도 모른다. 마치 아이가 2명 있는데 먹을 게 별로 없는 상황과 비슷하다. 당신이라면 어떻게 하겠는가?"[6]

솔라시티도 큰 우려를 안겨주는 주된 원인이었다. 자기 사촌인 피터 리브Peter Rive와 린든 리브Lyndon Rive가 설립한 솔라시티의 회장을 맡은 머스크는 이 회사를 통해 테슬라에 지속 가능한 에너지 미래를 통합할 수 있을 것이라고 생각했다.

이 사업의 핵심은 솔라 루프solar roof 개발이었다. 솔라시티는 단순히 지붕에 설치하는 전통적인 태양 전지판을 제공하는 게 아니라 지붕 전체를 하나의 거대한 태양 전지판으로 만드는 데 주력했다. 즉, 지붕널(타일)이 곧 태양 전지판인 셈이다. 하지만 그 개념은 회사와 마찬가지로 처음부터 망한 것처럼 보였다. 솔라시티에서는 업계를 변화시킬 거창한 아이디어를 찾고, 투자자들에게 그 개념을 납득시키고, 나중에 세부 사항을 해결하는 머스크의 방식이 성공하지 못했기 때문에 이 회사는 더할 수 없이 나쁜 상황에 처했다.

솔라시티 사태는 잠시 제쳐두더라도, 스페이스X와 테슬라가 머스크의 재원을 고갈시키고 있었다. 스페이스X는 그의 개인 재산을 탕진했다. 페이팔을 매각해서 번 돈이 전부 사라졌다. 그는 빈털터리가 되었다. 피터 틸이 투자한 2000만 달러는 스페이스X를 안정시키는 데 도움이 됐지만 충분한 금액은 절대 아니었다. 그들이 맡은 프로젝트는 말레이시아를 위한 위성 발사뿐이었다. 그러나 고객은 발사가 성공해야만 비용을 지불할 것이다. 스페이스X팀이 인양해서 1주일 만에 간신히 고친 팰컨 1은 이들이 보유한 마지막 가동 로켓이었다.

2008년 말에 머스크에게는 약 3000만 달러 정도의 현금이 남아 있었던 것으로 추정된다. 그는 이 시기를 다음과 같이 회상한다. "스페이스X의 네 번째 발사가 성공했지만 우리에게는 여전히 돈이 없었다. 세 번 실패하고 이제 겨우 한 번 성공한 것이다. 그리고 테슬라의 자금 조달 라운드도 종료되지 않았다. 크리스마스 전에 종료하려고 했는데 시간이 2~3일 정도밖에 안 남았다. 두 회사 모두 실패한다면 정말 끔찍한 연말이 될 수도 있겠다고 생각했다. 잠이 안 왔다."[7]

어느 회사에 최종적인 베팅을 할 것인가 하는 어려운 결정에 직면한 머스크는 남은 돈을 스페이스X와 테슬라에 나눠서 배분하기로 했다. "그런 상황이 힘든 이유는 지금까지 함께 해온 직원과 투자자들에게 많은 책임이 있기 때문이다. 그 회사들이 살아남을 수 있도록 내 책임을 다하지 못했다면 정말 실망했을 것이다."[8]

머스크는 이 모든 상황에 대처하느라 큰 타격을 입었고, 그런 가운데서도 가혹하고 지속 불가능한 일정을 소화했다. "오랫동안 주당 100시간 넘게 일했다." 그는 당시의 업무 일정에 대해 이렇게 말했다. "정말 고통스러운 나날이었다. 근무 시간에 겪는 어려움과 고통이 기하급수적으로 증가했다. 그건 일직선으로 진행되는 과정이 아니다. 2008년과 2009년에 금융위기가 닥쳤을 때는 매일, 주 7일씩 일했다. 자면서도 일에 대한 꿈을 꾼다. 끔찍했다."[9]

그는 스페이스X와 테슬라를 살리기 위해 캘리포니아에 머물러야 했기 때문에 역사적인 네 번째 팰컨 1 발사를 직접 지켜보지도 못했다. 그해에 테슬라는 도산하지 않기 위해 고군분투하면서 전체 인력의 18퍼센트를 해고해야 했다.

하지만 2008년은 머스크가 크리스마스의 기적을 맛본 해이기도 하다. 크리스마스 전의 떠들썩한 3일 동안 모든 것이 바뀌었다. 그리고 그건 우주에서 걸려온 전화로 시작되었다.

"NASA가 전화를 걸어서 스페이스X가 15억 달러의 계약을 따냈다고 알려줬다. 내 입에서는 '여러분 사랑합니다'라는 말이 불쑥 튀어나왔다"라고 머스크는 전한다.[10] 이 얘기를 하는 동안 그의 눈에는 눈물이 고였다. 그 전화는 12월 22일 월요일 아침에 머스크의 휴대폰으로 걸려 왔다. 12월 23일에 배포된 보도자료를 보

일론 머스크, 대담한 선택

면 스페이스X가 국제우주정거장의 상업용 재보급 서비스CRS를 위해 12회의 왕복 비행을 제공하기로 계약했다고 되어 있다. 머스크가 에릭 버거에게 말한 것처럼, "CRS 계약을 체결하지 못했다면 우리는 궤도에 진입한 뒤에 망한 회사로 전락했을 것이다."[11]

그리고 크리스마스 이브에는 테슬라 투자자들이 이 사업에 더 많은 돈을 투자하기로 결정하고 4000만 달러의 현금을 투입했다. 불과 며칠 사이에 머스크와 그의 회사들이 구원을 받은 것이다. 그 '장난감'들은 안전했다.

머스크가 자기 '자식들'인 스페이스X와 테슬라 중에서 하나를 고르지 못하고 남은 자금을 양쪽에 고르게 분배한 이유는 매우 명확하다. 그건 직원과 주주에 대한 충성심 그 이상의 문제다. 그가 사업을 시작하고 인류에게 가장 큰 영향을 미치게 될 거라고 여긴 세 가지(인터넷, 지속 가능한 에너지 경제로의 전환, 여러 행성으로의 인류 진출을 비롯한 우주 탐사)를 파악한 뒤부터 이 기업들은 그가 꿈꾸는 비전의 핵심이었다.

솔라시티의 진짜 문제는 2016년에 테슬라와 솔라시티의 대주주인 머스크가 테슬라 투자자들에게 솔라시티를 26억 달러에 매입하도록 설득하면서 발생했다. 2016년에 머스크는 솔라시티 루프 개념을 활용한 테슬라 솔라 루프라는 걸 공개했다. 집의 지붕 전체가 가정에 설치된 충전식 리튬 이온 배터리 장치인 테슬라 파워월Tesla Powerwall에 에너지를 공급하고, 이걸 이용해서 테슬라 차량을 충전한다는 아이디어였다. 머스크는 이것이 친환경 에너지와 원활하게 통합되어 해당 분야를 한층 더 혁신하고, 테슬라는 자급자족이 가능한 보다 우수한 차량이 될 것이라고 주장했다.

하지만 문제는 솔라시티 자체가 성공한 기업이 아니라는 점이다. 사실 그 회사는 놀라운 속도로 실패를 거듭하고 있었다. 그들은 머스크가 놀랍게도 간과하거나 무시하기로 한 몇 가지 결정적인 이유 때문에 생산 요구량과 약속을 지키지 못하고 있었다. 첫째, 사실 제품이 아직 없었다. 아니, 그보다는 판매되기 전에 제품이 완전히 다듬어지지 않았다고 하는 편이 맞을 것이다. 그가 2016년에 〈위기의 주부들Desperate Housewives〉 드라마 세트장에서 솔라 루프를 선보였을 때, 사실 그건 제대로 작동되는 제품이 아니었고 머스크는 디자인에 대해서도 우려를 표했다는 사실이 뒤늦게 밝혀졌다. 심지어 일부 비평가들은 머스크가 발표 당시에 전시한 태양광 지붕널이 가짜라고 주장하기도 했다.

둘째, 단순히 태양 전지판을 제공하는 회사가 아니라 솔라 루프를 설치하는 회사라는 개념이 머스크가 미처 예상하지 못한 중대한 문제를 야기했다. 태양 전지판을 설계해서 공급하는 것과 지붕을 설계해서 건설하는 건 전혀 다른 일이다. 그 결과 예상치 못한 설치 비용이 발생하기 시작했고 이 비용을 소비자들에게 전가하는 바람에 소비자들이 분노했다. 2019년에 〈배니티 페어〉에 실린 기사에 따르면, "솔라시티에서 진행된 실제 엔지니어링은 한

마디로 환경이 아니라 재정적인 분야의 엔지니어링이었다."[12] 그리고 마지막으로, 당시에는 태양광 발전 분야가 매우 둔화되어 있었기 때문에 솔라 루프에 대한 시장 수요가 아예 없었다.

당시 자신들의 회사 상황에 대해서도 우려하던 테슬라 투자자들은 빚이 많고 직원들을 해고할 뿐만 아니라 본질적으로 부실한 회사를 인수하는 것에 회의적이었다. 2017년에 테슬라 주주들은 이 거래는 실패한 기업에 테슬라가 구제금융을 제공한 것에 불과하다면서 머스크를 법정으로 끌고 갔다.

솔라시티가 뉴욕 버팔로의 새로운 기가팩토리 2 Gigafactory 2(리튬 이온 배터리를 생산하는 네바다주의 테슬라 기가팩토리에 뒤이어)가 될 것이라던 머스크의 계획도 흔들렸다. 버팔로 시의회는 이 공장이 특정 수의 직원을 고용하고 가난한 지역사회에 일자리를 창출할 거라는 이유로 매우 유리한 조건으로 10년 임대 계약을 체결해 줬다.

2020년에는 머스크를 제외한 테슬라의 모든 이사들이 6000만 달러의 합의금에 동의했다. 솔라시티가 공급한 태양 전지판 때문에 7개 매장에서 불이 나 수백만 달러의 피해가 발생하자 테슬라를 고소했던 유통 대기업 월마트Walmart와도 합의가 이루어졌다.

그러나 머스크는 테슬라 주주들과 관련된 재판을 진행하기로 하면서 이 문제에 대한 어떠한 잘못도 부인하고 오명을 씻기로 결심했다. 이 재판에서 머스크는 그가 거래에 상당한 영향력을 행사했고 당시 솔라시티의 재정난을 알고 있었다는 증거가 제시됐음에도 불구하고 테슬라 이사회가 합병에 동의하도록 직접 압력을 가한 사실을 거듭 부인했다. 그나마 하나 기특한 사실은, 특히 설치와 관련해 '중대한 실수'가 있었음을 인정한 것이다.

그러나 솔라시티의 대실패는 머스크의 이분법을 다시금 표면화했다. 그는 불가능을 가능하게 하고 파괴적인 접근 방식으로 업계 전체를 발전시킬 수 있는 능력을 지닌 놀라운 혁신가이자 엔지니어임을 꾸준히 증명했다. 전반적으로 우리 사회는 일론 머스크 같은 수준의 사상가들이 필요하다. 그러나 그런 독불장군이 반드시 좋은 상사나 회사 CEO가 되는 건 아니다.

혁신은 위험한 사업이다. 회사 운영은 그보다 훨씬 보수적인 작업이다. 둘 사이에 건전한 균형이 유지되지 않는다면 위험은 무모함이 된다. 머스크가 스페이스X의 초기 직원들에게 '빨리 움직이면서 혁신하라'는 실리콘밸리의 모토를 따르라고 촉구했을 때는 이것이 그들을 자극해 로켓 기술의 위대한 혁신에 박차를 가할 수 있었다. 하지만 혁신 과정에서 부수적인 피해가 발생한다는 사실도 간과해서는 안 된다. 머스크는 페이팔 초창기부터 CEO보다는 혁신가로서의 일을 훨씬 잘한다는 걸 보여주었다.

어쨌든 머스크가 테슬라와 솔라시티에 관여하기 전에 스페이스X를 설립했다는 이유 때문에 우주 문제는 대기열을 뛰어넘었다. 하지만 테슬라도 그와 그가 일을 전개하는 과정에 스페이스X 만큼이나 중요했으므로 테슬라가 실패하도록 내버려둘 수 없었다. 그리고 테슬라는 머스크의 사고가 움직이는 방식을 보여주는 완벽한 사례다. 그의 원래 의도는 자동차 제조업체를 만드는 게 아니라 전기 자동차로의 전환을 가속화하는 것이었다. 그가 생각하기에 이 목표를 이루기 위한 진전 속도는 우주 탐사 분야가 정체된 것과 비슷한 수준으로 매우 느렸다.

머스크가 시작하거나 관여한 기업들은 대부분 거시적 수준의 변화 속도를 강요하는 그의 욕구를 드러낸다. 이걸 보면 머스크가 왜 아직도 자신을 사업가나 기업가가 아닌 엔지니어로 여기면서 자랑스러워하는지 그 이유를 알 수 있다. 그런 회사와 거기에서 거둔 성공과 이익은 모두 더 큰 변화의 기폭제를 얻으려고 하는 머스크의 갈망을 위한 수단일 뿐이다. 그가 원하는 변화는 인류가 미래를 바라보는 비전의 변화, 인류가 현재에 접근하는 방식의 변화다.

기본적으로 지구를 구하고 싶으면 그렇게 할 수 있는 회사를 만들어야 한다. 머스크와 스티브 잡스의 비교가 나뉘는 대목이기도 하다. 머스크는 우주여행과 전기 자동차를 흥미로운 존재로 만들어서 일반 대중이 이용할 수 있게 하겠다는(아직 가격은 매우 비싸지만) 비전을 품은 자기 시대의 스티브 잡스로 불린다. 머스크는 보기 좋은 제품, 혹은 그의 표현처럼 사람들이 진정으로 사랑에 빠지게 되는 제품의 가치를 확실히 알고 있다.

특히 테슬라의 경우, 보기 좋은 제품을 만들고자 하는 그의 동기는 이윤을 넘어선다. 순전히 이윤만을 목표로 했다면, 아무리 낙관적으로 생각해도 성공할 확률이 10퍼센트 정도밖에 안 되는 스페이스X와 테슬라라는 두 회사를 시작할 생각조차 하지 않았을 것이다. "자신의 삶을 더 비참하게 만들라고 사람들을 설득하고 싶다면, 그건 이기기 어려운 논쟁이다. 우리는 테슬라를 만들 때 신나고 재미있고 보기 좋은 차를 만들어야 한다고 말했다."[13] "테슬라 뒤에 숨겨진 목적, 즉 내가 비즈니스 창출을 위해 많은 시간과 돈을 투자하는 이유는 전기 자동차 혁명을 가속화하는 촉매제 역할을 하고 싶기 때문이다.

주유소에서 파는 휘발유 가격은 진짜 휘발유 가격을 그대로 반영하지 않는다. 휘발유는 공공재이기 때문이다. 낚시도 마찬가지다. 어획 자원이 무료이기 때문에 사람들은 물고기를 남획하고 결국 재난이 발생한다. 우리는 해양과 대기의 이산화탄소 농도에 대한 비용을 지불하지 않는다. 주유 펌프에서 발생하는 모든 부수적인 영향(전쟁이나 기타 다른 일들로 인한)에 대한 비용을 지불하지 않는다. 이런 이유 때문에 주유소에 보조금을 지급하는 것이다. 따라서 혁신과 연결하는 유일한 방법은 예전보다 더 빠르고 좋은 전기 자동차를 만들려고 노력하는 것이다."[14]

잡스는 우리가 아이폰을 사길 원했기 때문에 기술을 덜 괴상하고 더 트렌디하게 만드는 회사를 세웠다. 머스크는 우리가 미래를 사길 원한다. 그걸 위해 전기 자동차 회사를 차려야 한다면 그는 그렇게 할 것이다. 물론 회사는 이익을 얻어야 하고 머스크도 완전히 유토피아적인 사람은 아니기 때문에 이 사실을 인정한다.

이것이 우주 탐사에 대한 머스크의 비전에 나타나는 사고 과정이다. 그가 화성에 가겠다는 꿈을 꾸기 시작한 지 20년이 넘었다. 그의 생각에 그 19년은 아직 일어나지 않은 시간이다. 그는 이걸 단순히 실망스럽다거나 실패라고 말하지 않는다. 머스크는 그걸 개인적인 일로 받아들인다. 그는 인류가 아직 화성에 도착하지 못한 건 격분할 만한 일이라고 말한다.

그러나 그를 단순한 기업가로 정의할 수 없는 것처럼 그레타 툰베리Greta Thunberg 같은 기후 운동가로 분류할 수도 없다. 그는 기후와 관련해 비슷한 말을 하긴 하지만 이 스펙트럼 밖에 존재한다. 그러나 저스틴이 아주 적절하게 지적한 것처럼, 어느 한 부족에 속하지 않고 여러 부족 사이를 오가는 능력은 머스크의 가장 큰 자산이다.

미국 에너지부에 따르면 최초의 전기 자동차는 1890년에 아이오와주 디모인Des Moines 거리에서 첫 선을 보였다고 한다. 이곳은 카이로프랙틱의 발생지이자 1895년에 대니얼 데이비드 파머Daniel David Palmer가 처음으로 환자를 진료하면서 머스크 가족사의 일부가 된 장소와 매우 가깝다. 일론 머스크는 전기차 회사는 고사하고 실제로 이용 가능한 전기차 개발에 있어서도 실질적인 진전이 없다는 사실이 당혹스러웠다. 마크 타페닝Marc Tarpenning과 마틴 에버하드라는 두 기업인도 같은 생각을 했다.

그리고 실제로 이 문제에 대해 먼저 조치를 취한 건 머스크가 아니라 그들이었다.

테슬라

최근에 이혼한 마틴 에버하드는 스포츠카를 구입하려고 했다. 그러나 실리콘밸리에서 일한다는 배경과 전기공학 학위, 그리고 지구 온난화 및 지속 가능성에 대한 전반적인 인식과 관심 때문에 그의 마음은 전통적인 스포츠카에서 벗어나 전기 자동차 쪽으로 옮겨갔다.

그러나 먼저 전기차를 소유하는 데 드는 비용이 실제로 그만한 가치가 있는지 확인하고 싶었다. 그래서 현재 이용 가능한 모든 종류의 원료로 구동되는 지구상의 모든 차량에 대한 계산에 몰두했다. 그 결과 매번 같은 답이 나왔다. 그는 CNBC와의 인터뷰에서 "어떤 방식으로 계산해 봐도 전기차가 다른 모든 차보다

훨씬 뛰어났다"고 말했다.[1]

1990년대에도 시장에 전기차가 몇 대 나와 있었지만 죄다 집에서 만든 고카트go-kart(지붕과 문이 없는 작은 경주용 자동차-옮긴이)처럼 생겨서 에버하드의 마음을 사로잡는 게 없었다. 에버하드의 눈길을 끈 것은 캘리포니아에 있는 AC 프로펄션AC Propulsion이라는 신생 전기차 회사였다. 그들은 티제로TZero라는 전기차를 개발했지만 곧 폐업할 예정이었다. 이미 기술 업계에서 매우 성공한 기업가였던 에버하드는 이 회사를 구하기 위해 돈을 투자했는데 이때 그가 염두에 둔 목표는 자기를 위한 전기차를 만드는 것, 그거 하나뿐이었다.

에버하드와 그의 절친한 친구인 마크 타페닝은 1997년에 누보 미디어NuvoMedia를 설립했다. 이 회사의 주력 제품은 전자 형태의 책을 최대 10권까지 저장할 수 있는 초기 전자책 단말기인 로켓 이북Rocket eBook이었다. 그리고 로켓 이북의 배터리 수명과 성능을 개선하기 위한 두 사람의 연구가 더 성능 좋은 전기차를 만들기 위한 작업의 문을 열었다. 티제로는 납축전지로 구동되었다. 그러나 에버하드는 리튬 이온 배터리로 마음을 돌리고 있었기 때문에 AC 프로펄션을 설득해서 티제로를 리튬 이온 배터리로 전환했다.

"거기서 모든 게 시작되었다"[2]고 에버하드는 말한다.

하지만 거기에서 발을 옮겨 간 곳에서는 완전히 다른 도전이

기다리고 있었다. 타페닝이 지적한 것처럼 그들의 실리콘밸리적 사고방식은 어떤 연료로 움직이는 차든 다 만들 수 있다는 자신감을 줬지만, 자동차 자체를 만드는 데는 별로 자신이 없었다. 이를 위해 그들은 최초의 테슬라 로드스터의 섀시와 차체 제작을 맡은 영국 자동차 제조업체 로터스Lotus와 제휴했다.

그렇게 해서 2003년 7월 1일, 테슬라 모터스가 문을 열었다. 이 회사 이름은 전자기장에 대한 연구와 교류AC 시스템에 대한 공헌으로 유명한 세르비아계 미국인 발명가 니콜라 테슬라Nikola Tesla, 1856~1943의 이름을 따서 지은 것이다.

그러나 그들은 벤처 캐피털 시장의 저항에 부딪혔다. 아무도 이 회사에 투자하고 싶어 하지 않았던 것이다. 그 무렵 우주 애호가 모임이 주최한 회합에서 일론 머스크를 만나게 되었다. 이는 일론 머스크의 세계를 연결하는 또 다른 우연의 일치인데, 에버하드와 타페닝은 붉은 행성에 대한 정보를 전달하기 위해 1998년에 설립된 비영리 단체 화성 협회의 창립 회원이었다. 그 단체의 연례 컨퍼런스 중 하나에 화성 탐사 임무에 투자할 만한 재력을 지닌 머스크가 초청 연사로 온 것이다. 에버하드는 "그는 아주 흥미로운 인물이었다"라고 인정했다. "그래서 연설이 끝난 뒤 그에게 다가가서 잠시 얘기를 나눴다."[3]

한편 AC 프로펄션도 머스크의 투자를 받으려고 그를 따라다녔다. 그러나 머스크가 AC 프로펄션에 관심이 없는 게 분명했기 때문에 이 회사는 테슬라와 맺은 신사협정의 일환으로 머스크에게서 물러나겠다고 했고 덕분에 테슬라는 원할 경우 자유롭게 머스크에게 접근할 수 있었다.

에버하드는 머스크에게 이메일을 보내서 만나자고 제안했다. 이때는 머스크가 러시아에서 ICBM을 구입하려고 하던 무렵이었다. 에버하드와 타페닝은 머스크와 처음 회의를 하던 날 그가 자기들이 하려는 일을 즉각 이해할 뿐만 아니라 투자 제안을 받아들이는 것에 놀라움을 금치 못했다. 모든 벤처 캐피털 회사는 그들이 미쳤다고 하면서 투자를 거부했다. 하지만 그들보다 더 '미친' 사람과 자리를 함께 하게 된 건 행운이었다. 머스크는 우주 비행을 민영화하느라 바빴다. 그는 아마 그들이 하려는 일을 이해하는 지구상의 유일한 사람이었을 것이다. "그는 완벽하게 이해했다"고 타페닝은 말했다.[4]

머스크는 투자를 약속했다. 그는 2004년에 진행된 테슬라의 시리즈 A 벤처 캐피털 자금 조달 당시에 635만 달러를 투자하면서 이사회 의장 역할을 맡았다. 2006년에는 자금 조달을 위한 새로운 추진력을 얻기 위해 구글을 설득해서 테슬라에 투자하게 했다.

하지만 이 회사의 성공은 자동차의 배터리 팩에 달려 있다. 보기 좋고 성능도 좋은 전기차 개념을 실현하려면 안정적인 배터리 팩을 만들어서 이를 안전하게 대규모로 생산하는 것이 핵심이었다. 평소처럼 머스크는 이걸 비전문가의 용어로 설명하는 훌륭한

일론 머스크, 대담한 선택

일을 해냈다. "배터리는 여러 개의 셀로 이루어져 있다. 배터리 크기가 커질수록 다루기가 점점 더 어려워진다. 문제는 수천 개의 셀을 안전하게 결합시켜서 튀어나오거나 움푹 패인 도로를 극한의 온도 속에서 20만 마일 이상 달려도 성능이 그대로 유지되고 충돌해도 폭발하지 않도록 안전하게 만드는 것이다. 이것 때문에 문제가 엄청나게 복잡해진다. 셀 단위보다 팩 단위의 난도가 훨씬 높다. 그건 테슬라의 전문 지식 중에서 규모가 가장 큰 단일 영역이다. 배터리는 전기차에서 가장 중요한 부분이다.

테슬라 배터리 팩은 무게가 약 454킬로그램이고 휘발유 2.5갤런 분량의 에너지가 포함되어 있다. 하지만 전기차는 그 에너지를 훨씬 효율적으로 소비한다. 전기 모터는 에너지를 운동으로 바꾸는 데 매우 효과적이다. 거의 90퍼센트의 효율을 낸다. 휘발유를 쓰는 내연 기관의 연료 효율은 보통 17~18퍼센트 선이다. 그것이 하는 일은 대부분 열을 발생시키는 것이다. 따라서 전기차가 우리의 미래라는 생각이 거의 관습이 되었다. 딱 하나 문제가 있다면 이 과도기를 어떻게 보내느냐다. 배터리 개선 속도를 보면 미래는 완전히 전기차가 지배할 수밖에 없다."[5]

스포츠카로 시작한다는 아이디어는 테슬라의 성공에 필수적이었다. 스포츠카는 보기 좋은 차를 만든다는 테슬라의 첫 번째 목표를 달성하게 해줄 것이다. 스포츠카 시장은 또 상대적으로 규모가 작기 때문에 개발 중인 기술로 진입할 때 필요한 자본이 아주 많지 않다. 세단 시장은 판매량이 엄청나므로 큰돈을 벌 수 있는 분야이긴 하지만, 그 규모 때문에 시작하는 것 자체가 매우 어렵다. 그래서 2006년에 테슬라는 첫 번째 로드스터 시제품을 공개했다.

그러나 공급망에 문제가 있는 것으로 드러났다. 테슬라 로드스터에 들어가는 대부분의 부품은 처음부터 새로 설계해야 했는데 기존 회사들은 신생 기업에 부품을 공급하는 위험을 감수하는 걸 꺼렸기 때문이다. 어떤 의미에서 보면 이건 머스크가 스페이스X에서 직면하게 될 문제와 똑같은 문제였다. 비용 때문에 공급망 대부분을 사내로 들여와야 하는 것이다.

그리고 머스크는 하드웨어 문제를 정리하는 동안 '소프트웨어' 문제에도 휘말렸다. 아니, 보다 정확하게 말하자면 성격 문제다. 머스크와 에버하드의 관계가 악화되었는데, 듣자 하니 누가 테슬라를 설립했고 관련 기술을 개발한 진짜 브레인은 누구인가 하는 문제를 놓고 다툰 듯하다. 테슬라와 관련해 머스크의 이름이 언급되지 않은 몇몇 초기 인터뷰가 상황을 악화시킨 듯했다. 에버하드는 머스크가 테슬라의 역사를 다시 쓰면서 자신을 거기서 제외시키려 한다고 주장했다.

그 결과 두 사람은 오랫동안 불화를 겪었고 법정 싸움과 합의가 계속 이어졌다. 이건 머스크가 '공동 설립자'에게 그가 테슬라에 머물 수 있는 시간은 끝났다고 말한 순간부터 머스크가 거의 이긴 싸움이었다. 이는 머스크가 페이팔 CEO 자리에서 쫓겨난 일을 연상시키는데, 결국 에버하드는 2007년에 테슬라 CEO에서 해임됐다. 이건 머스크가 주도한 계획이었다. 그는 나중에 에버하드를 함께 일해본 사람들 중 최악의 인물이자 회사 발전에 악영향을 미치는 자라고 말했다. 에버하드가 해고된 직후에 자기는 여행을 좋아하니 움직일 때가 되었다고 판단한 타페닝도 회사를 떠났다.

타페닝은 에버하드가 제대로 보지도 못하고 이해하지도 못한 머스크의 일면과 마주쳤다. 에버하드는 여전히 테슬라 주주이기는 하지만 자기가 설립한 회사에서 쫓겨난 것에 분개하며 CNBC 인터뷰에서 다음과 같이 말했다. "일론이 대단한 일을 해낸 건 사실이다. 하지만 왜 자기가 테슬라 설립자라고 말하고 다니는지 모르겠다. 정말 이해가 안 된다."[6]

그러나 타페닝은 머스크에게서 자기 삶과 공통된 부분을 발견했다. 그는 머스크의 테슬라 드라이브에 대해 설명하면서 "사람들은 변화를 가져오는 일을 하고 싶어 한다"고 말했다.[7] 이것이 인류에 대한 머스크 철학의 핵심이다. 그는 자기가 '친인간적'이라고 주장하면서 인류가 또 다른 대규모 멸종 사건을 겪지 않게 하려고 애쓴다. 그리고 어릴 때 괴롭힘을 당했음에도 불구하고 그는 사람들이 궁극적으로는 선한 존재라고 믿는다. 그는 아침에 활기차게 일어나려면 뭔가 신나는 것, 신나는 미래에 대한 약속이 필요하다고 여긴다. 그리고 머스크가 생각하기에 스페이스X와 테슬라는 인류가 추구해야 하는 미래에 핵심적인 역할을 한다. "테슬라의 근본적인 선함… 테슬라의 존재 이유, 관련성, 의미는 지속 가능한 에너지와 자율성의 가속화, 이 두 가지로 요약할 수 있다"고 머스크는 말했다.[8] "지속 가능한 에너지의 가속화는 더없이 본질적인 문제다. 이것이 인류가 다음에 겪을 잠재적 위험이기 때문이다. 따라서 분명히 그것이 가장 중요하다."[9]

자율성도 똑같이 큰 영향을 미칠 것이다. 구체적으로 말하자면 운전자의 자율성이다. 테슬라의 경우 카메라, 센서, 컴퓨터를 조합해 자동으로 방향 조정, 가속, 제동을 수행할 수 있는 오토파일럿 기능이 차량에 탑재되어 있다. 그러나 테슬라는 현재의 오토파일럿 기능은 여전히 '운전자의 적극적인 감독'이 필요하므로 '자율 주행 모드로 사용하지 말라'는 점을 강조하고 있다.

운전자 자율성은 차량 운송 분야의 넥스트 빅 씽으로 인식되고 있다. 2017년에 인텔이 진행한 연구[10]에 따르면, 우리가 더 이상 운전을 할 필요가 없고 그냥 승객으로만 살아갈 수 있게 되면 '승객 경제'라는 새로운 경제 호황이 발생할 것이라고 한다. 이건 2050년까지 7조 달러의 가치가 있을 것으로 예측된다. 인텔은 현재 2억 5000만 시간에 달하는 통근 시간에 사람들이 자유롭게 다

일론 머스크, 대담한 선택

른 일(즐거운 시간을 보내거나 일을 더 하거나 쇼핑을 하거나 투자를 하거나 생각을 하거나 뭔가 새로운 걸 만드는 등)을 할 수 있게 될 거라고 예측한다. 미래학자들은 인간의 이동성과 관련된 이런 새로운 아키텍처가 완전히 새로운 산업과 스마트 시티의 탄생에 불을 붙일 것이라고 말한다. 또 불필요한 교통사고 사망이 줄어들어서 2035~2045년 사이에 58만 5000명의 생명을 구할 것으로 예상된다.

미래학자 그레그 린제이Greg Lindsay는 승객 경제를 향한 움직임과 머스크의 또 다른 관심사인 우주 경쟁 사이에 흥미로운 유사점이 있다고 말한다. "1960년대의 우주 경쟁과 마찬가지로, 이는 이 도전에 최선을 다하기 위해 전 세계인에게 집결하라는 외침이다. 모빌리티의 미래, 경제 발전, 승객 경제 같은 새로운 성장 기회의 출현은 지속적인 대화를 요구한다. (…) 자동차 제조업체부터 투자자와 정책 입안자, 신생 기업에 이르기까지 우리 미래를 형성할 다양한 산업의 렌즈를 통해 해결책을 모색해야 한다."[11]

이걸 '자동차 편의성'이라고 하는데, 이 새로운 경제가 보여주게 될 특징에 대한 예측으로는 차내 미용실, 패스트 캐주얼 식사, 원격 자동판매기, 모바일 건강 관리 클리닉과 치료용 공간, 위치기반 광고가 포함된 차내 영화 등이 포함된다. 혹은 머스크의 말처럼 "도로에 있을 때도 끔찍한 교통체증에 짜증을 내기보다 자기가 좋아하는 일을 하면서 시간을 보낼 수 있다."[12]

281

테슬라

테슬라 로드스터는 2008년부터 생산에 들어갔다. 2012년에 완전 전기형 세단인 모델 S가 출시되었다. 2015년부터 테슬라는 카메라 한 대, 레이더 시스템, 12개의 음파 탐지 센서만 이용하는 오토스티어나 적응형 교통 인식 크루즈 컨트롤 같은 기본적인 자율주행 기술을 차량에 도입하기 시작했다. 그 해에 이 회사는 모델 X를 공개했는데, 테슬라 웹 사이트의 설명에 따르면 "역사상 가장 안전하고 가장 빠르고 가장 성능이 뛰어난 스포츠 유틸리티 차량"이라고 한다. 2017년에는 "저렴한 대용량" 전기차인 모델 3가 등장했다. 그리고 테슬라 세미Tesla Semi 트럭, 중형 SUV인 모델 Y, 사이버트럭Cybertruck이 시장에 나왔는데 사이버트럭은 배트모빌Batmobile 스타일의 SUV-스포츠카 크로스오버 차량이다.

이 시기에 테슬라의 재무 상황이 어땠는지 살펴보면, 2009년에 메르세데스-벤츠 그룹Mercedes-Benz Group(과거 다임러 AGDaimler AG)이 5000만 달러를 투자해서 테슬라 지분 10퍼센트를 확보했고 미국 에너지부는 테슬라에 4억 6500만 달러를 빌려주기로 합의했다. 2010년에 머스크는 2억 2600만 달러 규모의 IPO를 통해 회사를 상장했고, 도요타는 전기차 및 부품 개발을 위한 전략적 파트너십의 일환으로 5000만 달러를 투자했다. 2013년 5월, 테슬라는 1분기 수익이 1100만 달러라고 발표했다. 2017년에는 중국의 거대 전자상거래 업체 텐센트Tencent가 테슬라에 18억 달러를 투자해서 지분 5퍼센트를 확보했다. 2010년, 테슬라는 기술주 중심의 나스닥NASDAQ 시장에 주당 17달러로 상장했다. 2021년 9월 주가는 736.27달러였다.

2020년이 되자 테슬라의 전 세계 판매량은 50만 대에 달했다. 미국에서 판매된 배터리 구동형 전기차의 81퍼센트가 테슬라 차량이었다. 7250억 달러에 이를 것으로 예상되는 전 세계 전기차 시장에서 이 회사는 1460억 달러의 가치를 차지할 것이라고 평가되었다. 모델 3는 세계에서 가장 많이 팔리는 전기 플러그인 차량으로, 1회 충전 후 주행 거리는 520킬로미터다. 2010년에는 테슬라 로드스터가 지구상에서 가장 빠른 자동차로 선전되면서 전통적인 슈퍼카들 대부분을 압도했다. 머스크의 말에 따르면, 로드스터 최신 버전은 1.9초 만에 0에서 시속 100킬로미터에 도달할 수 있고 최고 속도는 시속 400킬로미터이며 1회 충전 주행 거리가 거의 1000킬로미터에 이른다. 그리고 가격은 20만 달러다. 맥라렌 슈퍼카 최신 모델보다 빠르고 머스크가 Zip2를 매각해서 번 돈으로 구입한 예전 버전의 맥라렌보다 훨씬 빠르다.

머스크는 전 세계 주요 도시에 급속 충전소를 만들어서 회사의 글로벌 입지를 빠르게 확장하고 있으며, 2020년에는 상하이에 충전대 공장을 설립하기 위해 642만 달러를 투자했다.

테슬라 소유자가 120V 벽면 콘센트에 차량을 연결하면 1시간 충전 시 최소 4킬로미터를 갈 수 있고 기존의 240V 벽면 콘센트에 연결할 경우 1시간 충전으로 최대 50킬로미터를 달릴 수 있다. 테슬라 벽면 충전기를 구입하면 1시간 충전으로 최대 70킬로미터까지 주행이 가능하다. 그리고 현재 전 세계에 2만 5000개의 테슬라 슈퍼차저가 설치되어 있는데 이걸로 충전하면 단 15분 충전으로 320킬로미터를 주행할 수 있다.

테슬라가 빠르게 입지를 넓혀가는 동안 소유주들 사이에서는 열성적이고 거의 광신적인 추종자들이 생겨났다. 테슬라 온라인 매장에서는 다양한 충전 어댑터 외에도 여러 가지 상품과 의류, 심지어 테슬라 테킬라까지 구입할 수 있다.

머스크는 심지어 전통적인 자동차 대리점 모델까지 바꿔놓았다. 이번에도 그는 자동차 업계의 낡은 업무 방식에서 벗어나려고 안간힘을 썼다. "미국 자동차 업계는 100년 넘게 같은 방식으로 자동차를 판매해 왔으며, 이 과정을 정확하게 규율하는 많은 법률이 시행되고 있다. 우리는 그 규칙을 바꾸려고 하지 않으며, 규칙에 위배되는 행동을 하지 않으려고 많은 주의를 기울인다."[13] 하지만 그는 그 규칙들을 재정의하려고 노력했다. 그래서 테슬라 대리점은 자동차를 판매한다기보다 자동차의 미래에 대한 비전을 판매한다. 중개상을 끌어들여서 소비자에게 비싼 가격을 내게 하는 개인 소유 대리점은 없다. 테슬라는 소비자에게 차를 직접 판매한다. 머스크는 테슬라 매장이 자동차 대리점이 아니라 일반

284

일론 머스크, 대담한 선택

매장이라는 사실을 분명히 했다. 애플 스토어와 마찬가지로 테슬라 매장에서도 소비자들이 어떤 제품이 있고 그걸로 무엇을 할 수 있는지 살펴보는 소매 경험을 제공한다.

그러나 미국의 일부 주에서는 이들 매장의 소비자 모델 때문에 지리한 법적 다툼과 규제 싸움이 벌어졌다. 이런 난관 때문에 머스크는 매장을 상당수 폐쇄하고 대신 보다 공격적인 온라인 판매 모델을 추구하게 되었다. 회사 측 주장에 따르면 이제 클릭 한 번으로 테슬라를 구매할 수 있을 뿐만 아니라 구매 후 7일 이내 또는 주행 거리 1600킬로미터 이하일 때는 클릭 한 번으로 차를 반환하고 전액 환불받을 수도 있다. 주요 지역에는 여전히 제한된 수의 매장이 남아 있지만, 이들은 주로 소비자들이 차를 이용해볼 수 있는 마케팅 경험을 제공한다.

그리고 테슬라에 대한 팬들의 사랑은 테슬라 충전기만큼이나 강력하다. 그건 머스크가 엔지니어로서 항상 이루고자 했던 것, 즉 사람들이 좋아하는 제품을 만드는 일의 완벽한 사례다.

테슬라 소유주들은 자기만의 언어를 개발했고, 전통적인 자동차를 'ICE'(내연기관internal combustion engine의 약자)라고 부른다. 테슬라 소유주가 일반 자동차 소유주에게 주로 하는 말은 '왜 테슬라가 아닌 ICE를 사려는 거냐'는 것이다.

테슬라 팬들은 오토파일럿, 넷플릭스Netflix 스트리밍, 터치스크린 기술, 테슬라 앱, 그리고 운전을 훨씬 즐겁게 해주는 모든 기술을 사랑한다. 머스크가 항상 만들려고 하는 것, 그가 꾸준히 유지하려는 것은 이렇게 아침을 즐겁게 맞을 수 있을 만큼 흥미로운 미래다. 그리고 그건 지구에도 이롭다. 머스크는 '깨끗한 양심과 고성능 차를 동시에 원한다면, 이것이 선택 가능한 유일한 차'라고 말했다.[14]

요컨대 테슬라 소유주들은 보기에도 좋고 잘 달리고 좋은 일을 하는 차를 소유한 것에 자부심을 느낀다. 테슬라에 대한 그들의 애정은 광신에 가까워서 테슬라에 대한 헌신과 일론 머스크에 대한 헌신을 구별하기 어려울 정도다. 스스로를 '테슬라 중독자'라고 칭하는 이들은 '머스키티어Musketeers(머스크의 팬들을 가리키는 호칭인데 알렉상드르 뒤마의 소설 《삼총사The Three Musketeers》의 제목에도 나오는 '머스킷총을 든 병사'를 가리키는 단어와 똑같은 철자를 쓴다-옮긴이)'라고 불리기도 한다.

하지만 머스킷총병이라면 누구나 알듯이 세상에는 사물을 다른 시각으로 바라보는 리슐리외Richelieu 추기경(소설 《삼총사》에서 악역으로 등장하는 프랑스의 정치가 겸 주교-옮긴이) 같은 사람이 늘 있게 마련이고, 머스크의 테슬라 모험 과정에서도 작은 접전이 종종 발생했다. 이 새로운 전기차 회사는 2008년에 테슬라 로드스터를 공개하면서 고무적인 한 해를 보냈지만 머스크에게는 그때가 인생에서 가장 힘든 한 해였다. 앞 장에서 얘기한 것처럼 머스크의 삶은 혼란에 빠져 있었다. 그의 사업도 별반 다르지 않았다. 스페이스X는 허우적거리고 있었고 테슬라는 자동차 배터리가 충전되는 속도보다 더 빠르게 돈을 잃고 있었다.

그러다가 최후의 순간에 크리스마스의 기적이 찾아온 것이다.

하지만 테슬라의 앞길은 여전히 많은 난관으로 가득 차 있다.

2008년에 자동차 업계를 전문적으로 다루는 한 블로그에서 '테슬라 데스 워치Tesla Death Watch'라는 시리즈를 시작했다. 테슬라 데스 워치는 테슬라에 대해 오랫동안 의혹을 품어온 자동차 산업 분석가 에드워드 니더마이어Edward Niedermeyer가 만든 것이다. 그는 2019년에 쓴 《루디크러스Ludicrous: The Unvarnished Story of Tesla Motors》라는 책에서, "테슬라의 과대 광고 이면에는 테슬라의 매우 높은 가치 평가와 궁극적인 생존에 의문을 제기하는 심각한 결함이 있다"고 주장했다. 이 책 표지에는 "테슬라에 대한 대중의 인식과 회사의 일상적인 현실, 그리고 여기서 생산되는 자동차 사이의 단절을 낱낱이 파헤친다"[15]라고 쓰여 있다.

니더마이어는 "실리콘밸리의 오만함과 자동차 업계의 표준을 결합시키려는 테슬라의 시도"를 특별히 지적했다.[16] 그리고 테슬라도 니더마이어와 자체적인 문제가 있었다. 테슬라는 2016년에 '걸러 듣기'라는 제목의 보도 자료를 통해 모델 S 서스펜션에 대한 안전 우려에 대응하면서 다음과 같이 단언했다. "마지막으로, 이 문제를 조작해서 명성 있는 기관들이 테슬라에 대한 부정적이고 잘못된 기사를 작성하게 한 것은 에드워드 니더마이어라는 블로거임을 밝혀둔다. 그는 2008년 5월 19일부터 테슬라가 망할 때까지 날짜를 세겠다고 했던 '테슬라 데스 워치'라는 블로그를 운영하던 바로 그 사람이다. 이제 2944일이 지났다. 우리는 방금 맥박을 확인해 봤는데, 니더마이어로서는 유감스러운 일이겠지만 아직 살아 있는 것 같다. 아무래도 그가 하는 말은 걸러서 듣는 게 현명할 듯하다. 니더마이어가 그런 행동을 하는 이유가 단순히 우리에게 불평불만이 있어서인지 아니면 테슬라 주가에 부정적인 영향을 미쳐서 금전적인 이득을 보려고 하는 것인지는 잘 모르겠지만, 테슬라에 대한 공매도 액수가 수십억 달러에 이른다는 점을 강조해야겠다. 이는 곧 사소한 문제를 크게 부풀리거나 허위 사안을 날조할 경우 강력한 재정적 보상을 얻게 된다는 걸 의미한다. 그렇긴 해도, 가끔 테슬라가 진짜 실수를 저지르는 경우도 있다. 우리는 완벽하지 않으며 완벽하다고 주장한 적도 없다. 하지만 우리는 옳은 일을 하려고 노력하고 있고, 기대에 어긋났을 때는 즉시 시정 조치를 취해야 한다고 생각한다."[17]

하지만 테슬라는 확실히 머스크에게 험난한 여정이었다.

테슬라 공동 창업자인 에버하드는 2009년부터 머스크와의 법적 공방을 시작했다. 실제로 머스크는 테슬라에 몸담은 이후 대부분의 시간을 법적인 문제와 씨름했다. 테슬라는 2008년부터 근로자 처우나 실제적인 기술 문제, 그리고 물론 에버하드나 솔라시티와의 더 심각한 이사회 문제에 이르기까지 1000건이 넘는 소송의 당사자인 것으로 알려졌다.

머스크는 차량 화재, 오토파일럿 사용 도중 충돌 사고로 인한 사망, 기타 문제 등 다양한 사안을 다루면서 CEO 역할뿐만 아니라 홍보 이사 역할까지 맡게 되었다. 2013년에는 〈뉴욕 타임스〉가 테슬라 모델 S에 대한 '가짜' 리뷰를 썼다면서 그들과 전쟁을 벌이기도 했다. 이 기사를 쓴 필자는 차의 배터리 작동 거리가 알려진 것과 다르다고 주장했다.

그 해에 테슬라 모델 S가 도로를 달리던 중에 불이 났다. 회사 주가는 폭락했고 테슬라의 미래는 다시 한번 위기에 처했다. 보도에 따르면 머스크는 60억 달러를 받고 테슬라를 구글에 매각하는 걸 고려 중이었다고 한다.

2016년에는 차량 여러 대에서 오토파일럿이 오작동을 일으켰고, 치명적인 충돌을 일으킨 사례도 있었다고 한다. 2017년에 도요타는 테슬라 지분을 매각했다. 같은 해에 회사가 생산 목표를 달성하지 못하자 주가가 또 폭락해서 약 120억 달러의 손실을 입었다.

2018년에는 생각 없이 트윗을 올리는 머스크의 성향이 테슬라에 위기를 가져왔다. 그가 트위터를 통해 "자금을 확보해서 420달러에 테슬라 주식을 인수한 뒤 상장을 폐지"하는 걸 고려하고 있다고 밝히자 테슬라 주가가 10퍼센트 급등했다. 그러나 미국 증권거래위원회SEC는 머스크가 테슬라 투자자들에게 "거짓말 및 오해의 소지가 있는" 발언을 했다며 그에게 소송을 제기했다. 머스크는 SEC에 2000만 달러, 회사에 2000만 달러의 벌금을 내고 앞으로 자신의 소셜 미디어 사용을 모니터링하겠다는 서약에 합의했다. SEC는 또 전직 테슬라 직원에게서 테슬라가 차량용 배터리를 생산하는 네바다 기가팩토리의 범죄 행위(구리선 절도와 마약 밀매 혐의 등)에 대한 내부 조사를 막았다는 제보도 받았다. 마약 단속국 조사 결과 테슬라 직원이 멕시코 마약 카르텔과 연계되어 있다는 게 드러났다. 기가팩토리는 또 현장에서 발생한 직원 사고와 사망 사건에 대해서도 현지 경찰의 조사를 받고 있다. 머스크가 알게 되는 것에 대한 두려움, 그리고 머스크 본인이 부정적인 여론이나 그것이 테슬라에 미치는 영향을 우려하는 것 때문에 결국 직원들이 혐의 사실을 보고하거나 조치를 취하는 걸 주저하게 되었다는 주장이 있다. 공장 현장에서 일어나는 일(그게 범죄 행위든 아니든)을 다 알 수 없는 CEO에게 이건 가혹한 평가다. 그러나 머스크는 평범한 CEO의 기준을 지켰던 적이 없다.

2018년에 미 법무부는 이 회사가 생산 능력에 대해 투자자들을 오도했는지 여부에 대한 조사에 착수했다. 2019년에 머스크는 테슬라 직원을 7퍼센트 해고해야 했고 최고 경영진의 이탈도 뒤따랐다. 그해 2월, 머스크는 테슬라가 그해에 차량 50만 대를 생

일론 머스크, 대담한 선택

산할 것이라는 트윗을 올리면서 트윗 내용 모니터링에 대한 합의를 위반해 또다시 SEC의 분노를 불러일으켰다.

이런 상황에서 오토파일럿을 사용하던 모델 3 운전자가 트럭과 충돌하는 사고가 또 발생했다. 머스크는 이런 일이 생길 때마다 운전 기록부를 동원하고 운전자의 실수가 원인이라는 데이터 기반의 포괄적인 주장을 펴면서 테슬라 차량을 적극적으로 옹호했다.

2018년 6월과 7월에 태국 탐 루앙Tham Luang 동굴 구조 과정에서 정점에 달한 머스크의 트위터 활동 때문에 이사회 내부에서의 불만도 커졌다. 당시 태국 유소년 축구팀 선수들과 코치가 폭우로 불어난 강물 때문에 동굴에 갇히게 되었고, 이들을 구하기 위해 대규모 국제 구조 노력이 진행되었다. 머스크는 자원봉사 구조대원 중 한 명인 영국인 동굴 탐험가 버논 언스워스Vernon Unsworth를 소아성애자라고 비난하는 트윗을 올렸다.

머스크와 언스워스는 소년들과 코치를 구출하는 최선의 방법에 대해 공개적으로 논쟁을 벌였다. 베테랑 동굴 다이버인 언스워스(64세)가 소년들을 구조하기 위해 잠수 전문가들을 모집하는 동안, 머스크는 구조 작업을 돕기 위해 스페이스X와 테슬라의 엔지니어 팀과 미니 잠수함을 태국에 보냈다.

그러나 언스워스가 머스크의 제안을 '홍보용'이라고 낙인찍고 '그런 잠수함은 갖다 버리라'고 말하자 머스크도 대응했다. 한 트윗에서 머스크는 언스워스가 아동 성매매로 악명 높은 치앙라이Chiang Rai 지역에 거주한다는 이유로 그를 '페도 가이'라고 불렀다.

저널리스트 라이언 맥Ryan Mac은 이런 판단 비약에 대해 머스크와 직접 얘기를 나눴다. 당시 맥은 〈버즈피드BuzzFeed〉의 선임 IT 기자였다.[18] 그는 나중에 〈뉴욕 타임스〉에 입사해서 기술 업계의 책임성 문제를 다뤘다. 맥은 페이스북 직원을 취재해서 그 회사의 혹독한 내부 비판 문제를 폭로했고, 레슬러 헐크 호건Hulk Hogan이 고커 미디어Gawker Media를 상대로 진행한 법정 소송(2013 ~2016) 비용을 피터 틸이 비밀리에 후원한 사실을 밝혀냈다. 맥은 〈버즈피드〉 기사를 쓰기 위해 머스크에게 이메일을 보내서 언스워스의 변호사에게 받은 편지에 대해 얘기하고 싶은지 물었다. 머스크는 비공식 답변에서 언스워스는 서툰 잠수부일 뿐만 아니라 '아동 강간범'이라며 다양한 혐의를 제기했고 자기는 고소당할 가능성을 환영한다고 말했다.[19]

맥은 머스크가 말한 내용에 대해 문의하는 이메일을 여러 통 보냈고, 그가 '오프 더 레코드' 대화에 동의하지 않았기 때문에 그걸 비공개 대화로 여기지 않을 거라고 주장했다. "때로 사람들은 '오프 더 레코드'라는 말이 마법의 명령이라서 그 말을 내뱉자마자 즉시 효력이 발생해 그 뒤에 하는 말은 전부 비밀 유지가 될 거라고 생각한다. 그러나 사실 그 조건이 성립되려면 언론인과 정보원 양쪽 모두의 동의가 필요하다. 머스크와 나는 동의하지 않았다." 맥은 이렇게 썼다.[20] 여러 차례 이메일을 주고받은 뒤 결국 머스크가 맥에게 '꺼져, 이 소름 끼치는 놈아'라는 내용의 마지막 메일을 보냈다고 한다.

맥의 추가 조사 결과 언스워스가 '아동 강간범'이라는 사실을 머스크에게 처음 알려준 '사설 수사관'이 사실은 가짜였다는 사실이 드러났다. 그는 유죄 판결을 받은 사기꾼이었다. 그런데 머스크는 그를 믿었던 것이다.

머스크는 나중에 그 트윗을 삭제하고 사과했는데, 이는 언스워스가 머스크를 고소하고 1억 9000만 달러의 배상금을 요구하면서 벌어진 법정 싸움에서 그의 가장 큰 자산이 되었다. 이 사건은 소셜 미디어상에서의 명예훼손에 대한 법적 기준 면에서 획기적인 재판으로 평가받는다. 그리고 머스크는 가장 가능성이 희박한 방법으로 여기에 영향을 미쳤다. 그의 변호인단은 'JDart'라는 개념을 주장했는데, 이는 부적절한 트윗을 올린 뒤 좋지 못한 평가를 받으면 사과하고 트윗을 삭제하는 트위터 사용자를 가리키는 두음문자다. 로스앤젤레스 배심원단은 머스크에게 유리한 판결을 내렸다.

그러나 맥은 조사 과정에서 일론 머스크의 정신과 성격을 실제로 엿볼 수 있는 기회를 얻었다. 그가 〈버즈피드〉에 썼듯이, 머스크는 언스워스에게 무시당했다는 생각 때문에 법정까지 갔고,

이 일에 분개해 자기 트위터 계정을 통해 비난을 쏟아냈을 뿐만 아니라 그를 격렬하게 지지하면서 반대자들을 적극적으로 괴롭히는 팬들까지 끌어들였다. "이 억만장자 사업가는 자신의 나쁜 행동 때문에 발생한 법적 분쟁에서도 전기차를 주류로 만들 때와 같은 추진력을 발휘했다. 그리고 전형적인 방식으로 불가능에 도전했다. 그리고 이겼다. (⋯) 하지만 많은 면에서 볼 때 이 사건은 지금까지 머스크를 헤드라인에 등장시킨 어떤 기술적 위업보다 그의 본모습을 훨씬 잘 드러낸다. 일주일간 진행된 재판은 머스크가 현실을 어떤 식으로 왜곡시키는지 공개적으로 보여줬다. 이건 그에게 따라다니는 신화의 일부지만 업무 외적인 부분에서는 거의 볼 수 없는 기술이다. 그는 이 기술을 이용해서 엔지니어가 며칠 안에 자동차 부품을 완벽하게 만들도록 설득하거나 홍보 담당 직원을 압박해서 나쁜 기사가 사라지게 한다. 그리고 종종 그를 실패 직전의 상황에서 구해낸다."[21]

맥의 말에 따르면 일론이 바라보는 현실은 크게 왜곡되어 있다. (⋯) "언스워스의 경우, 머스크는 자기를 비판한 사람이 태국에 사는 나이 든 백인 남성이라는 이유만으로 틀림없이 소아성애자일 것이라고 확신했다. 나중에 명예훼손 소송을 당하자 머스크와 그의 변호인단은 대체 현실을 구축했다. 자기가 동굴 구조 활동에서 핵심적인 역할을 했고, '페도 가이'는 [남아공에서] 흔히 쓰는 가벼운 욕설일 뿐이며, 자기를 비난한 영웅의 인생을 망쳐놓

일론 머스크, 대담한 선택

으려고 한 적이 없는 척한 것이다.

맥은 재판이 끝난 뒤 전직 테슬라 임원이 자기에게 한 말을 공개했다. "일론은 진짜이기를 바라는 이야기를 하면서 그게 진짜일 거라고 확신한 다음, 다른 사람들까지 설득하는 기묘한 능력을 가지고 있다."[22]

일론 머스크의 세계에서는 사소한 사건이어야 했던 그 법정 사건이 실은 전혀 그렇지 않다는 사실이 증명되었다. 머스크의 비평가들이 볼 때 그건 테슬라의 생산 목표를 달성하지 못했다는 압박감 때문에 머스크가 불안정한 상태에서 고통에 시달리고 있다는 그들의 주장을 입증하는 것이었다. 머스크가 회사의 방향을 바로잡는 동시에 언론의 격렬한 비난을 피하기 위해 테슬라 공장 바닥에서 잠을 잔다는 소문이 돈 것도 바로 이 무렵이었다. 투자자들은 기회가 생길 때마다 테슬라 주식을 '공매도'했다.

하지만 머스크의 팬들이 생각하기에 그 법정 사건은 머스크와 그의 회사를 깎아내리기 위해 구미에 맞는 부분만 골라서 보도하는 언론의 부당 대우 때문에 발생한 일이었는데, 사법 체계가 마침내 그 사실을 입증해서 혐의를 벗겨준 것이었다.

객관적인 관찰자들은 브라이언스턴 고등학교에서 본인이 겪었던 것과 똑같은 괴롭힘 성향을 드러내는 그 총명한 남자의 속을 들여다보면서 걱정스러워했다. 머스크가 법정에서 '페도 가이'는 소름 끼치는 늙은 백인을 가리키는 남아공 속어라고 주장하자, 많은 남아공 사람들(개중에는 머스크의 동년배들도 있었다)은 주변에서 그런 말을 쓰는 걸 들어본 적이 없다는 트윗을 올렸다. 이 사안을 직접 조사해본 맥은 그 표현이 남아공 속어와 관련이 있다는 언급을 전혀 찾을 수 없었다고 말했다.

머스크 주변에서는 그가 '영웅'이냐 아니면 '과대 광고'냐 하는 논쟁이 자주 벌어지는데, 테슬라는 이와 관련된 흥미로운 사례 연구를 제공한다. 테슬라가 실제로 이윤을 낼 수 있을지 여부는 복잡한 문제다. 그리고 이윤 구조 자체도 복잡하다.

테슬라는 기본적으로 4~15만 달러 사이의 가격대가 형성되어 있는 전기차 틈새시장을 노리는 회사다. 성장세를 보이고는 있지만 기존 자동차 업체들에 비하면 생산량이 매우 적다. 2020년에 테슬라는 51만 대의 자동차를 생산했다. 폭스바겐은 같은 해에 거의 900만 대의 자동차를 생산했다.

테슬라는 머스크가 이 회사에 처음 투자한 지 16년 만인 2020년에 처음으로 흑자를 기록했다고 한다. 이윤을 남기지 못하고 회사를 운영하기에는 너무 긴 시간인 듯하지만, 머스크가 투자자들의 관심을 높여서 몇 차례 파산 직전까지 갔던 이 회사에 계속 자금이 유입되도록 한 게 한두 번이 아니다.

테슬라의 경우에는 '이익'의 본질이 뭔지도 혼란스럽다.

미국 11개 주의 규정상 자동차 제조업체들은 2025년까지 배

일론 머스크, 대담한 선택

기가스를 배출하지 않는 차량을 일정 비율 이상 판매해야 한다. 이 비율을 충족하지 못하는 회사는 요건을 충족한 회사(테슬라처럼 전기차만 판매하는 회사 등)에서 규제 크레딧을 구입해야 한다. 테슬라는 이를 통해 막대한 재정적 이득을 볼 수 있다. CNN 비즈니스CNN Business는 2020년 이전의 5년 동안 테슬라의 크레딧 판매 수익이 33억 달러에 이른다고 추정했다.[23] 게다가 2020년에 테슬라의 순이익은 7억 2100만 달러였지만 규제 크레딧 수익은 16억 달러였다. 그 결과 테슬라가 '흑자'를 달성할 수 있게 된 것이다. 이 회사는 실제 자동차를 팔아서 버는 돈보다 다른 자동차 회사에 크레딧을 팔아서 버는 돈이 더 많다. 그리고 비트코인bitcoin과의 관계도 있다.

머스크는 고급스러운 사무실에 앉아 있는 다른 어떤 CEO보다 소셜 미디어를 잘 관리했다. 그리고 그가 SNS를 가장 효과적으로 활용한 건 암호 화폐와 관련해서다. 특정 암호 화폐의 장점에 대한 머스크의 트윗이 말 그대로 시장을 움직였다. 그는 트위터를 통해 혼자서 비트코인 가격을 결정했다. 한때 테슬라는 15억 달러 상당의 비트코인을 매입했다. 그리고 나중에 그중 10퍼센트를 1억 100만 달러에 매각해서 이윤을 올렸다. 테슬라는 실제 자동차 판매보다 비트코인 판매를 통해 더 많은 돈을 벌었다.

테슬라는 실제로 수익을 내기까지 오랜 시간이 걸렸음에도 불구하고 가치가 크게 치솟아서 이제는 도요타, 폭스바겐, BMW 같은 전통적인 거대 자동차 기업들을 제치고 세계에서 가장 가치 있는 자동차 회사가 되었다. 테슬라의 주가는 2020년에 700퍼센트 상승했다. 테슬라의 현재 가치와 향후 가치 예측을 놓고 보면, 다른 주요 자동차 회사를 전부 다 인수할 수 있을 정도다. 일찌감치 이 회사에 투자한 사람들은 백만장자가 되어, '테슬라 백만장자'라고 불리는 집단이 생겨났다.

투자 분석가들은 테슬라를 '양극화 주식'이라고 부르는데, 어떤 사람들은 이 회사를 신봉하고 어떤 사람들은 회의적으로 바라보기 때문이다. 테슬라 주가가 말도 안 되게 과대평가되었다고 느끼는 이들이 많다. 머스크 자신도 그렇게 말한 것으로 유명하며, 사람들이 그 의견에 동의하는지 물어보는 트위터 여론 조사도 실시했다. 2021년에 머스크는 트위터 팔로워들에게 자신의 과세 소득을 늘리기 위해 테슬라 주식 10퍼센트를 팔아야 할지 물어봐서 투자계를 충격에 빠뜨렸다.[24] 그러나 그가 주식을 매각한 진짜 이유는 예전에 받은 스톡옵션 때문에 엄청난 세금을 내야 했기 때문이다. 그 주식을 팔지 않으면 잃게 될 상황이었다. 그러나 머스크는 "최근 미실현 이익이 세금 회피 수단이 되고 있다는 말들이 많다"면서 미국의 전반적인 조세 제도를 맹렬히 비난했다. 그는 자기 재산은 현금이 아니라 회사에 있으며, 월급을 받지 않는 대신 주식을 보유하고 있다는 주장을 자주 해왔다. 그는 이후 '억만장자 소득세' 요구의 일환으로 극부유층에 대한 추가 과

세를 지지하는 대표적 인물인 버니 샌더스Bernie Sanders 상원의원과 트위터를 통해 몇 차례 얘기를 주고받았다. 지구상에서 가장 부유한 사람인 머스크는 확실한 타깃이다. 그러나 테슬라의 가치는 그가 지켜보는 가운데 계속 치솟고 있으며, 그가 만들어 낸 변동성은 분명히 시장에서 문제가 되지 않는다.

테슬라의 정체성에도 논란의 여지가 있다. 테슬라는 자동차 회사가 아니라 IT 회사라는 주장도 있다. 그리고 머스크는 이런 논란을 자신에게 유리하게 사용하는 데 탁월한 능력을 발휘했다. 이건 자동차 회사다. IT 회사다. 배터리 회사다. 양심적인 회사다. 암호 화폐 회사다. 태양광 발전 회사다. 사회 운동이다. 다가올 미래에 대한 희망이다.

스페이스X와 마찬가지로 테슬라도 이 회사가 앞으로 무엇이 될 수 있는지, 미래의 무엇을 대표하는지를 보고 자금이 몰리는 듯하다.

예전에 마크 타페닝은 이런 말을 했다. "일론은 복잡한 사람이다. 그는 긍정적일 수도 있고 부정적일 수도 있는 모든 걸 파헤친다. 그는 아직 개발 중인 뭔가를 밀어붙여서 우리를 의아하게 만든다. 때로는 타당하고 때로는 타당하지 않은 행동이다. 그는 위험을 감수하는 걸 매우 좋아한다. 그리고 뭔가 새로운 걸 만들 때는 혼자서 재정적인 위험과 기술적인 위험을 감수하려고 하는데,

그 일이 성공하면 정말 놀라운 결과가 나온다. 물론 그 과정에서 부수적인 피해도 많이 생긴다. 하지만 그게 바로 일을 진행시키는 방법이다."[25]

머스크는 매우 전략적인 사람이다. 그는 투자자들을 설득해서 자신의 거창한 프로젝트에 합류시킬 수 있다. 하지만 그와 동시에 자기는 스페이스X나 테슬라가 성공하지 못할 것이라고 생각하며 아마 그래서 자기 개인 재산이 많이 잠식될 거라는 얘기를 공공연하게 한다. 이는 일이 잘 풀리지 않더라도 투자자들이 적어도 머스크가 솔직하게 말했다는 사실에서 위안을 느끼게 해주는 일종의 잔인한 정직함이다.

테슬라가 과대평가됐다는 지적에 대해서는 머스크도 동의한다. 테슬라 주가가 760달러에 달했던 2021년에 머스크는 트위터를 통해 주가가 너무 높은 것 같다고 말했다. 그런데도 투자자와 시장은 여전히 그를 계속 따라다닌다.

그렇다면 테슬라의 진짜 가치는 얼마일까? 테슬라의 실체는 무엇일까?

이런 질문이 꾸준히 제기되는 동안 메르세데스-벤츠, 포드, 기아, 폭스바겐은 자체적인 전기차 라인에 수십억 달러를 지출할 것이다. 그리고 테슬라가 시작 당시부터 해온 일을 하려고 할 것이다.

전기차를 만드는 경쟁에서, 머스크는 이제 다른 주요 자동차 제

일론 머스크, 대담한 선택

조업체들에게 바짝 뒤쫓기고 있다. CNN 비즈니스는 2018년에 전세계 도로를 달리는 전기차가 500만 대가 넘는다고 추정했는데, 이는 전년 대비 40퍼센트 증가한 수치다. 배터리 기술의 지속적인 개선과 친환경 배터리를 생산하려는 환경 인센티브가 성장의 주요 동인이다. 2015년에 미국의 중형차 소매가격 대비 배터리 비용은 75퍼센트를 약간 밑돌았다. 2025년에는 25퍼센트 수준까지 떨어질 것으로 예측된다. 주행 거리와 충전 인프라는 앞으로 몇 년 동안 극복해야 하는 또 다른 주요 장애물이 될 것이다.

테슬라는 여전히 매출에서 선두를 달리고 있다. 머스크의 회사는 2017년에 거의 10만 대를 팔아서 1위를 차지했다. 지리Geely, 르노-닛산-미쓰비시, 현대, GM, 폭스바겐, 메르세데스-벤츠, 포드, 도요타를 제치고 1위 자리에 오른 것이다.

2018년에도 22만 2000대가 팔려서 1위를 지켰다.

하지만 CNN 비즈니스는 현재의 생산량과 연구개발 노력을 감안하면 2025년에는 폭스바겐이 1위 자리를 이어받고 르노-닛산-미쓰비시, 지리, 테슬라가 그 뒤를 이을 것으로 내다봤다.

머스크의 생각이 정확했다. 전기차가 실제로 자동차의 미래가 되었다. 테슬라의 미래는 이 경주에서 살아남을 수 있는 능력에 달려 있다. 이들은 아주 좋은 출발을 했다. 하지만 머스크는 1위가 되는 것의 어려움 중 하나는 다른 모든 이들이 목표로 삼을 수 있는 뭔가를 제공하는 것이란 걸 잘 알고 있다.

우주 경쟁에 있어서도 머스크는 선두를 유지하기 위해 최선을
다하고 있다. 그리고 지금은 그가 이기고 있다.

우주 대부호

2021년 9월 15일 수요일, 인간과 우주와의 관계가 영원히 달라졌다. 플로리다의 케네디 우주센터에서 발사된 스페이스X의 드래곤 우주선은 인류 역사상 처음으로 민간인 4명을 궤도에 진입시켰다. 이들은 전문적인 우주비행사도 아니고 단순한 화물도 아니었다. 이들은 우주로 간 4명의 평범한 사람들이었다.

이는 인류와 머스크에게 중요한 순간이었다.

민간인 4명이 자기들끼리 우주로 갔다. 최초의 지구 궤도 비행부터 달 착륙과 국제우주정거장에 이르기까지 이전에 인류와 우주 사이에서 이루어진 상호 작용은 경외심을 불러일으켰다. 하지만 이 모든 상황에서 평범한 사람은 그저 관찰자에 불과했다. 우리는 전문가들이 우리가 꿈꾸던 일을 해내는 모습, 우리를 대신해서 거대한 도약을 이루는 모습을 지켜보면서 깊은 감명을 받았다.

그리고 인스퍼레이션4 Inspiration4의 승무원들이 이룬 거대한 도약은 머스크의 우주 야망에서 똑같이 결정적인 역할을 했다.

머스크는 자기가 하는 모든 일의 원동력이 되는 야망은 인간을 다행성 종으로 만드는 것이라고 줄곧 얘기해 왔다. 그가 이 일을 하는 이유는 실용적(공룡을 멸종시킨 것과 유사한 멸종 사건을 막는 것)인 동시에 감성적(공상과학 소설을 현실화하고 어릴 때부터 그를 사로잡았던 흥미진진한 미래를 만드는 것)이다.

이를 위해 그는 먼저 우주 탐사에 관한 대화를 재개하고 사람들이 그 주제에 다시 관심을 갖게 해야 한다고 생각했다. 그 다음 단계는 민간 우주 회사를 설립해서 우선 화물을 실어나르고 그 다음에는 우주인까지 수송하는 정부 계약을 체결해서 재정적으로 독자 생존이 가능한 회사로 만드는 것이다.

머스크는 스페이스X를 통해 이 목표를 모두 이뤘다.

2021년 9월 15일 수요일은 획기적인 날이었다. 어떻게 보면 〈젯슨 가족The Jetsons〉(우주 시대의 삶을 사는 미래 가족을 주인공으로 한 1960년대 미국 애니메이션 시리즈)이 사는 세계가 현실이 된 날이었다. 평범한 사람들도 별을 바라보면서 전문적인 우주비행사가 되지 않고도 우주 비행을 경험할 수 있는 날을 꿈꾸게 되었다.

그러나 이 역사적인 첫 번째 우주 비행 좌석을 예약하는 건 억만장자만 가능했다. 예전에는 부유한 사람들만 최초의 민간 항공기를 예약하거나 휴대폰을 소유할 수 있었지만, 이제는 누구나 비행기를 타고 휴대폰을 들고 다닌다. 머스크가 목표로 삼는 것은 바로 그런 궤도를 따라 일이 진행되는 것이다. 그는 매우 똑똑한 사람들이 모인 틈새 그룹만이 새로 등장한 기술을 이해하던 시기에 최초의 인터넷 억만장자가 된 사람 중 한 명이다. 지금 다섯 살짜리 아이들은 인터넷이 뭔지 잘 알고 자기 손바닥에 쥐고 있다.

머스크가 엔지니어링에 열광하는 이유는 뭔가가 최초로 등장하는 시기와 누구나 그걸 이용할 수 있게 되는 시기 사이의 격차를 빠르게 좁힐 수 있기 때문이다. 사람들이 그것에 관한 대화를 나누게 되면, 인터넷이든 전기차든 우주 비행이든 빠르게 발전하기 시작한다. 그렇게 되면 업계와 전체적인 내러티브가 거대한 비전이 드러나지 않았을 때보다 훨씬 빠르게 움직인다. 머스크가 특허를 등록하지 않겠다고 선언한 것도 이 때문이다. 그는 테슬라 특허가 오픈 소스가 될 것이라고 두 번이나 말했다. "누군가 테슬라보다 좋은 전기차를 만들고 그게 우리 것보다 훨씬 뛰어나서 결국 테슬라가 팔리지 않아 파산하게 되더라도, 세상을 위해서는 좋은 일이라고 생각한다.[1]

테슬라의 가장 중요한 목표는 지속 가능한 에너지의 출현을 가속화하는 것이다. 그러니 우리 특허 포트폴리오 때문에 다른 회사들이 전기차 만드는 걸 단념하게 된다면 그건 우리 임무와 일치하지 않는 일이다."[2]

하지만 머스크에게는 항상 그의 추종자들이 모르는 신중하게 고안된 전략이 있다. 머스크는 도요타가 2017년에 테슬라와의 협력을 종료(위험을 무릅쓰는 테슬라의 방식과 보다 보수적인 도요타의 접근 방식이 충돌했기 때문이라고 한다)하기 직전에 이런 특허 전략을 공표했고 자체적인 수소차 제작 계획도 알렸다. 테슬라가 특허를 공개하자 도요타도 따라서 수소차 특허를 공개했고 덕분에 지속 가능한 에너지 차량으로의 이동을 가속화하게 되었다. 그러나 머스크는 자신에게 유리한 방향으로, 혹은 다른 경쟁 기술보다 전기차에 유리한 방향으로 저울을 기울였다. 특허를 공개하면 더 많은 개발자들이 테슬라의 현재 기술을 지원하고 성장시킬 수 있으며, 그렇게 되면 테슬라는 지속 가능한 에너지 차량으로 이동하는 과정에서 계속 주도권을 유지하면서 수소 같은 다른 에너지원으로 개발 초점이 옮겨가지 않게 할 수 있다. 그건 미묘한 변화지만 머스크의 생각이 어떻게 작용하는지 명확하게 보여주는 변화다. 그가 이타적인 야심을 품고 있긴 하지만 그래도 여전히 사업적으로 이치에 맞는 일을 하고 있다.

따라서 스페이스X는 단순히 인간의 의식 보호를 넘어 상업적인 이익을 추구할 것이며, 회사가 살아남으려면 분명 수익이 있어야 한다고 말해도 무방할 것이다.

그러나 인스퍼레이션4의 승무원 4명은 그런 문제에 관심이 없었다. 그 승무원들의 리더는 IT 억만장자인 자레드 아이작먼Jared Isaacman이었는데, 그는 이 임무의 지휘관이 되는 특권을 얻기 위해 약 2억 달러를 지불했다. 자격 있는 조종사인 아이작먼은 소형 항공기부터 전투기에 이르기까지 다양한 항공기를 조종해 본 방대한 경험을 가지고 있다. 그가 운영하는 회사 중 하나인 드라켄 인터내셔널Draken International은 미국 국방부에 비행 훈련 서비스를 제공한다. 아이작먼도 머스크처럼 학교를 좋아하지 않았고 기술 분야와 모험 속에서 자기 인생을 찾았다. 하지만 그는 자신의 특권을 잘 이해했고 오랜 비행 경험을 활용해서 자선 기금 모금을 돕기도 했다.

아이작먼은 인스퍼레이션4를 위한 홍보대사 역할을 확실하게 해냈다. 이 임무에 대해서 다룬 넷플릭스 특별 다큐멘터리에서 아이작먼은 이렇게 회상했다. "사람들이 이 일을 어떻게 여길지 생각해 봤다. 흠, 억만장자가 분방한 행동을 한다고 여길 수도 있을 것이다. 부의 특권은 여기 지구에서 할 수 있는 모든 걸 무시하고 갈 수 있다는 것이다. 나한테는 약간의 상쇄 작용이 필요하다. 우리가 오늘날 세계가 직면하고 있는 문제에 대해 큰 변화를 이루지 못하거나 우주로 갈 권리를 얻지 못한다면 이 일을 하지 않을 것이다.

적절한 시기에 몇 가지 일이 뜻대로 되지 않는다면 절대 내 위치까지 올 수 없다. 인생 스펙트럼의 반대편 끝을 생각해 보라. 제대로 되는 일이 하나도 없고 살면서 끔찍한 일만 겪는 가족도 있고, [암으로 고통받는] 많은 아이들은 심지어 자라지도 못하고 내가 경험한 기회의 100분의 1도 누리지 못한다. 인생이 이렇게 불균형한 건 말도 안 되는 일이다. 이것에 대해 뭔가를 해야만 한다. (…) 결국 모든 사람이 우주로 나가 별들 사이를 여행할 수 있는 세상에서 살려면 그 과정에서 소아암과도 싸워야 한다."[3]

테네시주 멤피스에 있는 세인트 주드 아동 연구 병원이 인스퍼레이션4 미션의 공식 수혜자로 결정되었다. 1962년에 널리 사랑받는 연예인 대니 토머스Danny Thomas가 설립한 세인트 주드 병원은 소아암, 특히 백혈병 연구 분야의 세계적인 리더다. 이들의 목표는 병원을 위해 2억 달러를 모금하는 것이었다.

이 사실을 염두에 둔 아이작먼은 우주선의 남은 세 자리 중 두 자리를 세인트 주드에 제공했다. 병원 측에서는 헤일리 아르체노Hayley Arceneaux라는 직원을 선발했는데 그녀는 세인트 주드에서 치료받은 암 생존자이기도 하다. 그녀는 나중에 보조 의사 자격을 얻은 뒤 백혈병과 림프종 환자들을 돌보기 위해 병원으로 돌아왔다.

세인트 주드는 두 번째 좌석 주인공은 추첨을 통해서 정하기로 했고, 결국 항공우주 분야에서 일한 경험이 있는 미 공군 참전용사 크리스토퍼 셈브로스키Christopher Sembroski에게 돌아갔다. 아이러니컬하게도 그는 대학생 때 우주여행을 개방하고 스페이스X 같은 회사를 위한 길을 닦기 위해 정부를 상대로 로비를 벌인 프로스페이스ProSpace라는 회사에서 자원봉사를 했었다.

아이작먼은 네 번째 좌석은 콘테스트를 열어서 제공하기로 했다. 자기 회사의 전자상거래 서비스인 시프트4 페이먼츠Shift4 Payments와 온라인 매장인 시프트4숍Shift4Shop을 통합한 온라인 매장에서 활용할 최고의 비즈니스 아이디어를 생각해낸 사람이 인스퍼레이션4의 마지막 자리를 차지하게 될 것이다. 그 영예는 지구과학자인 시안 프록터Sian Proctor 박사에게 돌아갔는데, 그녀의 아버지는 아폴로 임무 기간에 NASA에서 일했다고 한다. 그녀는 또 우주를 모든 사람에게 개방한다는 머스크의 비전을 공유한다. 예술가이자 시인인 그녀는 자기가 추진하는 스페이스2인스파이어Space2inspire 계획의 일환으로 모든 인류를 위한 'JEDI 스페이스JEDI Space'(공정성Just, 공평성Equitable, 다양성Diverse, 포용성Inclusive)라는 걸 홍보한다. 프록터는 시프트4숍을 통해 자기 작품을 판매한다.

이들 네 사람은 특권과 개척 정신 사이의 절묘한 균형을 나타내지만, 아이작먼은 이걸 한 단계 더 발전시켰다. 그는 자기가 구입한 4개의 좌석 각각에 상징적인 특성을 부여했다. 임무 지휘관인 아이작먼의 좌석은 리더십을 상징한다. 다른 특성은 관대함, 번영, 희망이었다. 아르체노는 희망을 상징하는 좌석에 앉고 셈브로스키는 관대함, 프록터는 번영의 자리를 차지했다.

스페이스X의 팰컨 9 로켓이 우주선을 궤도까지 실어날랐고, 드래곤(ISS로 우주비행사를 수송한 최초의 민간 우주선)은 전부 민간인들로 구성된 승무원을 태우고 지구 저궤도에서 3일을 보냈다. 그들은 585킬로미터의 궤도 고도에서 표류했는데 이는 역사상 인간이 도달한 고도 중에서 다섯 번째로 높은 지점이다. 심지어 408킬로미터의 고도에서 지구를 도는 국제우주정거장보다 더 높았다.

억만장자, 보조 의사, 공군 참전 용사, 기업가형 과학자가 갑자기 자기들끼리 궤도를 떠돌게 되었다. 머스크가 생각하기에 이건 우주에 대한 대중의 관심을 다시 불러일으키는 결정적인 순간이었다. 이는 우주로 로켓을 보내고, CRS 계약을 따내고, 정부 위성을 발사하고, 전문 우주비행사를 우주로 보내는 등의 기본적인 일을 훨씬 뛰어넘는 것이었다. 이건 공상과학 소설이 현실이 된 것이다. 한때는 우주로 진출하는 것을 국가적인 의무로 여겼던 곳에서 이제는 개인적인 버킷리스트 경험이 되었다.

머스크는 직접 로켓을 만드는 것부터 시작해 재사용이 가능한 로켓 개발, 우주 화물과 우주비행사 수송, 그리고 민간인을 우주에 보내는 것까지 엄청나게 빠른 속도로 일을 진행했다. 이건 팰컨 1이 2008년에 민간 자금으로 제작되어 궤도에 진입한 최초의 로켓이 된 이후 12년간의 타임라인이다. 미국이 달에 사람을 착륙시키기까지 9년이 걸렸다는(엄청난 국가적 노력의 뒷받침된 덕분에) 걸 고려할 때, 머스크의 12년은 놀라운 성과다. 게다가 그는 개인 기업의 힘으로 해냈다. 그건 소위 '우주 대부호'라고 불리는 그의 경쟁자들을 훨씬 뒤처지게 하는 거대한 도약이었다.

억만장자들의 우주 경쟁은 일론 머스크(스페이스X), 제프 베이조스(블루 오리진), 리처드 브랜슨(버진 갤럭틱), 이 세 사람을 중심으로 전개된다. 이들의 총 순자산은 남아공의 GDP보다 조금 더 많다. 하지만 개별적으로 살펴보면 우주에 대한 그들의 비전은 서로 크게 다르다.

브랜슨은 아마 우주비행사뿐만 아니라 일반 유료 고객에게도 우주 비행의 매력을 처음으로 선전한 사람일 것이다. 그는 오랫동안 우주여행에 대한 꿈을 품어 왔다. 브랜슨의 비전은 운송 수단으로서의 우주여행에 더 초점을 맞춘 듯한데, 언젠가는 다른 어떤 항공사보다 훨씬 빠른 준궤도 수준의 비행을 통해 사람들을 여러 도시와 나라로 실어나를 수 있을 거라는 비전을 품고 있다.

베조스는 여기서 한 걸음 더 나아가고 싶어 한다. 그는 사람들이 우주를 여행하고 회전하는 궤도 우주 식민지에 거주하면서 일하게 될 거라는 비전을 가지고 있다. 달 기지는 또 지구를 깨끗하게 유지하기 위해 지구에서 진행되는 산업의 많은 부분을 우주로 옮기고자 하는 그의 원대한 비전의 일부다. 그리고 물론 우주 관광도 중요하다.

머스크는 가장 먼 목표 지점인 화성에 갈 계획이다. 우주 관광에도 관심이 있다. 하지만 머스크의 궁극적인 목표는 단순히 인간이 우주를 방문하는 게 아니라 그곳에서 사는 것이다. 그리고 그는 화성을 '새로운 지구'로 정했다.

브랜슨과 베조스는 실제로 우주에 진출한 최초의 우주 대부호가 되기 위해 서로 경쟁하고 있다. 브랜슨은 2021년 7월 11일에 자신의 준궤도 우주선 VSS 유니티VSS Unity(스페이스쉽투SpaceShipTwo 클래스)를 타고 국제항공연맹Aeronautique Internationale이 정한 우주의 가장자리인 카르만선Karman Line(고도 100킬로미터, 또는 지구 대기권과 우주 공간 사이의 경계)을 향해 날아올라 첫 테이프를 끊었다. 유니티는 비행 중에 고도 86킬로미터에 도달했다. 브랜슨의 우주선이 카르만선을 넘지 않았기 때문에 그가 우주에 도달하지 못했다고 주장할 수도 있지만, 미 공군과 NASA는 우주의 경계를 고도 80킬로미터로 정해두고 있기 때문에 브랜슨이 우주에 진출한 최초의 우주 대부호라는 칭호를 얻게 됐다.

2021년 7월 20일, 베조스는 머큐리호 우주비행사였던 앨런 B.

셰퍼드Alan B. Shepard의 이름을 따서 명명한 뉴 셰퍼드 2New Shepard 2호를 타고 우주로 여행을 떠났다. 뉴 셰퍼드는 카르만선보다 약간 높은 105킬로미터 고도에서 우주 공간에 도달해, 베조스는 우주에 나간 최초의 대부호라고 자랑할 수 있는 권리를 얻었다. 베조스는 82세의 메리 월러스(월리) 펑크Mary Wallace (Wally) Funk와 18세의 네덜란드 조종사 올리버 데먼Oliver Daemen을 데리고 갔고, 이들은 최고령 우주여행자와 최연소 우주여행자로 기록되었다. 베조스의 동생 마크도 이 우주선에 함께 탔다.

하지만 거의 모든 면에서 이 3자 우주 경쟁을 주도하는 건 머스크다. 스페이스X는 다른 어떤 회사보다 큰 폭으로 로켓 산업을 변화시켰다. 사업 확장에 박차를 가하기 위해 꼭 필요하고 수익성도 높은 계약을 체결했다. 그리고 아마 이들 셋 중에 일반 대중들 사이에서 가장 인지도가 높고 가장 인기 있는 사람도 머스크일 것이다. 이는 머스크의 대중적인 모습과 매우 유명한 발사 실패 때문이다. 머스크는 '우주선이 화성에 충돌해서 죽는 것만 아니면' 언젠가 화성에서 죽고 싶다는 농담을 한 것 외에는 아직 본인의 우주여행 여부와 시기를 공개적으로 밝히지 않았다. 그러나 좀 더 진지한 자리에서 그는 매우 많은 회사를 이끄는 경영자로서의 위치 때문에 현재로서는 우주여행을 즐기는 게 너무 위험하다고 말한 적이 있다.

브랜슨과 머스크는 우주의 꿈을 공유하면서 행복해 보이지만,

베조스는 다른 두 회사와의 법정 싸움 및 공개 분쟁에 연루되어 있다. 베조스의 블루 오리진은 브랜슨이 카르만선을 넘지 않았다는 걸 재빨리 지적하면서 상세한 설명 그래픽을 제작했고 브랜슨이 탑승한 것은 로켓이 아니라 '고고도 비행기'라고 주장했다. 블루 오리진은 또 스페이스X의 착륙선이 우주비행사들에게 안전하지 않다고 선언하는 등 반복해서 경쟁사를 후려쳤다. 그리고 뉴셰퍼드 2에 '우주에서 가장 큰 창문'이 달려 있다고 홍보하기 위해 갖은 노력을 다 기울였다.

그리고 9월 15일 수요일, 머스크는 이들을 모두 능가했다. 그의 인스퍼레이션4 미션은 사상 최초로 민간인 승무원들이 브랜슨과 베조스는 물론이고 국제우주정거장이 도달한 최고점까지 뛰어넘는 고도 585킬로미터에 도달해 모든 면에서 역사를 만들었다.

그리고 온갖 기록이 다 나왔다.

스페이스X 웹 사이트에 나와 있는 것처럼, 이는 최초의 흑인 여성 우주선 조종사(프록터)와 우주에서 가장 젊은 미국인(29세인 아르체노)이 궤도에 도달한 최초의 민간 우주 비행이었다. 또 열 살 때 앓은 암으로 왼쪽 허벅지와 무릎 일부를 잃은 아르체노는 인공 기관을 달고 우주로 나간 최초의 인물이 되었다. 그리고 허블Hubble 미션 이후로 가장 긴 유인 우주 비행이었으며 그 외에도 여러 가지 최초 기록을 세웠다. 머스크와 그의 팀은 베조스에게 고개를 까닥이면서 2000평방인치가 넘는 시야를 제공하는 드래곤의 둥근 지붕이야말로 우주에서 가장 큰 연속 창이라고 지적했다. 그리고 결국 인스퍼레이션 4 미션은 세인트 주드 아동 연구 병원을 위해 거의 1억 5400만 달러 가까운 돈을 모금했다.

하지만 가장 치열한 공방과 가장 열띤 교류가 진행된 것은 머스크와 베조스 사이이다. 지금까지는 스페이스X가 선두를 달리고 있다. 이 회사는 블루 오리진을 물리치고 정부 및 NASA 계약을 따냈고 소중한 발사장도 확보했다. 스페이스X는 블루 오리진보다 2년 늦게 설립되었지만 빠른 속도로 라이벌을 능가했다. 빛의 속도로 움직이는 머스크의 능력은 분명한 차별화 요소였고, 베조스는 보다 신중한 접근 방식을 선호한다고 한다. 머스크가 '화성을 차지하자'라는 문구가 새겨진 티셔츠를 인쇄하는 동안, 베조스는 블루 오리진의 접근 방식을 gradatim ferociter(그라디팀 페로시테르 – 한 걸음씩, 맹렬하게)라는 말로 요약했다.

머스크도 홍보 전쟁에서도 승리하고 있는 듯하다. 그들은 정부 계약부터 대중의 지지에 이르기까지 모든 걸 놓고 경쟁을 벌이는 중인데 머스크가 계속 앞서 나가고 있다. 베조스의 대응 방식은 법정에 가는 것이었다. NASA가 스페이스X와 CRS 계약을 체결하자 블루 오리진은 "제출된 제안서를 위법한 방식으로 부적절하게 평가"했다는 이유로 NASA를 고소했다.

대중들이 생각하는 머스크는 지구를 구하고, 인류를 구하며, 엄청난 부자들뿐만 아니라 누구나 우주 비행을 할 수 있는 더 밝은 미래에 대한 희망을 안겨주는 억만장자다. 반면 베조스는 자기 회사가 직원들에 대한 부당한 대우 때문에 집중 조사를 받는 동안 우주여행을 다니는 억만장자로 비춰지는 듯하다. 우주 경쟁을 법정으로 끌고 가거나 NASA(기본적으로 자기 회사에 일거리를 주는)를 고소하는 것은 그의 이미지에 아무런 도움도 되지 않는다.

머스크는 인스퍼레이션4 미션을 설명하면서 베조스에 비해 자신이 가진 이점을 이렇게 요약했다. "우리는 누구나 우주에 대한 꿈을 이룰 수 있도록 노력하고 있다. 인스퍼레이션4 미션은 많은 이들에게 우주 비행에 대한 인식을 심어줬고, 이 일을 더욱 직접적으로 느끼도록 도왔다. 이름에서도 알 수 있듯이 이 미션이 우주 비행에 대한 사람들의 열의를 고취시키길 바란다."[4]

간단히 말해서, 머스크는 사람들이 이 일을 개인적으로 받아들이면서 열의를 품게 했지만 베조스는 그렇지 않았다.

두 사람은 트위터에서 서로를 공격했고 때로는 사소한 일을 놓고도 다퉜다. 그러나 머스크의 모든 결점, 모든 실수, 그의 사업 관행에 대한 모든 비판에도 불구하고 현실은 머스크가 사람들에게 반향을 일으킨다는 것이다. 스페이스X와 테슬라의 성공을 통해 이를 확인할 수 있다. 그가 일으키는 반향이 너무 큰 나머지, 사람들은 그가 공유하는 비전을 추구하기 위해 부정적인 부분은 기꺼이 눈감아준다.

하지만 이들 두 사람과 그 뒤를 따르는 모든 이들은 높은 위험을 감수해야 한다.

이런 규모에서는 일이 잘못될 경우 대재앙이 발생한다. 우주여행은 여전히 위험한 도박이다. 그럼에도 불구하고 우주에 간 거의 600명 가까운 사람들 가운데 목숨을 잃은 건 18명뿐이다. 그리고 그중 진짜 우주에서, 그러니까 카르만선 위에서 죽은 사람은 3명뿐이다.

사고는 일어나기 마련이지만, 지금까지 별들 사이에서 새로운 지평을 추구하다가 목숨을 잃은 사람들은 대부분 정부 임무를 수행하던 군 출신의 전문 우주비행사였다. 인명 손실은 언제나 비극적인 일이지만 전문 우주비행사들이 정부 임무를 수행하던 중에 사망하는 것은 아마 사람들이 감수 가능한 수준의 일일 것이다.

그러나 민간인이 사망한다면 대중들 마음속의 완전히 새로운 영역을 관통하게 될 것이다. 1986년에 발생한 챌린저호 참사가 그런 예이다. 우주왕복선이 발사 1분여 만에 폭발하면서 숨진 승무원 7명 중에 민간인은 한 명뿐이었다. 교사인 크리스타 매컬리프Christa McAuliffe는 우주로 향하는 최초의 미국 민간인으로 선발되었다.

챌린저가 폭발하는 모습을 지켜본 수백만 명의 사람들이 충격에 휩싸였다. 그 비극은 미국 사회와 세계를 뒤흔들었다. 로널드 레이건Ronald Reagan 대통령은 일주일간의 애도 기간을 선포했다. 그러나 뒤이어 나온 뉴스 보도에서는 항상 크리스타 매컬리프가 교사라는 사실을 언급했다는 데 주목할 필요가 있다. 모두들 우주선에 교사가 타고 있다는 걸 알고 있었다.

우주 관광이 현실화될수록 일반 시민이 얽힌 비극이 발생할 위험성이 높아진다. 정부는 이런 일의 영향과 그에 따른 반발을 흡수할 수 있지만, 민간 기업들은 그렇게 할 능력이 부족하다.

머스크는 아마 테슬라에서 한 경험 때문에 이 사실을 누구보다 잘 알 것이다. 2021년 6월, 미국 도로교통안전국NHTSA은 2016년 이후 10명의 사망자를 낸 테슬라 차량과 관련된 30건의 충돌 사고에 대한 조사를 시작했다. NHTSA는 테슬라의 오토파일럿 시스템 '사용에 문제가 있다'고 지목했다. 이 조사는 테슬라에만 집중된 게 아니라 무인 운전 기술을 사용하는 다른 자동차 제조업체의 차량도 조사했다. 하지만 스포트라이트는 여전히 테슬라에게 먼저 돌아갔다.

스페이스X와 다른 민간 우주 기업들도 우주 경쟁이 모두에게 안전한 경쟁이 되도록 하기 위해 이와 유사한 조사를 받게 될 것이다.

머스크가 땅을 판다고?

2016년 12월 17일, 머스크는 '교통체증 때문에 미치겠다'는 트윗을 통해 우리 모두가 느끼는 좌절감을 요약했다. 그러나 일론 머스크의 머릿속에서는 그게 끝이 아니었다. 뒤이어 "터널 굴착기를 만들어서 터널을 파기 시작할 거다"라는 트윗이 올라왔다. 그리고 자기 말을 믿지 않을 만큼 무모한 사람들을 위해 "정말 그렇게 할 거다"라고 덧붙였다.

끝없이 이어지는 로스앤젤레스의 교통 체증에 좌절한 머스크는 도로 혼잡을 완화할 터널 시스템을 구상했다. 그리고 그 일을 하기 위해 기반 시설 건설 기업인 보링 컴퍼니The Boring Company (말 그대로 터널을 뚫기bore 위해)를 설립하기로 했다. 보링 컴퍼니에 따르면, 하늘을 나는 자동차(이것도 가능성이 희박하긴 하지만 머스크가 작정하고 덤벼들면 아예 불가능한 건 아닐지도 모른다) 대신 터널을 이용하기로 한 이유는 터널은 "비바람을 막아주고 눈에 보이지 않으며 머리 위로 추락하지도 않기" 때문이다.[1] 머스크가 생각하기에 터널은 3차원으로 건설이 가능하므로(그가 3D 터널 네트워크라고 부르는 형태로 쌓을 수도 있다) 도시가 아무리 공격적으로 확장되어도 그에 대응해서 거의 무한한 네트워크를 생성할 수 있다. 물론 규제 승인을 받을 필요는 있겠지만 말이다.

보링 컴퍼니의 비전은 '교통 문제 해결, 신속한 지점 간 운송, 도시 변혁'이다. 아주 간단하다. 우리들 대부분에게 중요한 건 머스크가 '교통 문제를 해결'해 준다는 것이다. 이번에도 머스크는 인류를 위한 원대한 비전을 품었다. 비록 지구를 구하는 정도의 수준은 아니지만 바쁜 도시에서 살아가는 수백만 명의 도로 이용자들이 온전한 정신을 지키며 사는 데는 확실히 도움이 될 것이다. 다들 자신의 일상적인 통근길을 훨씬 빠르고 즐겁게 해줄 명분을 지지할 수 있다. 그 회사가 '교통 인프라 솔루션' 같은 거창한 이름이 아닌 농담조의 이름을 내걸고 요란한 마케팅 활동을 곁들인다면 사람들의 지지는 더욱 커질 것이다.

머스크는 보링 컴퍼니를 통해 그의 팬들이 좋아하는 자질 중 하나를 다시 드러냈다. 그도 모두가 이야기하는 무언가를 상상하지만 그냥 말로만 끝내는 법이 없다. 그는 실제로 그 일을 해낸다. 아무리 터무니없는 아이디어도 머스크의 손에서는 현실이 된다. 여러분이 머스크라면 어떻게 할지 생각해 보라. 어떤 업계를 파악하고 결함을 찾아낸 다음 그 부분을 적극적으로 공격하는 능력과 전반적인 작업 방식은 부인할 수 없다. 그건 최고 수준의 문제 해결 또는 엔지니어링 방식이다. 아니면 우리 사회가 너무 익숙해진 나머지 더 좋은 방법을 고민하지 않는 구조를 개혁하는 것일 수도 있다. 머스크가 자신의 계획과 아이디어를 공개하면 어느 정도는 회의적인 시각이 뒤따른다. 그러나 이런 상황에서 머스크는 매우 중요한 목표 두 가지를 달성한다. 그는 특정 주제에 대한 대화의 불씨를 다시 살리고 그 분야의 혁신과 진보를 빠르게 진행하는 자극제가 된다. 머스크는 전기차로의 전환이 단순한 배기가스 통제를 위한 게 아니라 자동차 업계의 표준이 되도록 이 과정을 가속화하는 것이 테슬라의 목표 중 하나라고 설명했다. 보링 컴퍼니의 경우 머스크가 세운 두 가지 목표는 기존보다 훨씬 적은 비용으로 더 빠르게 터널을 파는 것이다.

보링 컴퍼니는 머스크가 아이디어를 실행에 옮기는 방식을 보여주는 확실한 증거다. 회사를 설립한 뒤, 머스크는 말 그대로 땅을 파기 시작했다. 그와 그의 팀은 호손에 있는 스페이스X 주차장에 구멍을 팠다. 처음에 그는 어떤 결과가 나오든 구멍을 파는데 2주가 걸린다는 얘기를 들었다. 머스크의 대답은 금요일 오후에 시작해서 "지금부터 일요일 오후까지 우리가 팔 수 있는 가장 큰 구멍이 어느 정도인지 알아보자"는 것이었다.[2] 이 사람은 거창한 아이디어를 고민하느라 시간을 낭비하는 사람이 아니다. 2018년이 되자 대중들은 1.6킬로미터에 달하는 테스트 터널의 첫 번째 구간을 살펴볼 수 있게 되었다.

머스크는 유명한 시와 연극의 제목을 따서 명명한 터널 굴착기TBM을 개발했다. 첫 번째는 새뮤얼 베켓Samuel Beckett의 《고도를 기다리며Waiting for Godot》에 나온 고도였다. 고도 다음에는 로버트 프로스트Robert Frost의 시에서 이름을 딴 라인 스톰Line-Storm이 등장했다. 그리고 T. S. 엘리엇T. S. Eliot의 시 'J. 알프레드 프루프록의 연가The Love Song of J. Alfred Prufrock'에서 이름을 빌려온 프루프록도 있다.

프루프록은 '포퍼싱porpoising'이 가능하다는 점에서 터널 굴착 기술을 대폭적으로 업그레이드했다고 선전한다. 보링 컴퍼니 웹사이트에 따르면, "지표면에서 직접 작업을 개시해 지하에서 땅을 파고 작업이 완료되면 다시 모습을 드러낸다. 이런 기능 덕분에 프루프록은 현장에 도착한 지 48시간 이내에 터널 굴착을 시작할 수 있으며 장비 작동 개시 및 회수를 위해 돈이 많이 드는 구덩이를 팔 필요가 없다." 프루프록은 고도나 라인 스톰보다 6배나 빠르게 터널을 뚫는다고 한다. 보링 컴퍼니는 아직 움직이는 속도가 "정원 달팽이보다 4~5배 느리지만 (…) 프루프록이 따라잡고 있다"고 말한다.

보링 컴퍼니는 현재 루프Loop(지하 대중교통 시스템)부터 유틸리티, 화물 및 보행자용 터널에 이르기까지 다양한 터널을 제공하고 있다. 또 간단히 베어Bare라고 부르는 다섯 번째 터널 옵션도 판매한다. "터널은 우리가 만들 테니, 여러분은 거기에 원하는 걸 넣으면 된다."

루프는 머스크의 기업 생태계에 맞는 방식 때문에 더 흥미로운 터널 컨셉 중 하나다. 루프는 "중간 정차 없이 승객을 목적지까지 데려다주는 전기로 움직이는 무공해 고속 지하 대중교통 시스템"으로 계획되었다. 이건 머스크의 회사를 비롯한 여러 회사에서 진행 중인 하이퍼루프Hyperloop 프로젝트의 큰 그림과 일치한다. 하이퍼루프는 사람과 화물을 위한 지상 운송 시스템으로, 지상이나 지하에 설치된 튜브를 통해 고속으로 이동할 수 있다. 대중교통의 경우, 이 저압 튜브가 최대 1200킬로미터로 움직이는 포드에 탄 사람들을 운반한다. 이것의 궁극적인 목표는 전통적인 도로와 철도 여행을 대체하는 것이다. 이 아이디어는 새로운 게 아니지만, 머스크는 이에 대한 논의를 다시 시작하는 데 중요한 역할을 했다. 그의 하이퍼루프 버전을 추종하는 이들은 이걸 '터널 속의 테슬라!'라고 부른다. 전기차 제작부터 전기차를 위한 지하 고속도로 건설에 이르기까지 완벽하게 통합된 프로젝트다.

라스베이거스 컨벤션 센터를 위해 만들어진 첫 번째 루프는 2021년 4월에 운영을 시작했다. 이 루프에는 1.2킬로미터짜리 터널 2개가 있고, 기사가 운전하는 테슬라가 1평방킬로미터도 안되는 컨벤션 센터 내에서 방문객들을 태우고 다닌다. 인상적이긴 하지만 '교통 체증 해결'과는 거리가 멀다.

머스크는 스페이스X에서 썼던 것과 같은 방식을 이용해서 터널 건설 가치사슬을 다시 만들고 터널 굴착 비용을 줄이려고 노력했다. 그는 보링 컴퍼니가 현재 터널 1.6킬로미터를 건설하는 데 1~10억 달러 정도의 비용이 드는데, 이걸 1000만 달러 정도로 줄이는 게 목표라고 공개적으로 선언했다. 가장 확실한 비용 절감 방법은 현재의 TBM을 개선해서 효율성을 높이고, 보다 자동화된 터널 건설 시스템을 만들고, 터널 너비를 더 좁혀서 비용을 줄이는 것이다. 보링 컴퍼니가 제공하는 모든 터널의 직경이 똑같다는 사실에 주목할 필요가 있다.

머스크의 모든 아이디어나 프로젝트와 마찬가지로 보링 컴퍼니도 비평가들의 회의적인 반응에 직면했다. 많은 거래가 불발로 끝났고, 너무 희망찬 미래를 약속해서 도저히 믿어지지 않는 약속들도 많다. 그래도 머스크와 보링 컴퍼니는 계속 일을 진행하고 있다. 호주, 유럽, 중국에서 머스크에게 터널 건설을 문의했다고 한다. 그러나 이 일은 아직 초기 단계이며, 루프에서 하이퍼루프로 도약하려면 갈 길이 매우 멀고 비용도 엄청나게 들어간다.

머스크의 계획에 대한 전반적인 반응은 아직 조용하다. 그러나 머스크, 테슬라, 스페이스X와 관련된 모든 것을 집중적으로

일론 머스크, 대담한 선택

다루는 미디어 회사 테슬라라티 Teslarati는 이런 모습을 전에도 본 적이 있다고 생각한다. 사이먼 알바레스 Simon Alvarez라는 필자는 "보링 컴퍼니를 의심하는 사람은 테슬라나 스페이스X를 비판하던 이들과 똑같은 실수를 저지르고 있다"라는 제목의 기사에서, 보링 컴퍼니는 머스크의 기존 아이디어나 회사들과 완전히 똑같은 역사적 패턴을 따르고 있다고 주장한다. "일론 머스크는 과거에 정신 나간 아이디어(궤도 로켓 1단을 드론에 실어서 바다 한가운데에 착륙시키거나 일반 대중을 위한 전기차 생산을 확대하는 것 등)라고 여겼던 일도 충분한 노력만 기울이면 실현할 수 있다는 걸 수년 동안 입증했다.

일론 머스크 같은 사람이나 보링 컴퍼니, 스페이스X, 테슬라 팀의 아이디어를 조롱하거나 무시하는 건 쉽다. 머스크가 운영하는 회사는 그 목표와 특성 때문에 손쉬운 타깃이 되긴 하지만, 스페이스X와 테슬라의 역사는 기본적으로 새로운 사고를 하는 경향이 있는 머스크와 그의 몽상가 팀이 실패하는 쪽에 내기를 거는 건 실수라는 걸 자주 증명한다."[3]

머스크의 예전 사업 파트너인 피터 틸은 "절대 일론 머스크와 반대되는 쪽에 내기를 걸지 말라"고 말했다. 그러나 많은 투자자들은 머스크가 매번 일을 제대로 해내리라고 확신할 수 있느냐는 질문에 답하려고 노력하고 있다.

보링 컴퍼니 홈페이지 오른쪽 상단의 탭을 누르면 터널 굴착과 무관하지만 훨씬 많은 논란을 불러일으켰고 심지어 새로운 법까지 제정하게 만든 제품으로 연결된다. 바로 화염방사기다.

머스크는 화염방사기를 직접 디자인했고 이걸 이용해서 보링 컴퍼니를 시작했다. 현대 대중문화에 익숙한 그는 좀비와 종말론이 매우 인기 있는 장르라는 걸 알고 있다. 좀비는 문화적 현상이 되어 미국에서 10억 달러 규모의 산업을 일으켰다. 그래서 머스크는 그 장치가 "언데드 무리를 상대할 때 제대로 작동하지 않으면 돈을 환불해 주겠다"고 약속하면서 화염방사기 2만 대를 생산했다. 한 대당 가격은 500달러였는데 일주일도 안 되어 매진됐다. 그 1000만 달러 덕분에 보링 컴퍼니는 갑자기 초기 투입 자본이 생겼다.

이런 행동에 동의하지 않은 뉴욕주 상원은 레크리에이션 활동을 위한 화염방사기 소지를 범죄로 규정하는 법안을 통과시켰다. "새로운 화염방사기를 출시한 일론 머스크의 보링 컴퍼니는 구매자들에게 사용법을 가르치거나 구매 이유를 묻지도 않은 채 며칠 만에 2만 개를 매진시켰다. 일반 대중이 이런 유형의 기계를 이용할 수 있도록 허용하는 건 매우 문제가 많다. 이런 위험한 장치를 민간인에게 판매해서는 안 되며 훈련받은 전문가들만 사용할 수 있게 제한해야 한다"고 의원들은 주장했다.[4]

그런데도 회사 홈페이지에는 화염방사기 탭이 그대로 있다.

하지만 '화염방사기'를 클릭하면 '보링 컴퍼니는 화염방사기가 아니다'라는 제목의 페이지로 이동한다. 거기에는 '비화염방사기 2만 대 판매-소화기 별매'라고 적혀 있다. 그 아래에는 머스크의 트윗 내용이 있다. "내가 화염방사기에 대한 수요를 창출하려고 비밀리에 좀비 아포칼립스를 만들고 있다는 소문은 완전히 거짓말이다."

이 모든 것의 끝에는 명백한 질문이 남아 있다. 보링 컴퍼니는 성공했는가? 간단히 대답하자면 아니다. 지금으로서는. 하지만 보다 호기심을 자극하는 대답은, 아직은 아니다일 것이다.

머스크는 뇌의 신경망을 구성하는 '터널'에도 똑같이 흥미를 느낀다. 그러나 그가 수행하는 대부분의 프로젝트가 미래에 대한 희망을 품고 있는 반면, 본인이 가장 우려하는 프로젝트인 인공지능에 대해서는 암울한 생각을 드러냈다.

흔히 AI라고 하는 인공지능은 컴퓨터 과학계에서 빠르게 성장 중인 분야로, 인간의 작업을 수행할 수 있는 기계를 제작하거나 프로그래밍하는 범위를 계속해서 확장하고 있다. 좀 더 분명하게 말하면, 인간이 하는 것과 동일한 일을 할 수 있는 로봇을 만드는 것이다.

머스크가 생각하는 가장 큰 위험은 AI 자체가 아니라 통제되지 않고 규제되지 않은 채로 방치되는 AI다. 그는 이 시나리오를

머스크가 땅을 판다고?

독재자의 통치와 비교했지만, 더 나쁜 건 "사악한 독재자가 존재하더라도 인간인 이상 언젠가는 죽을 것이다. 하지만 인공지능은 죽지 않는다. 그건 영원히 살 테고, 그러면 우리가 절대 벗어날 수 없는 불멸의 독재자가 생기는 것이다."[5]

머스크는 AI를 걱정하기만 하는 게 아니라 진심으로 두려워한다. "나는 AI의 최첨단 기술에 매우 근접했는데 정말 무섭다. AI는 우리가 아는 것보다 훨씬 많은 걸 할 수 있고 개선 속도도 기하급수적으로 빠르다."[6]

그가 가장 우려하는 건 자기와 같은 수준으로 AI와 상호작용하는 이들 가운데 그 문제를 심각하게 걱정하는 사람이 별로 없다는 것이다. 테슬라의 오토파일럿 기술도 인간과 똑같이 생각하고 시도하도록 프로그래밍된 기계와 인간 사이의 복잡하고 때로는 위험한 관계를 보여주었다.

머스크는 예전부터 AI의 위험성에 대해 목소리를 높여왔다. 사실 그는 정부의 AI 규제 속도가 너무 느려서 이제는 때가 늦었다고 생각한다. AI 발전은 이제 법이 따라갈 수 있는 속도보다 빠르게 진행되고 있다. 머스크의 말처럼, "로봇이 우리와 함께 길을 걷고 있다면 이미 너무 늦은 것이다.[7] 디지털 초지능의 출현이 인류와 공생할 수 있는 방법을 찾아야 한다. 이건 우리가 직면한 가장 큰 실존적 위기이자 가장 시급한 위기다."[8]

머스크는 아마 어릴 때 본 〈터미네이터Terminator〉 영화를 떠올리면서 AI가 인류에게 할 수 있는 행동을 정말 두려워하는 듯하다. 그는 구글의 모기업인 알파벳Alphabet Inc 소유이면서 AI 개발에 주력하는 영국 기업 딥마인드DeepMind에 대해 자주 우려를 표명했다. 머스크는 "그들이 만들고 있는 AI의 본질은 모든 게임에서 인간을 짓밟는 것이다"[9]라고 말했다. 로봇이 체스에서 우리를 이기는 건 별로 심각한 위협 같지는 않다. 그러나 우리가 이미 게임처럼 작동하는 인공적인 시뮬레이션 안에서 살고 있는 것 같다는 얘기를 자주 해온 머스크의 마음속에서는 "모든 게임에서 인간을 짓밟는다"는 말이 훨씬 소름 끼치게 느껴질 것이다. AI가 체스나 다른 게임을 학습하고 몇 달 안에 세계 챔피언을 이기는 속도(인간이 그 정도 수준으로 학습하려면 몇 년이 걸린다)도 우려스러웠다.

좀 더 기본적인 수준에서, 머스크는 AI 때문에 로봇이 인간보다 훨씬 효과적이고 저렴하게 작업을 수행할 수 있게 되면 인간의 노동력이 쓸모없어져서 결국 대규모 실업이 발생하고 막대한 정부 지원이 필요해질 것이라며 걱정했다.

머스크는 트위터를 통해 AI가 "훨씬 위험한" 만큼 인류는 북한보다 AI에 더 관심을 가져야 한다고 주장했다. 핵무기보다 위험하다는 것이다. 그는 때때로 기계의 종말이라는 관점에서 AI에 대해 얘기하며, 5년 안에 AI가 인류를 추월할 것이라고 예측했다.

기본적으로 머스크는 AI에 대한 보다 확실한 규제 감독을 요구하고 있으며, 그런 규제 부족을 '미친 짓'이라고 표현했다. 머스크는 이를 '좁은 AI'와 '종種 수준에 위협이 되는 AI'의 차이로 나눈다. 좁은 AI의 예로는 우리가 페이스북이나 트위터에서 볼 수 있는 내용을 제어하는 소셜 미디어 알고리즘이 있다. 종 수준에 위협이 되는 AI는 디지털 초지능이다. 머스크는 AI와 인류가 공생해서 AI가 인간의 자유로운 행동을 완전히 대체하는 게 아니라 극대화해야만 안전한 미래를 보장받을 수 있다고 여긴다.

머스크의 또 다른 회사인 뉴럴링크Neuralink는 자신들을 '뇌를 위한 획기적인 기술'이라고 정의한다. 머스크와 뉴럴링크 팀은 하반신 마비 환자가 기술의 도움을 받아 특정 작업을 수행할 수 있는 기술을 인간의 뇌에 이식할 계획이다. 이건 보청기처럼 귀 뒤에 착용하는 뉴럴링크 장치에 의해 제어된다. 미래의 목표는 알츠하이머 환자의 뇌 기능을 조종하고 뇌와 척추의 다른 장애가 개선되도록 돕는 것이다. 그런 식으로 인간 행동의 자유를 극대화하는 것이다.

머스크에게 뉴럴링크는 AI에 대한 그의 우려와 모순되는 존재가 아니라 해결책이다. 그는 인간의 뇌가 뉴럴링크 인터페이스를 통해 기계를 제어해야지, 로봇이 스스로를 제어하도록 놔둬서는 안 된다고 믿는다.

회의론자들이 생각할 때, 규제되지 않는 AI에 대한 종말론적 예언을 하던 머스크가 "이건 우리가 해야 할 가장 중요한 일이다" 같은 말로 문장을 끝맺은 다음 잠시 멈췄다가 자기가 설립자이자 소유주인 솔루션을 제안하는 쪽으로 매끄럽게 전환하는 건 훌륭한 세일즈 도구처럼 보인다. 현실주의자는 그가 공상과학 영화를 너무 많이 봤고, 경고에 주의를 기울이지 않은 탓에 결국 기계가 세계를 장악하는 〈터미네이터〉나 〈매트릭스Matrix〉 같은 시나리오에 너무 쉽게 빠져든다고 말할 것이다.

분명히 일반적으로 정부 규제를 좋아하지 않고 정부 규제가 적어야 쉽게 이익을 얻을 수 있는 사람이 더 엄격한 규제를 요구한다면, 이걸 위험 신호로 받아들여야 한다. 그리고 잠들기 전에 "그들이 만들고 있는 AI의 본질은 모든 게임에서 인간을 짓밟는 것이다"라고 했던 머스크의 말을 떠올려보자. 만약 우리가 AI에게 인생 게임을 열심히 가르친다면….

머스크는 우주와 육지, 지하 터널, 그리고 인간의 뇌 깊숙한 곳까지 다양한 수준에서 영향을 미치고 있다.

그리고 그의 영향력에는 인위적인 부분이 없다.

머스크가 땅을 판다고?

6장

일론 머스크 추종

2012년에 개봉한 블록버스터 영화 〈어벤져스〉에서 괴짜 억만장자 토니 스타크(일명 아이언맨)는 캡틴 아메리카에게 '남을 따르는 건 정말 내 스타일이 아니야'라고 냉담하게 말한다. 일론 머스크의 팬들은 오랫동안 그가 현실 버전의 토니 스타크라고 생각했고, 실제로 그는 배우 로버트 다우니 주니어Robert Downey Jr.가 성공적인 마블 프랜차이즈 영화에서 이 캐릭터를 연기하는 데 영감을 주기도 했다.

남을 따르는 건 확실히 일론 머스크의 스타일이 아니다. 하지만 그를 따르는 이들이 있는 건 분명하다. 그가 가장 활발하게 이용하는 소셜 미디어 플랫폼인 트위터에서 머스크는 6130만 명의 팔로워를 보유하고 있다. 개중에는 프로 골퍼나 정치인 등 다양한 부류의 사람들도 있다. 그리고 머스크가 팔로우하는 사람 또는 기관 계정은 106개다.

머스크는 트윗 하나당 평균 10만 개의 좋아요를 받는다. 그의 트윗은 모호하거나 웃기거나 지적이거나 시장을 변화시키거나 자기 자랑이 가득하거나 그냥 이상하다. 하지만 항상 뭔가를 눈에 띄게 바꾼다. 머스크의 유명한 트윗 중 52개는 그의 열성적인 팬인 예술가 샐리나 고메즈Salina Gomez가 만든 컬러링 북에 실려서 영원히 기억되게 되었다. 그녀의 웹 사이트 일잉크Ill Ink에서는 《일론 머스크의 빛나는 트윗The Illuminated Tweets of Elon Musk》이라는 이 책을 "컬러링 북 형태로 만든 독단과 편견으로 가득 찬 시각 편집 저널리즘"이라고 설명한다.[1]

2018년에 IT 전문 웹 사이트 더 버지The Verge에 '일론 머스크의 양떼들이 말하는 그의 복음'이라는 제목의 글을 쓴 비잔 스티븐Bijan Stephen은, 자살 시도를 실패한 후 병원에 입원해 있던 고메즈가 우연히 머스크의 트윗을 보고 세상에는 여전히 좋은 일을 하는 사람들이 있다는 걸 확신하게 되었다고 말한다. 그녀는 "계속 살아갈 수 있는 희망을 주는 건 그것뿐이었다"라고 했다.[2]

머스크는 그를 소재로 삼은 노래도 있고(짐 오션Jim Ocean과 케이시 오션Kathy Ocean의 '미래는 일론 머스크와 같은 냄새를 풍긴다The Future Smells like Elon Musk'), NBC 〈새터데이 나이트 라이브Saturday Night

Live)에 출연했으며, 대학에서 진행된 여러 연구와 이론적 논문의 주제가 되었고, 말 그대로 그의 명령에 따라 움직이는 트위터 팔로워 부대를 거느리고 있다.

머스크는 몽상가, 사기꾼, 천재, 협잡꾼, 인류의 구원자로 묘사되었다. 어떤 사람에게는 그가 기술과 아이디어를 활용하는 혁신의 대가처럼 보이고, 어떤 사람에게는 똑같이 원대한 아이디어를 이용해서 부정적인 비판으로부터 주변의 관심을 돌리려고 하는 비뚤어진 인간처럼 보인다.

일론 머스크가 이렇게 부상한 것은 금융 서비스 산업에 혁명을 일으키려는 시도에서부터 시작되었다. 하지만 그를 비판하는 이들은 페이팔 설립에서 콘피니티와 피터 틸이 한 역할을 지적할 것이다. 그들은 또 머스크가 테슬라에 투자하기 전에 이미 마틴 에버하드와 마크 타페닝이 회사를 설립해서 전기차를 만들고 있었다고 말할 것이다. 어떤 사람은 그를 엔지니어라고 칭하지만 어떤 사람은 벤처 투자가에 불과하다고 말한다. 머스크에 관한 수많은 유튜브 영상 중에 '일론 머스크는 사이코패스인가?'라고 물어보는 영상도 있는데, 그건 머스크와 그가 운영하는 회사들에 대한 다양한 클립을 제공하는 커먼센스 스켑틱Common Sense Skeptic이라는 채널에서 만든 영상이다.

주로 온라인에서 활동하는 TSLAQ tslaq.org/라는 그룹은 머스크와 테슬라의 결점을 드러내는 데이터를 수집하는 것을 자신들의 사명으로 삼았다. 그룹 이름 자체가 그들의 목적이 뭔지 보여준다. TSLA는 테슬라가 나스닥에 상장된 방식이고 Q는 나스닥에서 파산을 가리키는 기호다.

TSLAQ는 테슬라를 사기 기업으로 분류하기까지 했다. 이들은 혼자가 아니다. 테슬라는 역사상 가장 많이 공매도된 주식 중 하나다. (공매도는 투자자들이 말 그대로 주식이 하락하는 쪽에 베팅하는 것이다.) 그럼에도 불구하고 회사의 가치는 계속 상승하고 있다. 2021년 10월, 렌터카 분야의 대기업인 허츠Hertz가 전기차 보유고를 늘리기 위해 테슬라 차량 10만 대를 발주한 뒤 처음으로 테슬라의 주식 가치가 1조 달러의 벽을 넘어섰다.

허츠와의 거래는 테슬라가 오토파일럿 기술의 안전성에 대한 미국 교통안전위원회NTSB의 우려와 질의에 아직 완전히 대응하지 못한 상태인데도 불구하고 왜 계속해서 오토파일럿 기술이 적용된 차량을 생산하고 있는지에 대한 조사가 진행 중인 가운데 이루어졌다. 테슬라는 1000건 이상의 소송에 휘말렸다.

또 다른 논쟁거리는 테슬라 차량과 관련된 치명적인 충돌 사고다. TSLAQ 웹사이트의 '테슬라 안전' 메뉴에는 '테슬라나 운전자의 책임 여부에 상관없이 운전자, 승객, 자전거 운전자, 오토바이 운전자, 보행자'가 사망한 사례를 자세히 기록한 테슬라데스닷컴TeslaDeaths.com으로 연결되는 링크가 있다. 2021년 10월 30일

기준, 테슬라와 관련된 사망자 210명 가운데 10명이 테슬라 오토 파일럿과 관련이 있다고 주장하고 있다. 이들이 이런 조사를 진행하는 주요 동인 중 하나는 테슬라 차량의 안전성에 대한 머스크의 주장과 실제 사실이 다르다는 걸 증명하는 것이다.

인터넷을 더 자세히 살펴보면 머스크에 의문을 제기하는 하위문화가 조성되어 있다. 갓머스크드닷컴gotmusked.com이라는 웹 사이트가 좋은 예인데 이들의 주요 관심사도 테슬라다. 여기에서는 배터리 기술에서 테슬라가 실제로 우위를 차지하고 있는지(그렇지 않다는 사실을 증명하는 데이터를 보여준다)부터 시작해서 심지어 사람들이 생각하는 머스크의 천재성에 이르기까지 모든 것에 의문을 제기한다. 사실 머스크와 관련된 모든 것에 의문을 제기한다고 봐야 할 것이다.

스탠포드 대학에 다니다가 중퇴했다는 머스크의 주장과 관련해 의문스러운 점을 발견한 것도 이곳이다. 에버하드와 머스크의 소송 과정에서 나온 법정 기록의 형태로 제시된 증거 자료는 그가 스탠포드에 등록한 기록이 없다고 단언한다. 하지만 스탠포드가 머스크의 입학을 허가했다는 사실까지 무시하지는 않는다. 그건 지어낸 얘기가 아니다.

갓머스크드는 굵은 글씨로 "일론 머스크는 천재가 아니라 사기꾼이며 마케팅, 영업, 선전 이외엔 천재성이나 전문지식이 없다"고 선언한다. 구글에서 '일론 머스크 사기Elon Musk Fraud'를 검색하면 653만 건의 결과가 나온다. 또 '일론 머스크 사기꾼Elon Musk Conman'을 검색하면 258만 개의 결과가 나올 것이다. 하지만 '일론 머스크 천재Elon Musk Genius'의 검색 결과는 3640만 개, '일론 머스크 히어로Elon Musk Hero'의 경우는 1020만 개다.

세상에는 머스크를 비방하는 이들이 많으며 그들은 자기주장을 전달하기 위해 많은 노력을 기울인다. 버니 샌더스, 사라 페일린Sarah Palin, 빌 게이츠, 제러미 클락슨Jeremy Clarkson, SEC, 제프 베이조스, 마크 저커버그 등도 여기에 포함된다. 누구에게나 매우 명확한 결점이 있다. 그러나 사람들이 규칙을 만드는 이들과 상당한 단절감을 느끼는 이 시기에 머스크는 '대중의 억만장자'가 될 수 있다.

하지만 어떤 사람들은 머스크가 충분한 지식 없이 자신의 전문 분야에서 활동하는 걸 기분 나쁘게 받아들이는 것 같다. 인터넷을 계속 뒤지다 보면 피크니에프스키의 블로그blog.piekniewski.info/를 우연히 발견할 수도 있다. 필립 피크니에프스키Filip Piekniewski 박사는 자신을 "컴퓨터 비전과 AI를 연구하는 연구원"이라고 설명한다. 그는 캘리포니아 샌디에이고에 있는 액셀 로보틱스Accel Robotics에서 일하는 '선임 과학자'이자 '소프트웨어 엔지니어'다. 특히 AI에 대한 그의 생각은 여러 학술 출판물, 인기 웹 사이트,

일론 머스크, 대담한 선택

BBC에서도 인용되었다.

2018년 12월 28일, 피크니에프스키는 블로그에 다음과 같은 글을 올렸다. "몇 년 전까지만 해도 그가 말 그대로 차세대 스티브 잡스라고 생각했다는 걸 인정한다. 게다가 그가 훨씬 많은 일에 손을 대고 있었기 때문에 실제로 잡스보다 낫다고 생각했다. (…) 나는 스페이스X에 감탄했고, 테슬라 자동차에 훌륭한 솔루션이 많다고 여겼다."[3]

그러나 피크니에프스키는 머스크가 자신의 전문 분야인 AI 쪽에 과감히 뛰어들었을 때 의심을 품기 시작했다고 한다. "2015년 혹은 2016년쯤에 일론이 내 전문 분야인 AI에 대해 터무니없는 말을 늘어놓기 시작했는데, 그게 말도 안 되는 헛소리라는 걸 바로 알아차릴 수 있었다. 그 뒤로 그가 하는 모든 일을 자세히 살펴보기 시작했다. 이것저것 계산도 해보고 다양한 의견도 읽었다. 그 결과 머스크와 그의 많은 아이디어에 대한 내 의견이 크게 바뀌었다. 이제는 그가 하는 말의 90퍼센트는 완전한 헛소리고 나머지 10퍼센트는 인상적이긴 하지만 여전히 의심스럽다고 꽤 자신 있게 말할 수 있다."[4]

피크니에프스키는 '일론과 공동 사업'이라는 제목의 게시물에서 머스크의 경력 전반에 걸쳐 모순된다고 생각되는 점을 다룬다. 그는 머스크 신봉자를 만날 때마다 일일이 설명하는 게 지겨

일론 머스크 추종

워서 이 글을 썼다고 말한다. 그는 먼저 스페이스X의 재사용 가능한 로켓 얘기부터 시작하면서 그 아이디어 자체는 머스크의 주장처럼 혁명적인 게 아니라 예전부터 존재했던 것이라고 말한다. 그런데 왜 지금까지 제대로 발전하지 않은 걸까? 피크니에프스키는 비용 때문일 거라고 생각한다.

우주 왕복선 프로그램의 목표는 항상 똑같았다. 재사용 가능한 부스터가 장착된 재사용 가능한 우주선을 만드는 것이다. 주 연료탱크는 대기 중에서 타 버리지만 연료탱크에는 가장 비싼 부품인 엔진이 없기 때문에 그다지 큰 희생은 아니다. 하지만 서류상으로는 괜찮아 보여도 이건 결국 상업적인 재앙으로 판명되었다. 우주 왕복선은 모든 임무가 끝나면 기본적으로 분해해야 했다(분해 과정에서도 몇 차례의 위기와 두 차례의 큰 재난이 발생했다.) 결국 우주 왕복선으로 화물을 나르는 비용은 일반적인 일회용 로켓을 사용하는 것보다 훨씬 비싸다.

질량을 최소화하기 위해 극도로 섬세하게 제작된 로켓(여객기보다 여유가 훨씬 적음)은 상승하거나 하강하는 동안 심각한 가속(일반 비행기보다 훨씬 높은 수준의)을 겪는다. 로켓 엔진은 제트 엔진보다 훨씬 큰 응력을 받는다. 따라서 이런 응력 때문에 재료 피로와 작은 오작동이 발생할 수 있는 반면 로켓의 허용 오차는 매우 작다. 예를 들어, 재사용 가능한 부스터가 한 번 사용할 때마다 임무 실패 위험이 크게 증가한다면, 한두 번만 임무에 실패해도 재사용 가능성으로 인한 비용 절감 효과가 사라질 수 있다. 그리고 우주로 가는 화물은 종종 로켓 자체보다 훨씬 비싸다는 걸 유념해야 한다.

여기에서는 기본적으로 비용 절감을 위해 쳐낼 수 있는 꼬리 리스크의 양을 살펴보려는 것이다. 그러자면 데이터가 필요하다. 아주 많은 데이터가. 그리고 누군가가 한 번, 혹은 열 번쯤 그 일을 해냈다는 사실만으로는 승리를 선언하기에 충분하지 않다. 우주 왕복선은 전부 수십 차례씩 비행을 했는데, 만약 스페이스X의 부스터 중 하나가 비행 사이사이마다 저렴한 정비 작업을 실시해서 100회 정도 비행할 수 있다면 그때는 진짜 성공했다고 말할 수 있을 것이다. 하지만 그 수준에 도달하려면 아직 멀었다.[5]

피크니에프스키는 화성에 식민지를 건설하겠다는 머스크의 목표에 대해서는 한층 더 비판적이다. "이 목표는 매우 낭만적으로 들린다. 그리고 내 생각에도 조금만 더 노력한다면 화성에 아폴로 스타일의 임무선을 보내서 땅에 깃발을 꽂고 샘플을 채취해 오는 건 가능할 것 같다. 그것만으로도 끔찍하게 위험하고 기술적으로 정말 어려울 테니 영구적인 구조물이나 화성 도시, 식민지화 같은 건 공상 과학에 불과하다."[6]

그는 자신의 주장을 뒷받침하는 과학적 사실을 철저히 조사했는데, 그의 주장에 따르면 지구에서 벌어질 대량 멸종의 위협을 생각해도 화성에 가서 사는 것보다는 낫다고 한다. "이 문제와 관련해서 인류가 멸종을 피하려면 다른 여러 행성으로 진출해야 한다고 말하는 이들이 종종 있다. 나도 그 주장을 기꺼이 받아들이고 싶지만, 지구를 화성보다 살기 힘든 곳으로 만들려면 정말 엄청난 재앙이 닥쳐야 한다. 지금까지 만든 핵무기를 다 폭발시켜도 화성 비슷한 수준도 되지 못한다. 여전히 대기가 있고 물이 충분하고 온도를 조절할 수 있을 테니 말이다. 6500만 년 전에 공룡을 멸종시킨 것보다 훨씬 규모가 큰 대재앙이 지구 전체에서 벌어져야 한다. 그러니까 이 주장은 헛소리다."[7]

　하지만 지구상의 모든 핵무기를 폭발시키면 실제로 환경 재앙이 발생할 것이고, 폭발력이 결합되면서 나오는 전자기 펄스 때문에 우리가 알고 있는 현대 생활이 사라질 가능성이 크다.

　하지만 피크니에프스키는 우주 탐사의 필요성을 무시하지 않고, 인류라는 종의 미래가 여기에 달려 있다는 머스크의 믿음을 지지한다. 하지만 그는 화성보다 달에 초점을 맞추는 걸 훨씬 선호한다. 간단히 말해서, 더 가깝고 우리가 전에 가본 적이 있는 곳이라는 게 주장의 요지다. "달에서 동굴을 찾아 그곳에 영구적인 기지를 건설하기 시작해야 한다. 아마 달 표면 아래의 더 깊은 곳에서 물과 이산화탄소 같은 필요한 자원을 찾을 수 있을 것이다(물은 대부분 그늘진 분화구에 존재하는 것 같다). 그곳에서 제조업을 시작할 방법을 알게 된다면, 달은 더 먼 행성까지 진출하는 임무를 시작할 수 있는 훌륭한 전초기지가 될 것이다. 지금 화성 식민지화를 목표로 삼는 건 정말 어리석은 짓이다."[8]

그러나 머스크는 이 '어리석은' 아이디어를 좇는 데 전 재산을 쏟아붓고 있다. 그런 사람이 머스크뿐만은 아니지만, 그는 확실히 가장 야심 차고 우주로 진출하려는 욕구도 가장 크다. 인류를 구하고 화성을 식민지화하겠다는 머스크의 거창한 계획과 차라리 달에서 동굴을 찾아 그곳에 기지를 건설하는 게 낫다는 피크니에프스키의 반박 사이에서 균형을 잡기는 어렵다.

보링 컴퍼니에 대한 피크니에프스키의 평가도 무자비하다. "이 회사는 대중교통 문제의 해결책이라고 광고한다. 하지만 이것 또한 말도 안 되는 얘기다. 우선 터널을 통해 사람들을 대량으로 실어 나르는 전기차에 대한 아이디어는 예전부터 있었다. 그게 바로 지하철이란 것이며 100여 년 전부터 전 세계에 알려져 사용되어 왔다. 이제 숫자를 몇 가지 살펴보자. 일반적인 지하철 차량은 무게가 약 40톤이고 175명을 태울 수 있다(사람이 꽉 들어차게 채우면 아마 더 들어갈 수 있을 것이다). 이는 곧 기반 시설 용량이 승객 한 명당 약 228킬로그램이라는 얘기다. 테슬라 모델 X는 무게가 2.7톤이고 승객 5명을 태운다. 즉, 기반 시설 용량이 승객

1인당 380~540킬로그램이다. 여기에서 다른 걸 더 이상 고려하지 않고 운반되는 기반 시설 질량의 원가, 즉 운영하는 데 필요한 에너지 양을 계산해 보면 현재 사용 중인 대중 교통기관의 약 2배가 된다. 예를 들어, 기차는 배터리를 운반할 필요 없이 제3궤조에서 에너지를 얻는다. 게다가 기차는 회전 마찰력도 훨씬 적다. (…) 이건 빙산의 일각에 불과하다. 이 아이디어에는 잘못된 부분이 너무 많아서 어디서부터 지적해야 할지 모르겠다."[9]

피크니에프스키는 테슬라 오토파일럿 개념을 평가하면서 당연한 말을 했다. 자동차는 결코 혼자서 운전할 수 없고, 그렇게 해서도 안 되며, '자율주행 기술'을 보유하고 있다고 주장하는 모든 자동차 제조업체는 거짓말을 하고 있다는 것이다. "오토파일럿은 정속 주행 장치만큼 인상적이지만, 자율주행을 할 수 있는 준비가 되어 있지 않다. 그렇지 않다고 생각하는 사람은 전부 바보다. 그리고 그들은 무고한 이들을 위험에 빠뜨리고 있으니 당장 도로에서 추방해야 한다. 이 기술이 일반 대중에게 '베타 버전'으로 공개된 것은 정말 무책임한 일이며 이미 상당수의 사망자가 발생했다."[10]

솔라시티와 솔라 루프 타일의 대실패에 대해서 피크니에프스키는 "일론이 한 많은 약속과 마찬가지로 일상적인 공학적 세부 사항에 문제가 있다"고 단언한다. 사실 그는 월마트에서 발생한 화재 위험을 예측했던 것 같다. "문제는 전기 연결이다. 각 지붕

일론 머스크, 대담한 선택

널이 다른 지붕널과 연결되어야 하는데 이런 연결부는 악천후를 이기고(어쨌든 지붕이지 않은가!) 품질이 믿을 만해야 한다. 이걸 작동시키는 건 쉽지 않고 부서지기 쉽다. 바람이나 경미한 지진, 심지어 지붕 위를 걷는 새 때문에 지붕널이 아주 조금씩 이동하면서 접촉이 끊어진다. 회로가 고장나면 고장 부위를 찾아서 수리하기 힘들다. 심지어 합선 때문에 난방과 화재 위험을 초래할 수도 있다."[11]

테슬라와 관련해, 피크니에프스키는 이 회사가 정말 본인들 주장처럼 전통적인 경쟁사보다 훨씬 앞서 있는지 궁금해한다. "테슬라는 패널 정렬, 누수, 도장 작업 결함, 덜컹거리는 플라스틱, 온갖 종류의 QA[품질 보증] 등 다른 제조업체들이 오래전에 해결한 문제를 겪고 있다. 내가 지어낸 얘기가 아니다. 트위터, 테슬라 포럼, 심지어 팬들이 제작한 유튜브 브이로그도 불평과 끔찍한 서비스 이야기로 가득하다. 설립한 지 4~6년쯤 된 니치 자동차 회사라면 이걸 성장통이라고 할 수 있겠지만 테슬라는 벌써 15년 이상 이 시장에서 일했고 수백억 달러의 자금을 소진했으며(대부분 부채, 테슬라는 약 100억 달러의 부채가 있다) 이제 주식 시장에서 포드나 GMC 이상의 가치를 인정받고 있다. (…) 공매도자들이 제기하는 산더미같은 문제에 대해서는 언급하지 않을 것이다. 그들이 알아낸 사실의 3분의 1만 사실이라 하더라도, 이 회사는 심각한 경영 혼란에 빠져 있는 셈이다. 그중 확실한 사실은 지난 몇 년 새에 하나둘씩 회사를 떠난 임원들이 많다는 것인데, 이는 권위주의적인 경영 행태와 유해한 기업 문화가 존재한다는 증거다. 결국 이 회사의 모든 부분이 괜찮은 건 아니며 공매도자가 그렇게 많은 건 다 이유가 있기 때문이라고 확신한다. 그들도 헛소리의 냄새를 맡은 것이다."[12]

피크니에프스키는 긴 평가를 마치면서 이렇게 단언한다. "일론과 그의 팬들에게 아무리 저항해 봤자 소용도 없고 결국 우리 모두 동화되겠지만, 그래도 헛소리는 헛소리라고 말하고 싶다. 일론 머스크를 인류의 구세주로 여기는 사람들은 큰 실망을 하게 될 것이다. 그는 화려한 기업가, 훌륭한 세일즈맨, 몽상가다. 하지만 예수의 두 번째 화신이나 지구의 구원자, 천재 엔지니어는 아니다. 시간이 지나면 내가 옳았는지 알 수 있을 것이다."[13]

이 블로그 게시물에는 60개 가까운 댓글이 달렸는데 일부는 그가 명백한 사실을 지적했다고 칭찬했고 일부는 일론 머스크를 믿지 않는 그를 질타했다. 하지만 2018년 게시물은 머스크를 과소평가했다. 피크니에프스키는 "2018년 말 현재 스페이스X는 단 한 명의 인간도 궤도에 진입시키지 못했다"고 선언했다. 머스크와 스페이스X는 그로부터 2년 뒤에 이 일을 해냈다.

난 피크니에프스키에게 연락해서 이 업적 덕분에 머스크에 대한 그의 견해가 바뀌었는지 물어봤다. 그는 "아니, 내 생각은 전혀 달라지지 않았다"는 답장을 보냈다. "스페이스X? 맞다, 그들은 로켓을 발사했다. 하지만 그 과정의 경제성이 일회용 로켓보다 괜찮은지는 두고 봐야 한다. 내가 알기로 그 회사는 여전히 외부 자금이 필요하고 이윤도 내지 못하고 있다. 좀 긴 얘기지만, 로켓에서 중요한 건 궤도에 도달하는 데 필요한 킬로그램당 가격이다. 로켓을 재사용하려면 탑재물을 더 많이 가속시킬 수 있는 연료 일부를 착륙을 위해 아껴둬야 한다. 그 결과 궤도에 올릴 수 있는 총 탑재물이 일회용 로켓을 쓸 때의 절반밖에 안 된다. 이 말은 곧 재사용 가능한 로켓으로 궤도에 올린 것과 동일한 탑재물을 더 작은 로켓으로 우주까지 보낼 수 있다는 얘기다. 거대한 계획 안에서 재사용성으로 얻을 수 있는 이득이 설사 존재한다고 하더라도, 약속했던 10배는 고사하고 20퍼센트 정도밖에 안 될 것이다. 이 특정한 문제만 계산해 봐도 그렇다.”

그리고 화성에 대해서도 물었다. 무지개 쿠퍼 박사처럼 피크니에프스키도 화성은 헛된 꿈이라고 생각한다. “화성은 전과 마찬가지로 망상에 불과하다. 사실 머스크는 화성에 아무것도 보내지 않았다. 인류를 붉은 행성에 보내는 것에 정말 관심이 있는 사람이라면 작년의 기회를 이용해서 최소한 작은 탐사선이라도 보낼 거라고 기대하지 않겠는가? 2020년에 화성으로 향한 임무선이 세 대나 됐지만 그중 머스크와 관련된 건 하나도 없었다.”

보링 컴퍼니는? “하이퍼루프는 시작하자마자 망했다. 라스베이거스 터널은 농담거리에 불과하다.”

완전 자율 주행FSD은? (이건 운전자의 개입이 덜 필요한 추가 기능을 몇 가지 갖춘 오토파일럿의 업그레이드 버전이다.) "FSD는 인류 역사상 가장 큰 베이퍼웨어[대대적으로 광고했지만 제대로 개발되지 않은 기술]다. 판매를 시작한 지 6년이나 지났지만 이 제품은 거의 작동되지 못하고 있고 앞으로도 그럴 것이다. 전체적인 접근 방식에 결함이 있기 때문이다. 이건 내 전문 분야고 여기서 말하는 내용을 100퍼센트 확신한다. 그들이 FSD와 관련해서 겪는 문제는 내가 예상했던 것과 정확하게 일치하며, 그들은 현재 전혀 안전하지 않은 이 최신 기술 문제를 어떻게 해결해야 할지 전혀 모르는 상태다. FSD를 위한 충분한 하드웨어를 갖춘 자동차에 관한 모든 주장은 범죄 수준의 허풍이다."

솔라 루프는? "이미 끝났다. 아마 사람들이 원하는 건 단순한 지붕널이 아니라 안전하고 화재 위험이 없는 연결성이었기 때문일 것이다. 또 지붕의 그늘진 부분에 태양 전지판을 설치하는 건 전혀 이치에 맞지 않는 일이다. 그런 식으로 해서는 에너지를 생산할 수 없다."

뉴럴링크는? "이건 완전 사기다. 그냥 우연히 거기서 일하는 친구의 친구에게 들어서 안다고 해두자. 하지만 그런 정보가 없어도 난 신경과학 분야에 대한 경험이 많기 때문에 그들의 주장이 완전한 환상이라는 걸 확실히 알 수 있다." (그는 친구 이름은 말하지 않았다.)

테슬라는? "분명한 건 테슬라는 차가 중요한 게 아니라 주가가 중요하다는 것이다. 차는 그냥 이야기를 계속 진행시키기 위한 좋은 소품 정도인 것 같다."

피크니에프스키는 머스크의 모든 회사, 벤처, 아이디어에 대해 비판적인 평가를 한다. "이 사람이 하는 유일한 일은 로켓을 발사하는 것이고, 아마 그의 진정한 천재성은 냉전 시대의 정부가 깨달은 사실을 깨달았다는 것인 듯하다. 로켓은 우주 탐사를 위한 도구라기보다 선전 도구에 가깝다."

내가 피크니에프스키의 말을 이렇게 길게 인용한 이유는 공통된 주제가 드러나기 때문이다. 머스크에게는 열렬한 팬층도 있고 똑같이 열렬한 비평가들도 있다. 그게 그의 엄청난 재산 때문이든, 오만한 태도 때문이든, 아니면 많은 사람이 말로만 떠들고 결코 시도해 보지 않은 일을 하고 있기 때문이든 간에, 대체로 그와 그의 생각에 좀 더 온건하게 접근하기보다는 그를 인류의 구원자라고 선언하거나 즉시 사기꾼으로 치부하는 게 일반적인 반응인 듯하다.

재계와 벤처 투자가들은 머스크가 마이다스의 손을 가졌다고 여기면서 기꺼이 그에게 도박을 걸려고 하는 반면, 피크니에프스키 같은 사람들은 여전히 그를 대단치 않게 여긴다. "선전, 밈, 시장 부양 부문에서는 그가 정말 독특한 천재이고 분명히 역사에 남을 거라고 생각한다. 하지만 대부분의 사람들이 기대하는 부문에서는 그렇지 않다. 로켓 이야기는 신뢰를 주고 회의론자들을 침묵시키고 다른 사업을 유지하는 데 중요한 역할을 한다. 하지만 로켓은 소련을 구하지 못했고 결국 일론도 구하지 못할 것이다."

머스크는 현대 문화에 만연한 개인 숭배에서 가장 대담한 실험에 해당될 것이다.

별들 사이에서 그의 미래

———

일론 머스크의 전기를 쓰기 시작했을 때, 머스크가 하는 모든 일은 기하급수적인 파급 효과가 있다는 걸 즉시 깨달았다.

내가 처음으로 접한 그의 인터뷰는 2018년 9월 7일에 '조 로건 익스피리언스'에 출연했을 때의 것이다. 사랑, 인류애, 지구의 지속 가능성, 화성, 로봇이 세계를 지배할 위험 등에 대한 머스크의 생각을 폭넓게 들을 수 있는 대화였지만 그 내용은 모두 단 몇 초 동안 피어오른 한 줄기 연기에 가려졌다. '일론 머스크가 조 로건의 팟캐스트에서 마리화나를 피웠다'는 헤드라인이 입소문을 타고 널리 퍼졌다.

두 번째 깨달음은 머스크에 대한 모든 전기는 그 남자가 특정 시기에 보여준 모습을 담은 스냅사진일 뿐이라는 것이다. 머스크는 트윗보다 더 빠르게 움직인다. 그의 전기에는 매달 한 챕터씩 손쉽게 추가할 수 있는데, 이건 그가 다양한 분야에서 미치는 광범위한 영향을 보여준다. 머스크가 말하는 건 뭐든지 다 중요하다. 그가 하는 일은 전부 남들의 시야에 포착되고 분석된다.

이 책을 쓸 당시, 데이비드 비즐리David Beasley 세계식량계획WFP 국장이 머스크가 보유한 부의 2퍼센트만 있으면 세계 기아 문제를 해결할 수 있을 거라고 말했다는 CNN 기사가 나왔다. 세계의 기아 문제를 해결해라. 이런 논평에는 머스크의 이름이 자주 등장한다. 당신은 지구상에서 가장 부유한 사람이니 당신 돈으로 지구가 안고 있는 문제를 해결할 수 있다.

머스크가 응답했다. 그건 대부분 사람들의 허를 찌르는 응답이었다. 방법을 알려주면 그렇게 하겠다고 한 것이다. 정확하게 말하자면, 그는 이런 트윗을 올렸다. "세계식량계획이 이 트위터 타래에서 60억 달러로 세계 기아 문제를 해결할 방법을 정확히 설명해 준다면, 당장 테슬라 주식을 팔아서 그렇게 하겠다."

바로 이런 부분에서 머스크의 진정한 천재성이 번득인다. 만화책을 좋아하는 이들이 볼 때 머스크의 진정한 초능력은 아이언맨이 상징하는 그 무언가를 넘어선다.

일론 머스크는 자기가 할 수 있는 일은 전부 시도할 것이다. 그리고 금융 서비스, 자동차 산업, 우주 비행 등 일반적으로 규모가 너무 커서 도저히 변화시킬 수 없다고 생각하는 산업과 영역에서 뭔가를 하려고 할 것이다. 심지어 세계 기아 문제도.

사람들은 그의 이런 부분을 좋아한다. 일론 머스크에게는 비전이 있고, 그 비전에는 어떤 거대한 것도 다 포함된다. 그리고 이런 비전을 진정성 있게 표현하기 때문에 가끔 인터뷰 중에 눈물 흘리는 모습도 볼 수 있다. 그는 자아가 크고 대담한 사람이지만 자기에게 향하는 비판이 '상처가 된다'고 말하기도 한다. 그의 아이디어, 때로는 그 사람 자체도 순진해 보일 때가 있다. 다른 사람들은 그를 무자비하다고 말한다. 머스크의 동생은 형에게 훌륭한 자질이 많다고 말했지만 다른 이들에 대한 공감 능력은 그 자질 목록의 상위권에 올라 있지 않다.

하지만 머스크는 다른 사람들이 물어볼 생각조차 하지 않는 질문을 던지는 태도 덕분에 아무도 의문을 제기하지 않았던 복잡한 사안에 대해 새로운 해결책을 찾아내는 듯하다. 그는 자기 할아버지 조슈아 홀드먼과 매우 비슷한 개척자이자 모험가다. 홀드먼은 비행기를 타고 전 세계를 여행했다. 머스크는 자기 상상 속의 모험에 더 관심이 있는 듯하다. 그래서 더 많은 가치를 제공한다. 그는 짧은 시간 안에 여러 산업에 혁명을 일으켰다.

여러분이 그의 의견에 동의하든 동의하지 않든, 그의 회사가 성공했다고 믿든 안 믿든, 머스크가 발을 들어놓은 업계에 변화가 일어난다는 건 부인할 수 없는 사실이다.

일론 머스크 이전에는 전기차로의 이동이 여전히 참신한 움직임으로 간주되면서 빙하가 흐르듯 느린 속도로 진행되고 있었다. 이제는 주요 자동차 제조업체 중에 괜찮은 전기차 제품을 보유하지 않은 회사가 하나도 없다. 절대적인 필수품이 된 것이다. 그리고 머스크는 그가 늘 말한 것처럼 이런 변화를 가속화했다.

그리고 그는 계속해서 변할 것이다.

이 남자는 샤워를 하면서 세상을 바꿀 아이디어를 떠올리고, 밤잠을 아껴가며 맹렬히 일하는 사람이다. 그리고 그가 일을 끝내려면 아직 멀었다.

이 글을 쓰는 동안에도 일론 머스크는 세계 기아를 해결할 계획을 논의하고, 스페이스X의 스타링크Starlink 계획의 일환으로 지구 저궤도에 인공위성을 발사해서 인터넷 비용을 낮추는 데 일조하고 있다. 2022년 2월, 그는 러시아의 폭격으로 심각한 피해를 입은 우크라이나 통신 시스템을 지원하기 위해 교전 중인 우크라이나에 수천 개의 스타링크 위성 키트(라우터와 위성 안테나가 포함된)를 제공했다고 한다. 그는 규제되지 않은 AI를 경계하고, 우주 탐사의 경계를 넓히며, 전기차 기술을 발전시키고, 교통 체증 해결을 위해 터널을 뚫으며, 인간 뇌의 오작동과 관련된 숨겨진 해답을 찾고, 새로운 형태의 화폐에 대해 토론하며, 심지어 화성에서 어떤 형태의 정부를 보고 싶으냐는 질문도 받고 있다. 그리고 이 모든 것 위에 우주 전체에서 가장 희귀한 존재인 인간 의

식의 보존이라는 자신의 성배를 올려놓는다.

그리고 어딘가에서, 그가 필사적으로 찾고 있고 그것 없이는 살 수도 일할 수도 없다고 주장하는 진정한 사랑을 마침내 찾게 될 것이다.

이 책의 목표는 머스크에 관한 포괄적인 전기를 제공하는 게 아니다. 그보다는 남아공에 뿌리를 둔 한 남자의 삶에 대한 개요를 제공하고, 그 뿌리가 어떻게 그를 우리 시대의 거인으로 만들었는지 살펴보려는 것이다.

사람들이 지구의 먼 곳을 바라보던 시절이 있었다. 모험가, 탐험가, 개척자는 멀리 있는 땅을 발견하고, 가장 높은 봉우리를 오르고, 바다 깊은 곳을 탐험하는 데 집중했다. 그리고 그들의 초점은 우리 내면으로 이동하기 시작했다. 발견의 위대한 여정은 행동보다는 마음과 감정, 그리고 존재의 여정이었다. 아마 머스크가 한 일 덕분에 우리는 다시 크고 대담한 아이디어로 눈길을 돌리게 된 듯하다. 그는 내면에 갇혀 있던 우리를 다시금 밖으로 끌어내 위를 올려다보게 했다. 인스타그램 화면의 16:9 프레임으로 좁혀져 있던 우리의 관심을 일깨워 모두에게 큰 꿈을 꾸라고 상기시켰다.

그래서 나는 일론 머스크가 어디에서 왔고, 어디로 가고 있는지 알려주려고 노력했다.

정말 놀라운 여정이었지만 여기에서 그의 이야기가 끝나는 건 절대 아닐 것이다.

지금은 머스크의 시간이다.

아니면, 일론의 말처럼 "나는 그냥 나일 뿐이다."

감사의 글

무릇 모든 중요한 프로젝트가 다 그런 것처럼 화성 문제에 있어서도 누군가 그 붉은 행성에 처음으로 발을 들여놓으려면 많은 이들의 공동의 노력이 필요할 것이다.

마찬가지로, 일론 머스크처럼 거창한 삶을 사는 이의 전기를 쓰려면 여러 사람의 집단적인 도움이 필요하다.

제레미 보레인, 질 무디, 앨프리드 르메트르, 마틴 바커, 폴 와이즈, 니콜 던컨, 그리고 내가 머스크의 우주에 발을 들여놓을 수 있는 비전과 기회를 제공해 준 조나단 볼 출판사의 멋진 팀에게 감사한다.

내 질문에 친절히 답해주고 머스크의 어린 시절부터 우리 시대의 가장 영향력 있는 인물 중 한 명이 될 때까지의 여정을 그려내도록 도와준 모든 분들, 그들의 귀중한 의견에 감사한다.

나의 첫 번째 독자인 아내 어슐러, 난 항상 우리가 특별한 걸 가지고 있다는 걸 알아. 내가 책을 쓸 때마다 해주는 조언과 따뜻한 차, 정말 고마워.

그리고 마지막으로, 이 책을 쓰는 내내 머릿속에 울려 퍼졌던 "무한한 공간 저 너머로"라는 멋진 대사를 들려준 버즈 라이트이어에게도 감사한다.

주석

1장

이상한 아이

1   Mary Alexander, 'The 16 June 1976 Soweto students' uprising – as it happened', South Africa Gateway, 15 June 2021, southafrica-info.com.

2   'June 16 Youth Uprising Casualties', South African History Online, 7 July 2021, www.sahistory.org.za/article/june-16-youth-uprising-casualties.

3   *The Joe Rogan Experience #1169*, 'Elon Musk', 7 September 2018, PowerfulJRE, youtu.be/ycPr5-27vSI.

4   Allen Drury, *'A Very Strange Society': A Journey to the Heart of South Africa*, Trident Press, 1967.

5   *The Joe Rogan Experience #1169*.

개척자 가족

1   John Vorster, 'Address at the official opening of the ASB Congress on 28 June 1971 in the Aula, Pretoria', South African History Online, 1 September 2019, www.sahistory.org.za/archive/address-official-opening-asb-congress-28-june-1971-aula-pretoria.

2   Maye Musk, *A Woman Makes a Plan: Advice for a Lifetime of Adventure, Beauty, and Success*, Jonathan Ball Publishers, 2020.

3   Ibid.

4   CTV, 'Maye Musk reveals the age she knew Elon was a special child', *Your Morning*, 21 January 2020.

5   XPrize.org, 'Elon Musk and Peter Diamandis LIVE on $100M XPRIZE Carbon Removal', livestreamed conversation, XPrize, 22 April 2021, www.youtube.com/ watch?v=BN88HPUm6j0.

6 Sara Brooks Sundberg, 'A Farm Woman on the Minnesota Prairie: The Letters of Mary E Carpenter', *Minnesota History* 51, Spring 1989.

7 Eugene Smalley, 'The Isolation of Life on Prairie Farms', *The Atlantic*, September 1893.

8 Joseph C Keating and Scott Haldeman, 'Joshua N Haldeman, DC: The Canadian Years: 1926–1950', National Institute of Chiropractic Research, 1 June 1993. https:// www.chiro.org/Plus/History/Persons/Haldeman/ HaldemanJoshua-chrono.pdf.

9 Karin Hammerich DC, 'Canada's First Chiropractor', *Chiropractic Naturopathic Doctor*, 7 January 2008.

10 Ted J Kaptchuk OMD and David M Eisenberg MD, 'Chiropractic: Origins, Controversies and Contributions', *Archives of Internal Medicine* 159(20) (1998).

11 Jerome L Stam and Bruce L Dixon, 'Farmer Bankruptcies and Farm Exits in the United States, 1899–2002', United States Department of Agriculture: Agriculture Information Bulletin Number 788, 2004.

12 Keating and Haldeman, 'Joshua N Haldeman'.

13 Ibid, p 9.

14 Ibid.

15 Ibid, p 10.

16 Ibid, pp 10 and 11.

17 Ibid, p 11.

겁먹지 마라

1 Musk, *A Woman Makes a Plan*.

2 Ibid, p 13.

3 CBS News, 'Tesla and SpaceX: Elon Musk's industrial empire', *60 Minutes*, 30 March 2014. www.youtube.com/watch?v=cl1oQnzcwFg.

4 Ibid.

5 Keating and Haldeman, 'Joshua N Haldeman'.

6 Musk, *A Woman Makes a Plan*.

7 Postmedia News, 'Before Elon Musk was thinking about Mars and electric cars, he was doing chores on a Saskatchewan farm', *Regina Leader-Post*, 15 May 2017.

1–2　CBS, 'Full Interview: Maye Musk, Mother of Elon Musk, Talks About Her Extraordinary Life, CBS2, 25 August 2020, www.youtube.com/watch?v=nGQB6b1G940.

3　Musk, *A Woman Makes a Plan*..

4　CBS, 'Full Interview: Maye Musk'.

5　Ibid.

6　Musk, *A Woman Makes a Plan*.

7　Ibid.

8　CBS, 'Full Interview: Maye Musk'.

9　Musk, *A Woman Makes a Plan*.

10　Ibid.

11　CBS News, 'Tesla CEO Elon Musk: The "60 Minutes" Interview', *60 Minutes*, 10 December 2018.

12　Neil Strauss, 'Elon Musk: The Architect of Tomorrow', *Rolling Stone*, 30 November 2017

13　Errol Musk, Facebook post, 25 March 2018.

14　Barbara Jones, 'Inter-galactic family feud: Elon Musk has called his father "evil" … so we tracked him down to South Africa where he says his son needs to "grow up" after "tantrums" over his child with new model wife, 30', *Mail Online*, 17 March 2018.

15　Errol Musk, Facebook post, 25 March 2018.

16　Strauss, 'Elon Musk: The Architect of Tomorrow'.

17　Errol Musk, Facebook post, 27 July 2020.

18　Ibid.

19　Errol Musk, Facebook posts, 27 July 2020, 4 August 2020.

20　Errol Musk, Facebook post, 27 July 2020.

21–23　Ibid.

24　Jeremy Arnold, 'I Talked to Elon Musk about Journalism and the Blood Emeralds Story', Substack post, The Save Journalism Committee, 9 March 2021.

25–27　Ibid.

28　Errol Musk, Facebook post, 4 May 2019.

29　Errol Musk, Facebook post, 8 June 2020.

30　Ibid.

31　Strauss, 'Elon Musk: The Architect of Tomorrow'.

363

주석

32   CBS, 'Full Interview: Maye Musk'.

33   Ibid.

일론의 교육

1   André du Plessis, 2003. 'Chapter 3: Hatfield in Context', in *Gautrain Station, Hatfield*, MArch dissertation, University of Pretoria, 2003.

2   Kerry A Dolan, 'How to Raise a Billionaire: An Interview with Elon Musk's Father, Errol Musk', Forbes, 2 July 2015.

3   Errol Musk, Facebook post, 18 September 2018.

4   *The Money Show with Bruce Whitfield*, Radio 702, 6 May 2015.

5   Musk, *A Woman Makes a Plan*.

6   Strauss, 'Elon Musk: The Architect of Tomorrow'.

7   Julian C Stanley, 'In the Beginning: The Study of Mathematically Precocious Youth (SMPY)', 1996, files.eric.ed.gov/fulltext/ED423110.pdf.

8   Vanderbilt University Television News, 15 September 2017, Vanderbilt Peabody College. www.youtube.com/watch?v=XkPQHIUHWwc.

9   Staff Writer, 'Researchers Confirm Link Between High Test Scores in Adolescence and Adult Accomplishment', *Duke Today*, 2 June 2016.

10   Ibid.

11   Tom Clynes, 'How to Raise a Genius: Lessons from a 45-Year Study of Super-Smart Children', *Nature* 537, 7 September 2016.

12   Vanderbilt University Television News, 15 September 2017, Vanderbilt Peabody College.

13   Errol Musk, Facebook post, 8 June 2020.

14   CBS, 'Full Interview: Maye Musk'.

15   'Elon Musk: "I Don't Give a Damn About Your Degree"', interview, *AutoBild. TV*, 5 November 2014, YouTube, www.youtube.com/watch?v=CQbKctnnA-Y.

16   Ibid.

17   *The Joe Rogan Experience* #1169.

18   Ibid.

19   *The Money Show with Bruce Whitfield*, Radio 702, 6 May 2015.

20   Ibid.

21   Foundation 20, 'Elon Musk', interview with Kevin Rose, 8 September 2012, www.youtube.com/watch?v=L-s_3b5fRd8.

22   Ibid.

1   CBS News, 'Tesla CEO Elon Musk'.

2   Strauss, 'Elon Musk: The Architect of Tomorrow'.

3   Alec Hogg, 'Errol Musk: 'Elon was beaten so badly, I couldn't recognise him', *BizNews*, 22 July 2015.

4   Ibid.

5   Errol Musk, Facebook post, 26 May 2013.

6–8   Ibid.

9   Strauss, 'Elon Musk: The Architect of Tomorrow'.

10   Ibid.

11   *The Joe Rogan Experience* #1169.

12   Staff Writer, 'Bryanston High School saddened by Elon Musk bullying', *News24*, 23 July 2015.

13   Ibid.

14   Ibid.

15   'Lie about Elon Musk's Pretoria Boys High School donation exposed', *MyBroadband*, 11 January 2021.

16   Comments taken from Bryanston High School SA Alumni, Facebook group, 4 August 2021.

2장

캐나다 이주

1   Associated Press. '4 Die in Worst South Africa Bombing in a Year', *The New York Times*, 4 June 1988.

2   Peter Dickens, The Observation Post: South African Modern Military History, samilhistory.com/.

3   Graeme Callister, 'Patriotic Duty or Resented Imposition? Public Reactions to Military Conscription in White South Africa, 1952–1972', *Scientia Militaria, South African Journal of Military Studies* 35(1) (2007).

4   Peter Dickens, 'Ride Safe', The Observation Post: South African Modern Military History, 23 December 2017.

5   'End Conscription Campaign (ECC)', South African History Online, 30

March 2011.

6   'International Conscientious Objector Day – Notice to the Press', press
     statement, 15 May 1990, University of Johannesburg Historical Papers.

7   Foundation 20, 'Elon Musk', interview with Kevin Rose, 8 September
     2012, www.youtube.com/watch?v=L-s_3b5fRd8.

8   Interview with Charlie Rose, PBS, 8 November 2009, charlierose.com/
     videos/12550.

9   Ibid.

10   Postmedia News, 'Before Elon Musk was thinking about Mars'.

11   Melissa Rosales and Nebraska Public Media, 'How a robot could keep
     farmers out of grain bins', Harvest Public Media, 27 May 2021.

12   Postmedia News, 'Before Elon Musk was thinking about Mars'.

13   Eric Berger, *Liftoff: Elon Musk and the Desperate Early Days that
     Launched SpaceX*, William Collins, 2021.

14   Robin Keats, 'Rocket Man', *Queen's Alumni Review*, issue no 1, 2013.

15–18 Ibid.

19   *The Joe Rogan Experience* #1169.

20   SXSW, 'Elon Musk Answers Your Questions!' interview with Jonathan
     Nolan, SXSW 2018, 12 March 2018, www.youtube.com/
     watch?v=kzlUyrccbos.

21   *The Joe Rogan Experience* #1169.

22–23 Ibid.

24   Strauss, 'Elon Musk: The Architect of Tomorrow'.

25   Ibid.

26   Helena Wasserman, 'Elon Musk's dad has had a baby with his stepdaughter,
     who is 42 years younger than him', *Business Insider South Africa*, 23
     March 2018.

아메리칸 드림

1   Justine Musk, '"I Was a Starter Wife": Inside America's Messiest Divorce',
     Marie Claire, 10 September 2010.

2   Justine Musk, 'Visionaries Are People Who Can See in the Dark', TEDx
     talk, 1 June 2017, www.youtube.com/watch?v=OxA0LESuUDE.

3   Musk, '"I Was a Starter Wife"'.

4   Ibid.

5   Elon Musk, Twitter, 30 August 2020.

6   Ibid.

7   Errol Musk, Facebook post, 8 August 2020.

8   Ashlee Vance, 'Elon Musk: The College Years', *Esquire*, 5 June 2015.

9   Foundation 20, 'Elon Musk', interview.

10   Superior Court of California, *Martin Eberhard v. Elon Musk et al.*, case no CIV484400, 1 October 2009.

11   'Elon Musk's Vision for the Future', interview with Steve Jurvetson, 7 October 2015, podcast, Stanford eCorner.

12   Foundation 20, 'Elon Musk', interview.

13–14 Ibid.

15   Elon Musk, 'History of Zip2', video address, 8 October 2003, Entrepreneurial Thought Leaders series, Stanford eCorner.

16   XPrize.org, 'Elon Musk and Peter Diamandis'.

3장

Zip2

1   Foundation 20, 'Elon Musk', interview.

2   Interview with Charlie Rose.

3   Walter Isaacson, *A Benjamin Franklin Reader*, Simon and Schuster, 2003.

4   Strauss, 'Elon Musk: The Architect of Tomorrow'.

5   'Elon Musk's Vision for the Future'.

6   Ibid.

7   Ibid.

8   'Elon Musk on Tesla, SpaceX and Why He Left Silicon Valley', *Wall Street Journal*, 9 December 2020, www.youtube.com/watch?v=V1nQFotzQMQ.

9   'Elon Musk's Vision for the Future'.

10   'The Beginning of PayPal – Elon Musk in 1999', www.youtube. com/watch?v=ezQLq5kJ9sA.

11   'Elon Musk's Vision for the Future'.

12   'Elon Musk's 2003 Stanford University Entrepreneurial Thought Leaders Lecture', 8 October 2003, www.youtube.com/watch?v=afZTrfvB2AQ.

13   'Entrepreneur Elon Musk: Why It's Important to Pinch Pennies on on the

Road to Riches', podcast interview, Knowledge@Wharton, Wharton School, University of Pennsylvania, 27 May 2009.

14   Benjamin Franklin, *The Way to Wealth*, Simon and Schuster, 2011 (1758).

15   'Entrepreneur Elon Musk: Why It's Important to Pinch Pennies'.

16   *The Joe Rogan Experience* #1169.

17-18   Ibid.

19   Strauss, 'Elon Musk: The Architect of Tomorrow'.

20   Ibid.

21   'Elon Musk's 2003 Stanford University Lecture'.

22-23 Ibid.

24   Mark Gimein, 'Fast Track: Elon Musk is poised to become Silicon Valley's Next Big Thing. What put him in the driver's seat?' *Salon*, 17 August 1999.

25   Ibid.

26   'Elon Musk's 2003 Stanford University Lecture'.

27   Staff Writer, 'What does it take to start a business?' Private TechHub, 16 April 2018.

28   Ibid.

29   Lisa Napoli, 'Compaq Buys Zip2 to Enhance Altavista', *The New York Times*, 17 February 1999.

30   'Elon Musk's 2003 Stanford University Lecture'

31   Gimein, 'Fast Track'.

32   Strauss, 'Elon Musk: The Architect of Tomorrow'.

33   Gimein, 'Fast Track'.

34-35   Ibid.

36   Robert Payne, *Leonardo*. Robert Hale Limited, 1979.

37   'An Evening with Elon Musk', interview with Alison van Diggelen, 'Revolutionaries', season 2, Computer History Museum, 2 January 2013.

38   Gimein, 'Fast Track'.

39   'Entrepreneur Elon Musk: Why It's Important to Pinch Pennies'.

페이팔

1   'Entrepreneur Elon Musk: Why It's Important to Pinch Pennies'.

2   Elon Musk, 'Founding of PayPal', video address, 8 October 2003, Entrepreneurial Thought Leaders series, Stanford eCorner.

3   'Young Elon Musk featured in documentary about millionaires (1999)', YouTube, 24 October 2015, www.youtube.com/watch?v=eb3pmifEZ44.

4   Ibid.

5   Musk, 'Founding of PayPal'.

6   David O Sacks, 'Why did PayPal merge with X.com?' response to Quora post, 2011.

7   *Inc. Magazine*, 'A Conversation with Tesla CEO Elon Musk', interview with Max Chafkin (2008), YouTube, 13 November 2015, www.youtube.com/ watch?v=Xcut1JfTMoM.

8   Julie Anderson, 'How was the rivalry between PayPal and X.com before/ after the merger?' response to Quora post, 2016.

9   J'The 50th Anniversary of the Internet, 29 October 2019: Debate – Has True Innovation Stalled?', www.youtube.com/watch?v=qDa8SRzGrcg &list=PLAt9_ m6WVp2y68pe0C2NO0TU8w4dveqwN.

10 'Peter Thiel Speaks at Center on Capitalism and Society's 2015 Conference', The Center on Capitalism and Society, 24 November 2015, www.youtube.com/ watch?v=Y11uX8X6iz4.

11 Ibid.

12 Foundation 20, 'Elon Musk'.

13 'Peter Thiel Speaks'.

14–22 Ibid.

23 Berger, *Liftoff*.

24 'Elon Musk interview from Air Warfare Symposium 2020', Air Force Association, 2 March 2020, www.youtube.com/watch?v=sp8smJFaKYE.

25 XPrize.org, 'Elon Musk and Peter Diamandis'.

26 'Mohammad Al Gergawi in a Conversation with Elon Musk during WGS17', 13 February 2017, www.youtube.com/watch?v=rCoFKUJ_8Yo.

27 Elon Musk, 'SpaceX Starship Live Update', SpaceX, 29 September 2019, www.youtube.com/watch?v=sOpMrVnjYeY.

28 'Elon Musk addresses National Governors Association Summer Meeting', National Governors Association, 15 July 2017, www.c-span.org/ video/?431119-6/ elon-musk-addresses-nga.

29 'Mohammad Al Gergawi in a Conversation with Elon Musk'.

30 XPrize.org, 'Elon Musk and Peter Diamandis'.

31 Ibid.

32 'Peter Thiel Speaks'.

33 Ryk van Niekerk, 'Q&A with Sequoia Capital's Roelof Botha', Tech

Central, 16 May 2016.

34 Ibid.

4장

결별

1   Musk, "'I Was a Starter Wife"'.

2   Justine Musk, 'Mean Girls, Leadership + The Problem with Sandberg's "Ban Bossy" Campaign', blog post, JustineMusk.com, 16 March 2014.

3   Musk, 'Visionaries Are People Who Can See in the Dark'.

4   Ibid.

5   'Young Elon Musk featured in documentary about millionaires (1999)'.

6   Musk, "'I Was a Starter Wife"'.

7   Elon Musk, Twitter, 30 August 2020.

8   Musk, "'I Was a Starter Wife"'.

9–12 Ibid.

13   Justine Musk, blog post, JustineMusk.com.

14–15 Ibid.

16   'Elon Musk Very Awkward Moment', Elon Musk Motivation channel, 25 June 2018, YouTube, www.youtube.com/watch?v=sL1gqHDer9E.

17   Ibid.

18   Elon Musk, Twitter, 18 January 2012.

19   Hannah Elliott, 'Elon Musk to Divorce from Wife Talulah Riley', *Forbes*, January 2012.

20   Emily Kirkpatrick, 'Elon Musk Thinks Johnny Depp and Amber Heard Should "Bury the Hatchet"', *Vanity Fair*, 18 June 2020.

21   Strauss, 'Elon Musk: The Architect of Tomorrow'.

22   Musk, 'Visionaries Are People Who Can See in the Dark'.

23   Justine Musk, 'Wounded People Tell Better Stories', TEDx talk, 26 January 2016.

24   Musk, 'Visionaries Are People Who Can See in the Dark'.

25   Ibid.

26   'Elon Musk: "I Don't Give a Dam About Your Degree"'.

5장

난관을 극복하라

1   This chapter draws on a *60 Minutes* profile of Elon Musk, presented by Scott Pelley; CBS News, 'SpaceX: Elon Musk's Race to Space', *60 Minutes*, 18 March 2012, www.youtube.com/watch?v=23GzpbNUyI4.

스푸트니크와 우주 개발 경쟁

1   Samuel Willard Crompton, *Sputnik/Explorer 1: The Race to Conquer Space*, Milestones in American History series, Chelsea House, 2007.

2   Roger D Launius, 'Sputnik and the Origins of the Space Age', NASA History Division, 2 February 2005.

3   Daniel J Boorstin, *The Americans: The Democratic Experience*, Vintage, 1974.

4   Walter A McDougall, … *the Heavens and the Earth: A Political History of the Space Age*. Basic Books, 1985.

5   Musk, 'Opportunities in Space: Mars Oasis', video address, 8 October 2003, Entrepreneurial Thought Leaders series, Stanford eCorner.

6   Ibid.

7   David Shiga, 'Neil Armstrong criticises new space plan in Congress', *New Scientist*, 12 May 2010.

8   CBS News, 'Tesla and SpaceX'.

9   Musk, 'Opportunities in Space'.

10   'Elon Musk's Vision for the Future'.

11   Musk, 'Opportunities in Space'.

12–13   Ibid.

14   Elon Musk, mission statement, SpaceX website.

15   'Mohammad Al Gergawi in a Conversation with Elon Musk'.

16   Richard Branson, 'Elon Musk, in 'The 2013 TIME 100', *Time*, 18 April 2013.

17   Arwa Mahdawi, 'Of course billionaires like Elon Musk love outer space: The Earth is too small for their egos', *The Guardian*, 27 May 2020.

18   *Metaphysical Milkshake*, 'Dr Moogega Cooper: Should We Colonize Mars?', podcast episode, 31 August 2021.

19   Carl Sagan, 'Carl Sagan's Message for Mars', 1996, The Planetary Society, www.planetary.org/video/20180727-carl-sagan-message-to-mars.

20   *Metaphysical Milkshake*, 'Dr Moogega Cooper'.

21   Ibid.

22   Carl Sagan, *Cosmos*, Ballantine Books, 1985.

23   Musk, 'Opportunities in Space'.

24   Elon Musk, Twitter, 13 July 2021.

25   Gene Gregory, 'Is the Space Effort a Waste of Money?' *The UNESCO Courier*, March 1970.

26   'Elon Musk's Vision for the Future'.

27   Ibid.

28   'Elon Musk's 2003 Stanford University Lecture'.

스페이스X

1   Musk, 'Opportunities in Space'.

2   'Elon Musk's 2003 Stanford University Lecture'.

3   *Planetary Radio*, 'A Conversation with Elon Musk of SpaceX', podcast episode, The Planetary Society, 16 February 2009.

4   Ibid.

5   CBS News, 'SpaceX: Elon Musk's Race to Space'.

팰컨 1

1   *Ask a Spaceman*, 'How to Build a Rocket ... or Not', podcast episode, 13 June 2018.

2-4   Ibid.

5   'Tom Mueller (SpaceX) explains the Merlin rocket engine', Livescribe pencast, 3 June 2016, Burn Hard Zen channel, YouTube, https://www.youtube.com/ watch?v=UqF8lKBlPqY.

6   Ibid.

7   Eric Ralph, 'SpaceX crushes rocket engine world record during Raptor test', Teslarati.com, 18 August 2020.

8   Berger, *Liftoff*.

9   C-SPAN, 'NASA Officials Hold SpaceX Crew Dragon Post Launch News

Conference', Kennedy Space Center, 30 May 2020.

10   Dmitry Rogozin, '"This is their war, not ours": Dmitry Rogozin responded
      to the launch of Elon Musk's Crew Dragon', *Forbes* (Russian edition), 8
      June 2020.

11   'Dinner Program – To Infinity and Beyond: Jeff Skoll Talks with Elon and
      Kimbal Musk', Milken Institute, 12 July 2013, www.youtube.com/
      watch?v=T55CcN5c5as.

12   Elon Musk, 'Challenges in the Space Industry', video address, 8 October
      2003, Entrepreneurial Thought Leaders series, Stanford eCorner.

13   'Elon Musk's 2003 Stanford University Lecture'.

14   Berger, *Liftoff*.

15–16 Ibid.

17   CBS News, 'Tesla and SpaceX'.

18   Berger, *Liftoff*.

머스크의 크리스마스 기적

1   CBS News, 'Tesla and SpaceX'.

2   *The Joe Rogan Experience* #1169.

3   CBS News, 'Tesla and SpaceX'.

4   'Elon Musk Very Awkward Moment'.

5   Ibid.

6   Interview, 1 April 2015, BTV.

7–9   Ibid. .

10   CBS News, 'Tesla and SpaceX'.

11   Berger, *Liftoff*.

12   Bethany McLean, '"He's Full of Shit": How Elon Musk Fooled Investors,
      Bilked Taxpayers, and Gambled Tesla to Save SolarCity', *Vanity Fair*, 25
      August 2019.

13   XPrize.org, 'Elon Musk and Peter Diamandis'.

14   Interview with Charlie Rose.

테슬라

1   'Tesla's Founders on Elon Musk and the Early Days', CNBC, 6 February

2021, www.youtube.com/watch?v=eblPwXFb7TE.

2–4 Ibid.

5 Interview with Charlie Rose.

6 'Tesla's Founders on Elon Musk and the Early Days'.

7 Ibid.

8 Catherine Clifford, 'Elon Musk: This is the "why" of Tesla', CNBC, 4 February 2019.

9 Ibid.

10 Intel Newsroom, 'Intel Predicts Autonomous Driving Will Spur New "Passenger Economy" Worth $7 Trillion', news release, Intel Corporation, 1 June 2017.

11 Ibid.

12 'Tesla's Founders on Elon Musk and the Early Days'.

13 Joseph B White, 'Tesla CEO Elon Musk Battles Car Dealers Over Company Stores', *The Wall Street Journal*, 22 October 2012.

14 Elon Musk, statement, August 2009.

15 Edward Niedermeyer, *Ludicrous: The Unvarnished Story of Tesla Motors*, BenBella Books, 2019.

16 Patrick McGinty, 'Review: In "Ludicrous," Elon Musk is a hoaxer for the 21st century', *Pittsburgh Post-Gazette*, 1 December 2021.

17 'A Grain of Salt', press release, Tesla Motors, 9 June 2016

18 Ryan Mac, 'Elon Musk Can't Lose', *BuzzFeed*, 30 January 2020.

19–22 Ibid.

23 Chris Isidore, 'Tesla's dirty little secret: Its net profit doesn't come from selling cars', *CNN Business*, 1 February 2021.

24 Elon Musk, Twitter, 6 November 2021

25 'Tesla's Founders on Elon Musk and the Early Days'.

우주 대부호

1 CBS News, 'Tesla CEO Elon Musk'.

2 'Elon Musk interview from Air Warfare Symposium 2020'.

3 Part of this chapter draws on the five-part documentary series produced by Netflix and Time Inc on the Inspiration4 mission: *Countdown: Inspiration4 Mission to Space*, Netflix, 2021.

4 Ibid.

1 This chapter draws extensively on The Boring Company's website: www.boringcompany.com.
2 Strauss, 'Elon Musk: The Architect of Tomorrow'.
3 Simon Alvarez, 'The Boring Company skeptics are making the same mistakes as Tesla and SpaceX critics', Teslarati.com, 29 November 2020.
4 Jesse Pound, 'Elon Musk's flamethrower incenses New York lawmakers: State Senate passes bill banning the weapon', CNBC, 21 June 2019.
5 Ryan Browne, 'Elon Musk warns A.I. could create an "immortal dictator from which we can never escape"', CNBC.com, 6 April 2018.
6 SXSW, 'Elon Musk Answers Your Questions!'
7 'Elon Musk talks Twitter, Tesla and how his brain works — live at TED2022', 14 April 2022, www.youtube.com/watch?v=aV_IZye14vs.
8 SXSW, 'Elon Musk Answers Your Questions!'
9 Maureen Dowd, 'Elon Musk, Blasting Off in Domestic Bliss', *The New York Times*, 25 July 2020.

6장

일론 머스크 추종

1 Salina Gomez, *The Illuminated Tweets of Elon Musk Coloring Book*, Ill Ink, 2020, www.salinamariegomez.com/.
2 Bijan Stephen, 'The gospel of Elon Musk, according to his flock', *The Verge*, 26 June 2018.
3 This chapter draws on a Musk-sceptic blog maintained by Filip Piekniewski, and on my correspondence with its author: see 'Piekniewski's blog'. blog.piekniewski.info/.
4–13 Ibid.

일론 머스크,
대담한 선택

1판 1쇄 인쇄 2023년 8월 7일
1판 1쇄 발행 2023년 8월 21일

지은이 마이클 블리스마스
옮긴이 박선령

발행인 양원석 **책임편집** 차선화
디자인 신자용, 김미선 **영업마케팅** 윤우성, 박소정, 이현주, 정다은, 백승원
해외저작권 임이안

펴낸 곳 ㈜알에이치코리아
주소 서울시 금천구 가산디지털2로 53, 20층 (가산동, 한라시그마밸리)
편집문의 02-6443-8861 **도서문의** 02-6443-8800
홈페이지 http://rhk.co.kr
등록 2004년 1월 15일 제2-3726호

ISBN 978-89-255-7612-1 (03320)